季中扬 著

非物质文化遗产与审美批评

FEI WUZHI WENHUA YICHAN YU SHENMEI PIPING

江苏人民出版社

图书在版编目(CIP)数据

非物质文化遗产与审美批评 / 季中扬著. --南京:
江苏人民出版社,2024.8. -- ISBN 978 - 7 - 214 - 29298 - 8

Ⅰ. G122

中国国家版本馆 CIP 数据核字第 20249AY164 号

书　　　名　非物质文化遗产与审美批评
著　　　者　季中扬
责 任 编 辑　史雪莲
装 帧 设 计　许文菲
责 任 监 制　王　娟
出 版 发 行　江苏人民出版社
地　　　址　南京市湖南路 1 号 A 楼,邮编:210009
照　　　排　南京紫藤制版印务中心
印　　　刷　南京艺中印务有限公司
开　　　本　718 毫米×1000 毫米　1/16
印　　　张　15.5　插页 1
字　　　数　222 千字
版　　　次　2024 年 8 月第 1 版
印　　　次　2024 年 8 月第 1 次印刷
标 准 书 号　ISBN 978 - 7 - 214 - 29298 - 8
定　　　价　88.00 元

(江苏人民出版社图书凡印装错误可向承印厂调换)

目　录

序

高小康

　　1998 年联合国教科文组织（UNESCOD）颁布《宣布人类口头和非物质遗产代表作条例》，鼓励各国政府、民间组织和地方社区"开展鉴别、保护和利用其口头和非物质遗产的活动"。从条例颁布至今已过去了四分之一世纪，就我国而言，这 20 多年的非遗保护实践规模、效益和社会影响力等方面可以说成果巨大。但从另一个角度来看，非遗保护实践中遇到的问题也不少。有的问题可以说是与"非遗保护"观念共生的，如按照经典历史主义观念，过去生成的文化在发展变化的历史进程中持续存在似乎是个悖论，由此而产生了临终关怀式保护、旧瓶装新酒的传承乃至以假乱真的伪民俗等似是而非的"保护"。

　　在非遗保护中出现种种问题的根源是对"非遗"观念的深层文化内涵以及"非遗保护"实践对文化发展的内在意义认识的模糊乃至分歧。"非遗"之"非"即"非物质"，或者用 UNESCOD 对该概念的英文表述"Intangible"（无形）来看，所指的是人类文化形态中超越物质、事实层面的精神活动，其中包涵着观念、情感、技艺、习俗等多方面内容，对这些方面文化形态及其传承的认知和保护是文化保护与建设面临的全新问题。随着非遗保护实践的进展和深化，探讨这些问题的必要性日益突出。因而在非遗保护实践的进程中，对非遗和非遗保护观念的基础理论研究的重要性逐渐凸显出来，从历史学、社会学、美学等多学科拓展视野，深化对非遗的学术研究，成为人文学科推进非遗保护以及当代文化建设的重要发展方向。

　　在这个具有创新性和重要文化建设意义的学术领域，季中扬教授的非遗美学研究做出了突出的建设性成果。中扬教授十多年前进入南京大学博士后工作站与我进行合作研究,从那时开始,他便从传统美学、文艺学转向从美学视角对非遗文化进行研究。这个研究方向后来被我们以"非遗美学"这样一个近乎学科化的概念命名,但并非传统意义上的"美学"的一个分支或领域,而是把美学研究扩展到非遗保护所涉及的多方面文化领域的一种新的美学视野。中扬教授在这方面表现出高度的创新精神和学术探索能力,在这十年中完成了大量的研究工作,不断拓展自己的视野、深化自己的理论探索,取得了丰富而新颖的成果。

《非物质文化遗产与审美批评》是中扬教授近年来研究成果的一个重点展示,也是他本人和我们这个学术团队这些年来在"非遗美学"领域开拓创新的成就之一。从这部书所汇集的内容中不仅可以看到丰富的研究成果,而且(可能更重要的是)他的研究方法、视野、内容的多样性和多元性与思想的探索性、深刻性的有机融合,可以说是一个理论联系实际开拓创新研究学术的精彩范例。我觉得这本书或许对当下许多力图突破自我有所创新的学者有更多的启发性。

第一章
当代美学视角下的非遗研究

第一节　走向审美批评的非遗研究①

　　近十年以来,丁永祥、向云驹、高小康等学者先后提出从美学视角来研究非遗。就目前研究成果来看,非遗美学研究的基本框架已经呼之欲出,诸如非遗的审美价值、非遗的审美特征、非遗美学与经典美学的关系等重要理论问题都已得到较为深入的探讨。② 但是,为什么要从美学视角研究非遗,究竟如何从美学视角研究非遗,诸如此类基础性问题却还没有得到厘清与系统阐述。此外,目前对非遗美学的讨论基本上都聚焦于非遗审美价值的阐释,以此论证非遗美学的学科合法性,而忽视了对非遗美学跨学科学术对话以及学术生长点的关注。鉴于此,本书将致力于梳理非遗美学的发生轨

---

① 此节原文题为《从价值阐释到文化批评:非遗美学的研究进路》,发表于《民族艺术》2023年第4期。

② 可参考丁永祥:《当代美学视野中的非物质文化遗产》,《中州学刊》2011年第3期,第235—238页;向云驹:《论非物质文化遗产的美学问题》,《中央民族大学学报(哲学社会科学版)》2012年第2期,第76—80页;高小康:《非遗美学:传承、创意与互享》,《社会科学辑刊》2019年第1期,第177—185页;高小康:《非物质文化遗产:从历史到美学》,《江苏社会科学》2020年第5期,第151—158页;高小康:《从记忆到诗意:走向美学的非遗》,《文学评论》2021年第2期,第158—164页;季中扬:《亲在性与主体性:非遗的身体美学》,《民族艺术》2022年第3期,第67—76页;等论文。

迹,讨论其理论困境,阐述其走向当代审美文化研究的进路。

一、非遗审美价值阐释的三个向度

非遗研究作为一个新兴的学术研究领域,与世界各国对非遗的高度重视及保护实践密切相关,因而,不管是人类学、民俗学、艺术学,还是法学、管理学的非遗研究,几乎都聚焦于"保护"问题。美学是一个以抽象理论问题为思辨对象的学科,很难切近非遗"保护""传承"等具体问题,因而,在非遗研究已经成为学术热点,甚而可以称之为显学之时,却并没有进入美学视域。美学可以把非遗作为思辨对象吗?当然可以。非遗是产生于前现代社会,却又活态传承于现代社会的文化形态。非遗之所以能够进入现代生活,关键原因在于人们将其视为"遗产"。所谓遗产,必然是具有历史性、传承性的,但更为重要的是人们站在现代立场对其进行价值发现与价值阐释。[①] 美学是长于价值阐释的学科,事实上,美学切入非遗研究也是从价值阐释入手的。

如果把非遗视为传统民俗的当代形态,那么,我们会发现,早在非遗概念产生之前,人们就已经在探讨非遗的审美价值了。赵德利从"美是一种自由的生命活动"命题出发,发现人们创造人生礼仪、节日、民间文艺等民俗文化形式,表现出了感性生命的自由创造意味,这不仅使得这些民俗文化形式成为审美对象,而且,人们创造民俗事象本身就是一种体现生命本质的审美活动。[②] 非遗保护研究"热"起来之后,美学界仍然习惯于讨论民俗的审美价值。[③] 当

---

① 正如高丙中所言,非遗是一种新的话语,一次新的价值重估,这种话语重新高度肯定了众多传统文化事项的价值,使得这些传统文化事项得以进入现代社会的公共文化框架。高丙中:《中国的非物质文化遗产保护与文化革命的终结》,《开放时代》2013年第5期,第143—152页。

② 赵德利:《生命活动:民俗审美的基质》,《宝鸡文理学院学报(社会科学版)》1999年第2期,第15—19页。

③ 王旭晓:《民俗的审美价值探源及其当代意义》,《河南教育学院学报(哲学社会科学版)》2006年第2期,第54—57页;郑新胜:《论民俗的审美价值》,《湖北民族学院学报(哲学社会科学版)》2015年第2期,第19—22页。

然,传统民俗并不等同于非遗,非遗只是传统民俗中被赋予了现代价值,被认为是值得保护、传承的部分。但是,恰恰是传统民俗固有的审美价值,让人们看到了其作为遗产的现代价值。事实上,非遗美学研究者正是看到了非遗本身具有审美属性,认为非遗审美价值是内在固有的,才将其视为美学研究对象的。王文章指出:"非物质文化遗产中大量存在的工艺品、表演艺术等,具有极高的艺术价值、审美价值,是进行艺术研究、审美研究的宝贵资源。"①丁永祥考察了中国非物质文化遗产名录,发现"侧重于审美是非物质文化遗产的主要特点",除了传统医药,民间文学、传统音乐、传统舞蹈、传统戏剧、曲艺、传统体育、游艺与杂技、民间美术、传统技艺、民俗等另外九类非遗莫不与审美密切相关。他特别指出,诸如节日、人生礼仪等民俗活动,不仅其中艺术表演具有很强的审美性,这些习俗本身就是人们审美意识、审美情感以及审美理想的表现。② 向云驹进一步发现,联合国教科文组织认定非遗的价值标准具有重要的、主要的美学立场,"其中的一些关键词,如'创作天才''艺术''文化形式''文化传统''文化史''灵感''文化交流之源泉''文化影响''杰出技能''活的文化传统之唯一见证'等,都是美学研究中的重要概念、重要范畴、重要命题"③。也就是说,非遗的审美属性与审美价值并非只有非遗美学研究者发现了,这种价值是显而易见的、公认的。非遗之所以能够被相关组织通过特定制度与程序认定为非遗,其审美属性与审美价值是重要的因素。

基于非遗自身审美属性的审美价值看起来似乎是显性的、自明的,无需阐释。其实不然,在不同的美学话语体系中,非遗的审美价值甚至可能判若霄壤。经典美学并不认同非遗的美学价值,甚至并不承认民间艺术也是一种艺术。康德说:"我们出于正当的理由只应当把通过自由而生产,也就

---

① 王文章:《非物质文化遗产概论》,文化艺术出版社,2006年,第112页。
② 丁永祥:《当代美学视野中的非物质文化遗产》,《中州学刊》2011年第3期,第235—238页。
③ 向云驹:《论非物质文化遗产的美学问题》,《中央民族大学学报(哲学社会科学版)》2012年第2期,第76—80页。

把通过理性为其行动的基础的某种任意性而进行的生产,称之为艺术。"又说:"艺术甚至也和手艺不同;前者叫做自由的艺术,后者也可以叫做雇佣的艺术。"前者就像游戏一样,是一种本身就使人快适的事情,后者本身并不使人快适,是通过报酬而吸引人的事情。① 康德美学对手艺的贬抑是具有代表性的,已经形成了长期处于主流地位的美学传统。因而,非遗美学研究者必须建构新的美学话语体系,以新的美学原则重估非遗的审美价值。② 对此,笔者曾经提出,就中国美学传统而言,在儒家美学、道家美学之外,还应高度重视来自本原哲学的"生生"美学,只有"生生"美学才能充分阐释民间艺术等"小传统"文化。③ 立足于"小传统"文化的新的美学体系不仅可以弥补经典美学高高在上、忽视民众日常审美活动的偏颇,弥合精英文化与民间文化的裂隙,更重要的是,它开启了更为宏大的当代美学研究视域。正如高小康所言:"当美学传统和美学史的观念从主流精英文化形塑的经典之链中解放出来,审视整个社会审美活动中生生不息的活态传统,关注社会环境、文化群体、交往方式、集体记忆与情感认同多方面生态要素的有机关系,就会看到远比经典美学体系更为复杂生动、更为广袤深厚的审美生态传承发展历史与当下生活的整合景观。从这个意义上讲,'小传统'美学开启的是比'大传统'更大的美学传统视域。"④

基于非遗自身审美属性阐释其审美价值,进而论证非遗美学研究的必要性,这是非遗审美价值阐释的基本向度。承认美是事物的内在属性,这是一种古老的本体论美学观念。接受过现象学洗礼的当代美学研究者,往往会从存在论角度看待审美对象,即以人的存在与对真理的追问作为理解审美与艺术的出发点。海德格尔认为,人类生存的基本特性就是荷尔德林所谓的"诗意地栖居在这片大地上","诗意并非飞翔和超越于大地之上,从而

---

① [德]康德:《判断力批判》,邓晓芒译,人民出版社,2002 年,第 146—147 页。
② 季中扬、高小康:《民间艺术的审美经验与价值重估》,《民族艺术》2014 年第 3 期,第 76—80,120 页。
③ 季中扬:《"生生"美学与民间艺术》,《学术研究》2016 年第 12 期,第 172—176 页。
④ 高小康:《非物质文化遗产:从历史到美学》,《江苏社会科学》2020 年第 5 期,第 151—158 页。

逃脱它或漂浮在它之上。正是诗意首先使人进入大地,使人属于大地,并因此使人进入居住"①。在海德格尔看来,审美与艺术并非为了使人虚幻地超越现实生活,相反,它应该使人安居于此。正是从人类应然的诗意存在出发,非遗美学研究者发现了非遗更高层面的审美价值——"从现实来看,无论古今,人们确实都在追求着'诗意栖居',只不过不同的人群实现'诗意栖居'的手段和途径不同罢了。文人雅士追求'诗意栖居'的方式常常是通过从事所谓高雅的艺术活动,如琴、棋、书、画、诗歌、小说等。而普通大众实现'诗意栖居'的手段则是通过从事通俗的民间艺术活动,如民间传说、民间美术、民间音乐、戏曲、曲艺等"②。高小康则进一步指出,海德格尔在讨论荷尔德林的诗句"充满劳绩,但人诗意地/栖居在这片大地上"时,是高度肯定人的劳绩的。因而,从存在论美学出发,不可能如同康德美学那样贬抑普通民众日常生活中审美与艺术活动的不纯粹性。相反,"'诗意地栖居'就在于发现现实地、劳碌地生存于大地的诗意本质。这种发现不是剥离审美与现实劳作的关系,而是使美学回到人们'一味劳累'地生产、劳绩的大地上,从现实劳作经验的深层发现、体验和升华出天、地、神、人一体的'诗意'。传统生活技艺的重新认识、体验和传承就是在寻觅这种栖居于大地的诗意。"③

　　除了从本体论美学、存在论美学出发阐释非遗审美价值之外,非遗美学研究者还从功能论角度发现,非遗在"遗产化"过程中可以衍生出某种新的审美价值。在非遗保护实践中,诸如民间文学、传统音乐、传统舞蹈、传统戏剧、曲艺、传统美术等,其审美价值是显在的、比较容易获得承认的,人们也往往由此确认其传承与保护的必要性。但是,诸如柳编、手工制陶、手工印染等传统社会中的日常生活技艺,在现代生活中由于失去了对其实用功能的需要,即使将其活态传承下来,充其量也只能作为一种民俗主义的表演。事实上,过去的日常生活技艺恰恰由于丧失了实用功能,其历经时光淘洗所

① ［德］M.海德格尔:《诗·语言·思》,彭富春译,文化艺术出版社,1991年,第189页。
② 丁永祥:《当代美学视野中的非物质文化遗产》,《中州学刊》2011年第3期,第235—238页。
③ 高小康:《从记忆到诗意:走向美学的非遗》,《文学评论》2021年第2期,第160—166页。

积淀下来的岁月记忆才得以转化为充满情感的独特韵味,才得以成为人们审美体验的对象。正如高小康所言,"过去的生活历史在社会发展和历史传承中演变、凝聚、升华,转换生成了心灵化的文化形态,表现为一个文化群体特有的意象符号、地方性知识、想象力和情感体验,也就是最根本意义上的审美经验"①。同时,传统社会中那些实用的日常生活技艺,其劳作方式在现代大机器生产与电子制造的对照下,焕发出一种独特的审美光辉,甚至已经转化成一种都市休闲体验方式。"做手工这种实践活动本身的意义受到了重视"②,比如,在上海等城市不仅出现了诸多陶艺体验店,还有木工体验馆。在非遗美学研究者看来,各种手工艺体验馆的蓬勃发展,不仅意味着非遗得以创新性发展,更为重要的是,通过创造性转化,传统手工技艺的实用性已经成功地蝶变为"做手工"的身体美学的价值所在。

综上所述,非遗美学研究者已经从本体论、存在论、功能论三个向度深入地阐释了非遗审美价值,论证了非遗美学研究的合法性。但是,非遗美学研究就止于非遗审美价值阐释吗? 在分析美学之后,尤其是在"美学死了"③的语境下,究竟该如何研究非遗美学? 这是值得进一步探讨的重要议题。

二、非遗美学研究的三个难题

非遗审美价值阐释仅仅意味着非遗可以作为美学思辨的对象,这只是非遗美学研究的发轫,要向纵深处开掘还必须解决三个基础理论难题:其一,要在美学原理层面讲清楚非遗审美究竟是康德式的普遍美感,还是特定文化语境下的"各美其美";其二,要在关系层面论述非遗审美何以可能促进非遗保护;其三,要在方法论层面讨论非遗美学走向田野调查与实证分析的

---

① 高小康:《非遗美学:传承、创意与互享》,《社会科学辑刊》2019 年第 1 期,第 177—185 页。
② 徐赣丽:《手工艺在今天意味着什么?》,《华东师范大学学报(哲学社会科学版)》2022 年第 4 期,第 125—136 页。
③ 高建平:《全球与地方:比较视野下的美学与艺术》,北京大学出版社,2009 年,第 14—18 页。

可行性问题。

就上述诸家的非遗审美价值阐释而言，往往基于某些古老的美学预设，即事物具有某种审美属性，人们能够以一种"无利害性"的审美态度看待事物；即使人们的具体审美判断具有相对性，但是，我们还得相信人类有着某种普遍美感。然而，这些古老的美学预设在 20 世纪分析美学之后早已危机重重。

在 18 世纪，休谟（D. Hume）就明确提出，"美并不是事物本身里的一种性质。它只存在于观赏者的心里。"①此后，美感论完全取代了美论。"无利害性"是近现代美学中美感论的第一块奠基石。正如杰罗姆·斯托尔尼兹所言，"除非我们能理解'无利害性'这个概念，否则我们就无法理解现代美学理论"②。只要我们使用审美这个概念，似乎就很难否定"无利害性"审美态度。杜威曾试图批驳"无利害性"审美态度，他非常睿智地指出："一个钓鱼者可以吃掉他的捕获物，却并不因此失去他在抛杆取乐时的审美满足。"③事实上，钓鱼者之所以可能享有抛杆取乐时的审美满足，就在于他钓鱼时并不想着吃鱼问题，否则，就可能会处于焦虑之中。也就是说，利害关系其实是发生在钓鱼之后，钓鱼时仍然是一种超然的审美态度。相比较而言，乔治·迪基对"无利害性"审美态度的批驳更切中要害。迪基指出，并不存在"无利害性"审美态度这样的心理状态，"无利害性"其实只是一个表明行为动机的术语。④ 问题是，如果并不存在客观的美与"无利害性"的审美态度，那么，我们用来阐释非遗审美价值时的"美"与"审美"概念究竟是指什么呢？尤其需要回应的一个问题是，非遗之美究竟是来自特定文化传统，还是人们可以普遍感知的呢？很显然，人类保护非遗不仅仅是为了"各美其美"，这会导致过分强调文化身份认同，进而产生文化冲突，非遗保护必须指向"美美

① 北京大学哲学系美学教研室：《西方美学家论美和美感》，商务印书馆，1980 年，第 108 页。

② ［美］杰罗姆·斯托尔尼兹：《"审美无利害性"的起源》，中国社会科学院哲学研究所美学研究室编《美学译文》(3)，中国社会科学出版社，1984 年，第 17 页。

③ ［美］杜威：《艺术即经验》，高建平译，商务印书馆，2005 年，第 27 页。

④ George Dickie, "The Myth of the Aesthetic Attitude", *American Philosophical Quarterly*, Vol.1, No.1, 1964, pp.56 - 65.

与共"。问题是,从美学原理层面来说,能够论证清楚"美美与共"的可能性吗? 在美学思想史上,人们很早就开始讨论普遍美感问题。夏夫兹博里(The Earl of Shaftesbury)认为,人们有着普遍美感,因为都有"内在的眼睛"①。哈奇生(F.Hutcheson)也认为,人们的普遍美感来自"内在感官"②。"内在的眼睛""内在感官"显然是无法被证实的。康德就更换了讨论思路,他提出,由于美是无任何利害的愉悦对象,因而审美主体只能作这样的评判,"即它必定包含一个使每个人都愉悦的根据",也就是说,"美是无概念地作为一个普遍愉悦的客体被设想的。"③不仅美本体内在地要求审美愉悦具有普遍性,而且审美主体的鉴赏力本身也要求这种普遍性。他说:"鉴赏判断要求每个人赞同;而谁宣称某物是美的,他也就想要每个人都应当给面前这个对象以赞许并将之同样宣称为美的。"④这种推论性的、应然的普遍美感在人类的审美经验中并没有现实地发生。原因在于美作为无概念的客体,并非一种确定的、普遍的知识,审美鉴赏作为一种价值判断,只能是个人的、主观的。审美具有相对性,每个人都有自己的审美价值判断,如果没有社会与文化机制介入,审美很难达成价值共识。也就是说,从美学原理层面来看,脱离特定的文化语境,非遗的审美价值不可能因其自身而被人们普遍认知、认同。

接下来讨论非遗审美与非遗保护之间的关系。与"打嗝""被绊倒"等被动行为不同,非遗保护行动是一种有意识的主动行为,其背后总是有着相对明确的心理动因。行动因果论(Causal Theories of Action,简称CTA)主要倡导者唐纳德·戴维森(D.Davidson)在《行动、理由与动机》一文中提出,一个行动的理由正是由特定心理原因所构成,这心理原因是极其复杂的,可能包括欲望、需求、冲动、激励和各种各样的道德观、美学原则、经济偏见、社会

① 北京大学哲学系美学教研室:《西方美学家论美和美感》,商务印书馆,1980年,第95页。
② 北京大学哲学系美学教研室:《西方美学家论美和美感》,商务印书馆,1980年,第99页。
③ [德]康德:《判断力批判》,邓晓芒译,人民出版社,2002年,第46页。
④ [德]康德:《判断力批判》,邓晓芒译,人民出版社,2002年,第74页。

习俗等。^① 也就是说,非遗审美可以成为非遗保护的重要心理动因之一。非遗美学研究者曾断言,"物质文化遗产的保护曾经因为所保护对象的美学价值的全面高扬而使文化遗产保护广及全球,深入人心……非物质文化遗产的美学品鉴、研究、欣赏、定位,也将极大有益于非物质文化遗产的传承、传播、保护、弘扬"[②]。但这里忽视了一个重要事实:非遗与物质文化遗产不同,它必须是活态的,不可能脱离特定的文化传统而被理解与接受。可以认为,从理论上讲,非遗的审美价值很难超越"各美其美"的层面。如果作为心理动因的非遗审美价值无法达到"美美与共"层面,怎么能激发、保证对非遗保护行动的普遍共识呢? 正如澳大利亚哲学家詹娜·汤姆逊在讨论审美与环境保护行为之间的关系时所言,"如果自然或艺术中的美只是在旁观者的眼中,那么审美判断就不会产生一般的道德义务……仅仅是个人和主观的价值判断无法让我们认为每个人都应该学会欣赏某种东西,或者至少认为它值得保存。"[③]非遗美学肇始于非遗保护实践,脱离了非遗保护实践,非遗美学就会沦为空洞的话语游戏,问题是,我们并不能在理论与实践上充分地证明非遗审美能够促进非遗保护。那么,究竟如何辩护非遗美学的学术价值以及学术合法性呢?

美学是以思辨为其主要研究方法的,当思辨研究无法突破理论困境时,就会转向经验研究,在美学史上,审美心理学就是这样出场的。当纯粹思辨的方法无法解决非遗美学难题时,非遗美学是否有必要转向具体的田野研究呢? 高小康曾经提出,非遗美学应该走向"民族志诗学","简而言之就是进入文化现场,去感知、体验、发现和'深描'文化现场所呈现的审美意味。"[④]

---

① Donald Davidson,"Actions,Reasons and Causes," *The Journal of Philosophy*, Vol. 60, No. 23, 1963, pp.685 - 700.

② 向云驹:《论非物质文化遗产的美学问题》,《中央民族大学学报(哲学社会科学版)》2012年第 2 期,第 76—80 页。

③ Janna Thompson,"Aesthetics and the Value of Nature," *Environmental Ethics*, No. 17, 1995, pp.291 - 305.

④ 高小康:《非物质文化遗产:从历史到美学》,《江苏社会科学》2020 年第 5 期,第 151—158 页。

有意思的是,审美人类学研究者早已提出并践行了这样的研究理念与研究方法。王杰与海力波认为,"美学擅长对人类最精微、复杂、微妙的情感和思想作出研究、评价,传统美学的弱点在于缺乏实证基础,与此相应,人类学却擅长对人类社会的基础和物质文化等方面作出研究,有一整套田野调查、实证分析的具体研究方法"①。非遗本身就适合作为田野调查与实证分析的对象,民俗学、管理学等学科的非遗研究也大多采用田野调查与实证分析的方法。田野调查与实证分析是否可以弥补思辨美学的缺陷,破解非遗美学的理论困境呢?其实,国外学者很早就曾反思过美学与田野调查相结合的问题,发现人类学的田野调查虽然有助于在语境中以主位视角理解他者文化,但是,往往只能停留在物质文化层面,很难实证分析人们的审美情感。正如弗瑞斯特(Forrest,John)所言,美感"是个人的、内在的状态,众所周知,它是很难通过民族志研究方法得到充分了解的"②。这也就是说,非遗美学走向田野调查与实证分析可以在一定程度上弥补纯粹思辨的缺陷,切近非遗"保护""传承"等现实问题,但是,并不能有效解决非遗美感共通性等根本问题。

由于美学本身的复杂性,非遗美学难免面临种种难题。但是,这并不意味着非遗美学已经陷于困境之中,恰恰相反,非遗美学正是在直面这些难题的过程中,逐渐形成了自己的理论、问题意识与方法论。当然,非遗美学还可以有更为宽广的视域,那就是走向审美文化批评,关注非遗的情感结构、语境重置、审美创意,及其日常审美经验的表达机制等。

三、走向审美文化批评的非遗美学

早在 20 世纪 90 年代,美学就已经遭遇学科危机,开始"眼光向下",关

---

① 王杰、海力波:《审美人类学:研究方法与学科意义》,《民族艺术》2000 年第 3 期,第 102—112 页。

② Forrest,John 1988. *Lord I'm Coming Home*. Everyday Aesthetics in Tidewater North Carolina. Ithaca,London:Cornell University Press,ix.19.29,ix,转引自范·丹姆(Wilfried Van Damme):《审美人类学导论》,向丽译,《民族艺术》2013 年第 3 期,第 69—88 页。

注当代审美文化研究,提出了日常生活审美化等议题。从字面意思来看,审美文化当然"不仅包括当代文化(或大众文化)中的审美部分,也可涵盖中、西乃至全世界古代文化中的有审美价值的部分"①,但就其产生语境与问题意识而言,"审美文化是一个现代概念,是体现了现代性的重要范畴"②,一般特指当代大众文化。在精英主义美学传统中,"美""审美""艺术"等经典话语体系通过强调非功利性、精神性、独创性,排斥了日常生活中的欲望与感官快感,建构了一个超凡脱俗的审美王国。审美文化研究恰恰相反,它"将审美置于日常生活的地面上,悬搁了经典美学自我设定的种种'合法性'"③;它"通过强调并肯定大众生活的感性经验事实,通过对现实本身的价值揭示,确立了'回到日常生活'的立场,把精神的活动从超凡世界拉回到一个平凡人生的实际经验之中,从而反映了生存方式的日常化、生活价值的平凡化、大众活动的现实化,强调了'世俗性'存在的普遍性和有效性,完成了对于一种直接现实的价值把握"④。概而言之,审美文化研究与思辨的经典美学不同,它面向当代日常生活,关注当代民众的日常审美表达、价值观念及其背后的支配性力量。正是在审美文化研究框架中,人们发现了当代大众文化的一个突出特点——日常生活审美化,即"根据美的标准对日常的社会生活的各个方面加以改造"⑤。这一"改造"过程涵盖个人美容、家居装饰、城市景观等日常生活的外层,以及符号消费、媒介支配、网络虚拟世界对现实世界的改造等日常生活的深层。我们发现,并非仅仅因为非遗保护政策的力量,恰恰是在日常生活审美化的语境中,非遗通过彰显其审美价值才得以进入当下的日常生活,并成为一种重要的当代审美文化现象。这种审美文化现象需要美学的阐释与批评,尤其应该成为非遗美学充分重视的议题。

① 朱立元:《"审美文化"概念小议》,《浙江学刊》1997年第5期,第45—48页。
② 周宪:《文化的分化和去分化——审美文化的一种解释》,《浙江学刊》1997年第5期,第51—55页。
③ 姚文放:《审美文化学导论》,社会科学文献出版社,2011年,第49页。
④ 王德胜:《审美文化的当代性问题》,《文艺研究》1998年第3期,第35—41页。
⑤ 彭峰:《日常生活审美化批判》,《北京大学学报(哲学社会科学版)》2007年第4期,第69—73页。

　　走向审美文化批评的非遗美学不仅要重视当代美学转向的内在理路与学术脉络,还应该积极学习审美人类学的理念与方法,提炼自己的核心议题。具体而言,不妨先讨论如下三个问题。

　　其一,跨文化实证研究视角下的审美普遍性问题。"美学这个学科,就是建立在人们的审美判断具有普遍性的基础之上的。"[①]审美普遍性问题不仅是美学的基础问题,也是非遗美学必须讲清楚的核心问题。在思辨美学史上,人们对审美普遍性问题一直莫衷一是。而审美心理学与审美社会学研究却表明,人类尽管在具体的审美判断方面差异显著,但这差异背后还是有某种普遍性的。尤其大规模的社会调查表明,全世界人民在对自然美、人体美以及艺术杰作的欣赏方面体现出了高度的普遍性,这种审美普遍性可以从进化心理学、脑神经科学、认识论等方面得到解释。[②] 审美人类学基于实证分析的跨文化研究也表明,人类的审美偏好虽然千差万别,但是,"如果我们往更'深'层次进行分析,或者做更'高'层次的提炼,那么,可观察到的差异性也许最后被证明就是潜在共性在表面上所呈现的不同"[③]。如果审美普遍性是可以实证分析的客观事实——尽管美学家未必完全赞同,[④]那么,基于美学立场的非遗保护就有可能实现美美与共,建构一种可以实现人类共享的新文化。在此前提下,非遗美学研究也就获得了一种更为高远的学术理想,即如同审美人类学那样致力于面向全球的非遗研究,但不限于边缘的、弱势的族群文化,通过对全球不同文化背景下各类非遗及其保护实践的实证分析与跨文化比较研究,在反思与批判中寻求审美普遍性,探究人类非遗交流与对话的学理基础。

　　其二,非遗的审美创意转化与日常审美经验表达机制问题。在日常生

---

① 彭锋:《跨文化美学与美的共识》,《郑州大学学报(哲学社会科学版)》2009 年第 6 期,第 110—112 页。

② Wolfgang Welsch,"On the Universal Appreciation of Beauty," *International Yearbook of Aesthetics*, Vol. 12, 2008, pp.6‑32.

③ [荷兰]范·丹姆:《审美人类学导论》,《民族艺术》2013 年第 3 期,第 69—88 页。

④ 刘成纪:《多元一体的美学》,《郑州大学学报(哲学社会科学版)》2009 年第 6 期,第 102—104 页。

活审美化语境下,非遗通过创意转化,突破地方性、历史性局限,成为可共享的当代审美文化,这是非遗审美文化研究的核心议题。日常生活审美化作为一种社会文化现象,它其实是西方后现代主义文化与审美资本主义的产物。后现代主义文化消解了精英艺术与大众文化以及日常生活之间的界限,①例如,对于安迪·沃霍尔(Andy Warhol)来说,玛丽莲·梦露头像、32幅金宝汤罐头图像、可口可乐瓶子、美元钞票都可以成为艺术品,而且无所谓原作,可以复制、量产。当精英艺术与大众文化之间的鸿沟被填平之后,也就没有了精英文化与民间文化之间的界限与区隔,非遗也就可以成为各个社会阶层的文化消费对象。事实上,在古村落、都市中的传统街区以及网络等文化消费空间,非遗已经被广为接受,成了最有影响力的当代大众文化消费品之一。与一般大众文化不同,非遗来自传统,不可避免地具有地方性与历史性局限。只有通过创意转化赋予其现代意味的审美性,才能消除其地方性与历史性局限,让来自不同地方的年轻人都认同、接受。这看起来似乎与非遗保护基本原则背道而驰,其实不然,非遗保护宗旨恰恰强调其根据历史条件的变化而不断创新。② 通过审美创意消除非遗历史性局限并非要完全清除其历史因素,而是以现代人的目光重新审视其历史因素,真正活化其传统因子。事实上,这也是后现代主义文化逻辑的内在要求。正如鲍德里亚(Jean Baudrillard)所言,后现代主义倾向于"恢复过去的文化",试图"找回以往的一切文化,找回所有被摧毁了的东西"③。所谓非遗的当代审美创意,的确不是为了原汁原味地保护非遗,它本质上就是对传统摧毁之后的重建,是混合着记忆与怀旧的情感,生产出的符合当代大众口味的审美文化产品。

其三,非遗活态传承的社会心理机制——情感结构问题。非遗是重新

① ［英］迈克·费瑟斯通:《消费文化与后现代主义》,刘精明译,译林出版社,2000年,第96页。
② 联合国教科文组织:《保护非物质文化遗产公约》(2003),国家文物局等编《国际文化遗产保护文件选编》,文物出版社,2007年,第229页。
③ ［法］让·鲍德里亚:《残迹的游戏》,斯蒂文·贝斯特、道格拉斯·凯尔纳编《后现代理论——批判性的质疑》,张志斌译,中央编译出版社,2001年,第165页。

进入当代社会生活的一种过去的文化形态,是一种被选择的传统。面对过去时代及其文化,我们只是挑选、强调了其中某些因素作为一种历史沉淀物来认识,事实上,"在它那个时代的活生生的经验中,每种要素都是溶解的,是一个复杂整体的不可分割的部分"[①]。面对这些被选择的文化因素,我们似乎只能以一种抽象的方式来把握,而缺乏活生生的感觉。如果是这样,新一代人根本就不可能真正理解前一代人的生活与文化,也就根本不存在所谓活态传承的非遗。雷蒙德·威廉斯(Williams,R)却发现,新一代人完全能够理解前一代人的生活与文化,因为在现实社会生活中,广泛存在着共同的"情感结构",新一代人的"情感结构"虽然会发生变化,但是,在很多方面仍然保持着连续性。所谓"情感结构",是指"一种特殊的生活感觉,一种无需表达的特殊的共同经验"[②]。正是通过它们,具体的生活方式才能得以传承,我们才能对过去时代及其文化感同身受。其中的"结构"是指独具特征的文化模式,"它稳固而明确,但它是在我们活动中最细微也最难触摸到的部分发挥作用的"[③]。对于非遗的审美文化研究来说,"情感结构"是一个富有建设性的概念工具。通过这个概念我们可以看到,非遗并非碎片化地散落在当代社会生活之中,只能在审美资本主义逻辑下作为文化资源被利用;非遗是一种活的生活文化,是充满感性的情感体验的对象,可以被后人从整体性的"生活方式"层面理解、接受。此外,这个概念还有助于深度解释非遗的当代文化功能问题。一般认为,非遗作为特定群体共享的传统,可以唤醒集体记忆,而"借助集体记忆,借助共享的传统,借助对共同历史和遗产的认识,才能保持集体认同的凝聚性"[④]。问题是,非遗为何能够群体共享,能够唤醒集体记忆呢?关键就在于一代代人有着共同的"情感结构",这种"情感结构"既处于不断更新之中,又能够保持连续性与相对稳定性。

---

① [英]雷蒙德·威廉斯:《漫长的革命》,倪伟译,上海人民出版社,2013年,第56页。

② [英]雷蒙德·威廉斯:《漫长的革命》,倪伟译,上海人民出版社,2013年,第56页。

③ [英]雷蒙德·威廉斯:《漫长的革命》,倪伟译,上海人民出版社,2013年,第57页。

④ [英]戴维·莫利、凯文·罗宾斯:《认同的空间:全球媒介、电子世界景观和文化边界》,司艳译,南京大学出版社,2001年,第98页。

综上所述,非遗美学由思辨研究走向具体的审美文化研究不仅可能在实证研究层面重新论证审美普遍性难题,为非遗美学研究夯实理论基础,而且可以推进非遗美学研究转向"文化批评",揭示非遗保护与利用这种文化现象背后的支配性力量。此外,以"情感结构"为核心概念,非遗的审美文化研究还可能在"批评"之外重构正面阐释的研究框架。

四、结语

从传统美学视角来看,大多数非遗都是具有审美价值的,即使是传统节日等民俗活动,甚至是中医药、珠算、二十四节气等有关自然界和宇宙的知识与实践,也都蕴含着审美的情感与想象,完全可以作为美学研究对象。正是基于传统美学视角,非遗美学研究者分别从本体论、存在论、功能论三个向度深入地阐释了非遗审美价值。但是,基于传统美学的非遗美学很难解决三个难题:一是如何在美学原理层面讲清楚非遗审美究竟是康德式的普遍美感,还是特定文化语境下的"各美其美";二是如何在关系层面讲清楚非遗审美何以可能促进非遗保护;三是如何在方法论层面论证非遗美学走向田野调查与实证分析的可行性。

在日常生活审美化背景下,当代美学走向了审美文化批评,它不再局限于艺术哲学,"它的结构应该是超学科的"[1],或者说"已经被转化为一种平行的理论话语共存的广阔领域"[2]。在当代美学观念中,非遗保护是一种当代审美文化现象,可以作为审美文化批评的对象。走向审美文化批评的非遗美学,一方面可以借鉴"文化批评"的理念与方法,把非遗进入当代日常生活视为审美资本主义文化逻辑与"景观社会"的突出表征,重点关注非遗创意

---

① ［德］沃尔夫冈·韦尔施:《重构美学》,陆扬、张岩冰译,上海译文出版社,2002 年,第 136 页。

② ［斯洛文尼亚］阿莱斯·艾尔雅维茨:《全球化与美学,或作为全球化的美学》,阿莱斯·艾尔雅维茨主编《全球化的美学与艺术》,刘悦笛、许中云译,四川人民出版社,2010 年,第 25 页。

转化及其日常审美经验的表达机制,分析非遗资源化、审美化、民俗主义化等文化现象;另一方面,也可以借鉴审美人类学的理论与方法,建设性地思考审美普遍性、非遗活态传承的社会心理机制——情感结构等问题。

第二节　非遗活态传承与身体美学[①]

　　人类的非遗保护如何实现文化共享,即"各美其美,美美与共"的理想,这是非遗理论研究需要不断探寻的根本问题。"各美其美,美美与共"中的"美"虽然并非就是"审美"(aesthetic)的意思,但是,它事实上提醒了我们,"审美"也许是实现非遗文化共享的主要通道。早在 1972 年,联合国教科文组织在界定文化遗产概念时,就强调了艺术与审美的维度。[②] 后来《保护非物质文化遗产公约》在定义非遗时,更是凸显了艺术与审美的内容。[③] 理查德·舒斯特曼在一次访谈中说:"在 1992 年之前,在我看来亚洲文化就是一种异域文化,对它没有产生过兴趣。但是通过这样一段主要是审美的(aesthetic)、情感的(affective)关系,我开始着迷于亚洲文化特别是它与身体美学相关的各个方面。"[④]舒斯特曼的"他者"经验告诉我们,"审美"的确有助于达成文化共情、共享。然而,不管是国外,还是国内,非遗美学研究都还没有充分开展,亟须更多、更为深入的研究。

---

① 此节原文题为《亲在性与主体性:非遗的身体美学》,发表于《民族艺术》2022 年第 3 期。

② 联合国教科文组织:《保护世界文化和自然遗产公约》(1972),国家文物局等编《国际文化遗产保护文件选编》,文物出版社,2007 年,第 71 页。

③ 联合国教科文组织:《保护非物质文化遗产公约》(2003),国家文物局等编《国际文化遗产保护文件选编》,文物出版社,2007 年,第 229 页。

④ 颜芳、[美]理查德·舒斯特曼:《身体美学与中国:理查德·舒斯特曼教授访谈录》,《文艺争鸣》2020 年第 2 期,第 138 页。

一、非遗美学与非遗身体美学

为了实现"美美与共"的理想,非遗保护诚然需要美学阐释。然而,从学术思想发展本身来看,非遗研究需要美学介入吗? 美学会关注非遗问题吗? 一方面,非遗保护原本是一种文化政策、文化实践,经由 20 余年的学术研究,正在走向非物质文化遗产学①。非遗研究要成其为"学",必须从学理上阐明非遗概念的内在统一性。着眼于"保护""管理"的学科很难担此重任,客观上需要擅长元理论思考的学科介入其中。另一方面,美学主要关注形而上思辨性问题,无疑是长于元理论思考的学科;20 世纪以来,美学开始"眼光向下",关注大众文化,沿此理路,当然可以延伸到非遗领域。

即使非遗研究需要美学介入,美学研究也正有此意,美学就一定能够从纷繁复杂的非遗现象中提炼出"审美性"来吗? 就常识而言,珠算、二十四节气、酿酒、腌制咸菜等作为非遗的知识与技艺并不具有视觉的审美性。其实,审美并非只是指来自视觉的感官经验。在审美活动中,理性与心灵有着重要位置。早在西方近现代美学产生之初,夏夫兹博里就提出,审美需要"内在的眼睛"②,即心灵的参与。鲍姆嘉通提出"美学的目的是感性知识的完善"③,而感性认识能力不可能自己完善,它需要理性指引,也就是说,审美活动中总是有理性的参与。黑格尔明确指出,"艺术作品当然是诉之于感性掌握的……却不仅是作为感性对象,只诉之于感性掌握的,它一方面是感性的,另一方面却基本上是诉之于心灵的"④,而"构成心灵的最内在本质的

---

① 早在 2012 年,就有人提出"非物质文化遗产学"(刘壮:《非物质文化遗产学的研究对象、方法与知识生产》,《民族艺术》2012 年第 1 期,第 51—54、第 81 页),此后,向云驹、苑利等人也多有阐发;2020 年 10 月 11 日,天津大学举行了申请新增非物质文化遗产学一级学科硕士点专家论证会,这意味着非物质文化遗产学不仅要成为一门学问,还可能成为一门独立的学科。

②③ 北京大学哲学系美学教研室:《西方美学家论美和美感》,商务印书馆,1980 年,第 95、第 142 页。

④ [德]黑格尔:《美学》(第一卷),朱光潜译,商务印书馆,1979 年,第 44 页。

东西正是思考"①。在康德美学中,审美依凭一种"反思判断力","而不是把感官感觉作为准绳"。② 美学思想史表明,我们不能以"视觉""听觉"等概念来限定审美活动以及美学研究范围。与此相应,并非只有艺术或景观才是审美对象,整个社会生活都可以转化为审美经验。在胡塞尔的现象学美学中,恰恰是生活世界的日常经验构成了美学研究对象。杜威则明确提出,"任何实际的活动,假如它们是完整的,并且是在自身冲动的驱动下得到实现的话,都将具有审美性质"。在杜威看来,钓鱼时的抛杆取乐是一种审美满足,求雨、求子的民间仪式直接增强了生活经验,也具有审美性。人类学家博厄斯也指出:"人类的一切活动都可以通过某种形式具有美学价值。"③ 就此而言,非遗作为民众的日常生活文化,承载着民众日常丰满的情感、丰富的想象与完整的经验,有其特定的形式与内涵,无疑都是具有审美性的。从美学视角来看,非遗本质上体现着一种地方性的审美经验。

事实上,国内早就有学者开始了非遗美学研究。④ 最近几年,高小康、张娜、朱逸宁等人进一步推动非遗美学研究向纵深处开掘。比如高小康,他不仅回应了非遗何以成为美学研究对象这个核心问题,指出非遗是"过去的生活历史在社会发展和历史传承中演变、凝聚、升华,转换生成了心灵化的文化形态,表现为一个文化群体特有的意象符号、地方性知识、想象力和情感体验,也就是最根本意义上的审美经验"⑤。他还提出了非遗美学研究的意义与方向,认为非遗美学意味着对民间文化审美价值的发现,将致力于发掘传统生活技艺的诗意内涵,促使其在审美层面回归当代日常生活。⑥ 基于非遗美学视角,张娜提出,在后工业时代,要以"审美"为中心重构手工艺文

---

① ［德］黑格尔:《美学》(第一卷),朱光潜译,商务印书馆,1979 年,第 16 页。

② ［美］杜威:《艺术即经验》,高建平译,商务印书馆,2005 年,第 42 页。

③ ［美］弗朗兹·博厄斯:《原始艺术》,金辉译,贵州人民出版社,2004 年,第 1 页。

④ 向云驹:《论非物质文化遗产的美学问题》,《中央民族大学学报(哲学社会科学版)》2012 年第 2 期,第 76—80 页。

⑤ 高小康:《非遗美学:传承、创意与互享》,《社会科学辑刊》2019 年第 1 期,第 178 页。

⑥ 高小康:《从记忆到诗意:走向美学的非遗》,《文学评论》2021 年第 2 期,第 158—164 页。

化;①朱逸宁发现,传统节庆具有"事象之美",应以此为中心予以重构,以实现其在当代日常生活中的活态传承。②

　　早在非遗美学发轫之初,向云驹就提出,"非物质文化遗产的美学是一种身体美学"③,李菲进一步论述了非遗传承与身体的关系。④ 理查德·舒斯特曼曾指出,"充满灵性的身体是我们感性欣赏(感觉)和创造性自我提升的场所"。诚然,人类的审美经验虽然有心灵与理性力量参与其中,但主要来自感性与身体。西方近现代美学事实上是从讨论人的感性与身体开始的,正如特里·伊格尔顿所言,"美学是作为有关身体的话语而诞生的"⑤。理查德·舒斯特曼则把身体美学观念追溯到"美学之父"鲍姆嘉通,他指出,"鲍姆嘉通将美学定义为感性认识的科学且旨在感性认识的完善。而感觉当然属于身体并深深地受身体条件的影响"⑥。

　　就非遗美学而言,身体问题的确格外重要。首先,非遗与物质文化遗产不同,其存在必须以身体为其基础,即所谓"人在艺在,人亡艺亡";其次,非遗从无形的技艺到有形的呈现,离不开身体媒介;再次,所有类型的非遗都与身体有关,身体可以成为非遗分类与认知的逻辑起点。⑦ 这也就是说,非遗与物质文化遗产不同,它是以身体的亲在性为前提的。何谓非遗的身体亲在性? 身体究竟是如何作为非遗之构成要件的? 身体亲在性究竟是如何影响非遗的主体性的? 非遗的身体美学需要回应这些更深层次的问题。

①　张娜:《后工业时代手工艺文化的审美重构及其实践路径》,《江苏社会科学》2020年第5期,第159—168、第239页。

②　朱逸宁:《非遗美学视域下中国节庆"事象之美"的阐释与重构》,《江苏社会科学》2021年第3期,第176—184页。

③　向云驹:《论非物质文化遗产的美学问题》,《中央民族大学学报(哲学社会科学版)》2012年第2期,第78页。

④　[美]理查德·舒斯特曼:《身体意识与身体美学》,程相占译,商务印书馆,2011年,第11页。

⑤　[英]特里·伊格尔顿:《美学意识形态》(修订版),王杰、付德根、麦永雄译,中央编译出版社,2013年,第1页。

⑥　[美]理查德·舒斯特曼:《实用主义美学》,彭锋译,商务印书馆,2002年,第352页。

⑦　向云驹:《论非物质文化遗产的身体性——关于非物质文化遗产的若干哲学问题之三》,《中央民族大学学报(哲学社会科学版)》2010年第4期,第63—72页。

二、非遗的身体亲在性

非遗的身体亲在性包含三个层面意思，其一，非遗是活态的遗产，其活态性离不开具体的身体，也就是说，身体其实是非遗的基本构成要件；其二，非遗传承必定是身体传承，是"具身性"（embodiment）的默会认知；其三，非遗共享召唤身体投入，其审美不是有距离的静观，而是无距离的融入。

活态传承是非遗保护的要旨，没有活态传承，就不成其为非遗。《保护非物质文化遗产公约》提出，非遗必须"世代相传"，可以"被不断地再创造"，"'保护'指采取措施，确保非物质文化遗产的生命力"①，此中已经暗含"活态传承"理念。国内学者领会了这份文件的主要精神，开始强调非遗"是流动的、发展的，它不可能脱离生产者和享用者而独立存在，它是存在于特定群体生活之中的活的内容，是发展着的传统方式，它很难被强制地凝固保存"②。不久之后，就有学者直接提出了"活态性"概念，并将其列为非遗的四个特征之首；③还有学者提出将"活态保护"作为非遗保护的基本原则之一。④ 但是，直到 2007 年，才有学者将"活态"与"传承"两个概念结合起来，明确提出"活态传承"概念。⑤ 此后至 2021 年 12 月 31 日，中国知网上篇名中含有"活态传承"的非遗研究论文多达 400 余篇。

就字面意思来看，非遗就是无形的、没有物质属性的文化遗产，其实不

---

① 联合国教科文组织：《保护非物质文化遗产公约》(2003)，见《国际文化遗产保护文件选编》，文物出版社，2007 年，第 229 页。

② 刘魁立：《非物质文化遗产及其保护的整体性原则》，《广西师范学院学报（哲学社会科学版）》2004 年第 4 期，第 6 页。

③ 贺学君：《关于非物质文化遗产保护的理论思考》，《江西社会科学》2005 年第 2 期，第 103—109 页。

④ 苑利、顾军：《非物质文化遗产保护的十项基本原则》，《学习与实践》2006 年第 11 期，第 118—128 页。

⑤ 冯光钰：《广东汉乐活态传承及发展的现代视野》，《星海音乐学院学报》2007 年第 1 期，第 16—19 页；牛爱军、虞定海：《非物质文化遗产视野下的传统武术保护问题》，《文化遗产》2007 年第 1 期，第 144—147、第 159—163 页。

然,无论是传统口头文学、传统美术、传统舞蹈,还是传统技艺、传统礼仪、传统节庆,任何一种非遗都是以某种有形的、具体的形态呈现出来的。非遗之所以强调无形、非物质性,其要旨也许不在于字面意思,而是为了强调其活态传承性。所谓活态传承,一方面意味着这种遗产总是为活生生的特定人群所持有,依附于具体的人的生命,一旦掌握这种遗产的人死亡,其留下的非遗"作品"就会文物化;①另一方面,意味着它只能在具体的生命之间直接传递,通过文字、视频等间接习得,属于传播范畴,而非活态传承。

非遗只能依存于具体的、活的生命体之中。也就是说,身体其实是非遗的最为直接的存在方式。在传统节庆、传统舞蹈、传统仪式中,唯有每一个具体身体的直接参与,无形的文化才得以现实化,才成为可以共享的遗产;在传统口头文学、传统美术、传统技艺中,唯有通过口的讲述、手的劳作,才能产生有形的"作品",才能确认此类非遗的价值。也就是说,非遗的"活态"意味着它是情境性的,只有在特定情境之中,身体的每一次具体实践,即身体必须亲在,非遗才能得以"现身",才能成就自我。

问题是,人们虽然早已熟知"人在艺在"这个基本原理,早就确立了传承人保护制度,但其实并没有真正理解非遗的身体亲在性。在旅游景点,尤其是各个城市的历史街区,总会有琳琅满目的"非遗"商品。这些商品,其实很少是非遗工艺制作的,大多是现代机器量产的。但是,一般消费者并不介意,以为这是非遗仿制品,物美价廉,可以满足所需。本文无意于批评这种现象,但是,透过这种现象可以捕捉到一种普遍的社会观念,即非遗可以脱离传承人而独立存在,并且可以被仿制。其实,并不存在可以被仿制的非遗,因为真正非遗作品中的身体亲在性是无法仿制的,没有传承人的身体亲在性,就与非遗毫无关系了,顶多是借用了非遗名号而已。这里强调的身体亲在性看起来像本雅明所谓的艺术品中不可机械复制的"灵韵",其实不然。精英文化谱系中的艺术品的价值主要来自艺术史叙述框架,"灵韵"主要产

---

① 联合国教科文组织的《保护非物质文化遗产公约》虽然认为,与非遗传承人有关的工具、实物、工艺品和文化场所也是非遗,但这些"物"必须与活生生的传承人相关,否则,就成了遗址与文物,而不是非遗。

生于作者所赋予作品的独一无二性。对于非遗作品来说，其价值主要来自非遗身份，而非艺术史或独一无二性，而唯有身体亲在性才能标示其非遗身份。

活态传承意味着非遗传承是身体间的直接传承。非遗本质上是仍然存续的民众的日常生活文化，是民俗的重要组成部分。① 这种根植于民众日常生活中的非遗包含着丰富的感受、意识、记忆等。刘铁梁认为，民俗作为交往的语言和手段最丰富和最充分地凝结了当地人心心相通的生活感受，由此形成了具有整体性的民众日常生活文化，任何文本资料都不可能将这种整体性充分呈现出来；当前非遗保护出现问题，在一定程度上就是因为忽略了非遗与生活整体性的联系。② 对非遗来说，亦是难以用文字来描述、用符号来抽象或提炼的，且不能简单地通过文字、典籍、语言等来得到彻底呈现或传承。非遗凝聚着群体化的记忆、趣味、情感与气质等，所有这些丰富的意识内容都贯注至身体之中，由身体来外化并予以表达。归根结底，非遗是一种具身性知识，只能经由身体来直接传承，即通过身体间的直接交流来实现非遗的代际传承。所谓"具身的"，"也就是说它产生于身体与世界的互动。从这个角度来看，认知取决于身体的各种经验，这些经验来自具有特定感知和运动能力的身体，这些能力不可分离地联系在一起，共同形成了一个推理、记忆、情感、语言和生命的其他方面在其中的编织在一起的机体"③。这种具身性的知识依赖于人的身体经验，充满着个体化的体验、志趣与品味，交织着微妙的技巧、秘诀、感受与心理，而且难以用言语清晰地表述出来，而这恰恰是非遗知识系统中最难以传承的部分，波兰尼将其称为"隐性知识"（tacit knowledge）。"隐性知识就是存在于个人头脑中的、存在于某个特定环境下的、难以正规化、难以沟通的知识，是知识创新的关键部分。

---

① 毋庸讳言的是，由于非遗保护，诸多非遗已经脱离民众的生活世界，成为一种民俗主义。

② 刘铁梁：《感受生活的民俗学》，《民俗研究》2011年第2期，第21、第24页。

③ Thelen, E., Schiner, G., Scheier, C., & Smith, L. B., "The dynamis ofembodiment: A field theory of infant persreratirereaching", *Behavioral and Brain Sciences*, No.1, 2001, pp.1 - 34.

隐性知识主要源于个体对外部世界的判断和感知,源于经验。"①对此,余舜德曾指出,"身体感项目与感官经验之间的关系状似单纯但其实非常复杂。于个人的层面,每个人都在成长的过程中逐步建立五种感官之感受项目的分类及体系,从最基本的长短、高矮、明暗、干湿、咸淡、大小声、粗糙、细致、软硬、冷热、痛痒、香臭等开始,我们需要建立对内在与外在世界非常精细的感受分类与辨认这些分类的能力。这些项目并非单以抽象或概念的形式存在,而是当个人的身体与物或物质、社会环境有直接的对应关系时,他们方有经验性的内涵与意义"②。对于一个优秀的非遗手艺人来说,在日积月累的技艺实践中所积累的丰富知识往往都是具身性的、隐性的,比如判断茶叶萎凋的程度、瓷器烧造的火候、陶泥的调制比例,乃至于使用工具的身体姿势、把握力度、控制角度,对距离、大小、粗细、长短的肉眼预判,等等,无一不充满着身体实践的"感觉"与"习性"。这种对技艺的精熟掌握主要体现在身体"感觉"的体会与特殊经验的领悟。正如日本哲学家汤浅泰雄所言,真的知识,不能仅仅依靠理论化的思考获得,而只有通过"身体的体悟和领会"而获得。③ 同样,表演类非遗技艺的炉火纯青也表现在对"韵味"或"状态"的领会,充溢着"身心合一"的自然、自如、自由。这种达到审美状态的技艺实践即是充分运用身体的结果。博厄斯曾指出:"很多人努力想要表现某种美学的冲动,但却不能实现这种理想。他们所追求的东西是一种设想的完美形式,而由于他们的肌肉缺乏训练,不能充分表达。"④技艺的"巧拙",其实取决于身体的熟练性、灵敏性;存在于各类非遗中的技艺"诀窍",往往是特殊身体经验的总结。总而言之,非遗传承维系于身体经验或身体意识,是异质的生命体之间的情感、经验交流过程,其中涉及大量的身体模仿实践。

相比于学校教育,师徒制是更贴合于具身知识、隐性知识获得的一种传

---

① 黄荣怀、郑兰琴:《隐性知识论》,湖南师范大学出版社,2007 年,第 34 页。

② 余舜德:《从日常生活的身体感到人类学文化的定义》,余舜德编《身体感的转向》,台湾大学出版中心,2015 年,第 115—116 页。

③ Yasuo Yuasa, *The Body: Toward an Eastern Mind—Bodly Theory*(1987),转引自[美]理查德·舒斯特曼:《实用主义美学》,彭锋译,商务印书馆,2002 年,第 355 页。

④ [美]弗朗兹·博厄斯:《原始艺术》,金辉译,贵州人民出版社,2004 年,第 2 页。

承方式。比如传统民居修建技术,师傅与学徒采用口耳相授的方式,以一对一、一对多的形式在实践过程中教授;"稳""正""平""斜"等技术精要,师傅以语言、动作表现出来,既没有事先规划设计好的样稿,也不存在图纸或文字说明;不是技艺在传者与受者之间的转手,而是要让技艺牢固地融合为学徒的身体经验方能出师。① 彭牧发现,湖南茶陵农村做仪式时,徒弟必须在意识中清晰地模拟出师傅的身体经验,徒弟"要点上香、举过头顶、朝特定的方向……在慢慢地上香、弯腰、鞠躬拜的过程中,徒弟要在头脑中'拟'出师傅的形象。也就是在头脑中仔细回想当初师傅传授他(她)仪式诀窍的具体场景"②。很显然,这种通过拟师来请师的仪式只能来自师徒制的耳提面命,而不可能通过书籍来间接学习。可见,人类知识的传承依靠的不仅仅是文字这一类与身体脱离的媒介,更为多样与基本的人类文化经验是通过身心融合的长期实践而获得的凝聚于身体之中的技术,是不断更新与发展的人本身。③ 对此,莫斯肯定了"身体技术"的优先性与重要性,"身体是人首要的与最自然的工具。或者,更准确地说,不用说工具,人首要的与最自然的技术对象与技术手段就是他的身体。……在作为工具的技术之前,已经有了一整套身体技术"④。非遗的活态传承必须依靠身体技术得以实现,脱离了身体的传承,只能是僵化的、无法呈现技艺"感觉"、仪式"氛围"与表演"神韵"的记录或提取,更难以促进非遗知识的更新与再生。

在非遗审美接受方面,身体的亲在性同样必不可少。作为一种"小传统"文化与民间文化,非遗的审美具有强烈的身体"在场性"与"融入性"。笔者曾对民间艺术的审美经验做出过详细深入的阐释,指出"就审美方式来看,民间艺术不同于精英艺术的分离式的、对象化的审美方式,它是一种融

---

① 李菲:《身体与传承:非物质文化遗产研究的范式转型》,《思想战线》2014 年第 6 期,第 111 页。

② 彭牧:《模仿、身体与感觉:民间手艺的传承与实践》,《中国科技史杂志》2011 年增刊第 32 卷,第 75—89 页。

③ 彭牧:《身体与民俗》,《民间文化论坛》2018 年第 5 期,第 128 页。

④ 〔法〕马塞尔·莫斯:《社会学与人类学》,余碧平译,上海译文出版社,2003 年,第 306 页。

入性的审美"①。这种非经典性的融入性审美亦适用于对非遗审美的讨论。非遗是一种群体性的交流艺术，具有集体性、共享性的特点，其审美经验不是靠静观把握的，而是要通过无距离的身体"融入"来体验。这种身体的"亲在性"首先体现在审美感官的参与，目、耳、鼻、口、舌都直接与审美对象交接，可以去看、去听、去闻、去触碰、去品尝等。比如把玩紫砂壶，手感、触感、视觉、听觉都凝聚于其中，在多维一体的整体性审美联觉中去体味传统手艺的精湛之处，不仅于此，在把玩时还可能想象手艺人制作时的姿势、力度。可见，身体经验的传达不仅流动在师徒传承之间，也可能抵达审美主体的心灵之中。再如陶吧学艺，对很多人来说并不是为了学习技艺，而是为了在亲自动手中获得一种审美化的身体体验，这种细腻、独特的身体感受才是陶艺审美的核心。

显然，这种审美经验的获得需要以审美主体的身体为媒介才能完成，非遗共享召唤身体的介入，呈现一种开放性结构。特别是在表演类非遗审美过程中，例如秧歌等，人们手舞足蹈、扭动着肢体、挥洒着热情，全身心投入集体欢腾的快乐中，"这样喜悦的直接性，通过生气勃勃或有规律的躯体活动得以体现"②。无疑，这种审美经验是无距离的，刻意保持审美距离的、旁观者的静观式审美只会消解民间表演艺术的独特魅力，必须要以身体的亲在融入方能感受到身心消融的审美体验。尼采在《悲剧的诞生》中就曾描绘过这种融入性身体经验："此刻，在世界大同的福音中，每个人感到自己同邻人团结、和解、款洽，甚至融为一体了……人轻歌曼舞，俨然是一更高共同体的成员，他陶然忘步忘言，飘飘然乘风飞飏。他的神态表明他着了魔。"③所以，非遗审美并不是一种对象化的审美，而是一种情境性的审美，需要身体的彻底投入来感受经验的连续性与整体性，需要还原非遗本身的文化场域，

---

① 季中扬：《民间艺术的审美经验研究》，中国社会科学出版社，2016年，"内容摘要"第3页。
② ［美］维克多·特纳：《引言》，维克多·特纳编《庆典》，方永德等译，上海文艺出版社，1993年，第4页。
③ ［德］尼采：《悲剧的诞生》，《悲剧的诞生：尼采美学文选》，周国平译，生活·读书·新知三联书店，1986年，第6页。

要避免将其从原有语境"抽离"后作为造型、仪式、动作来鉴赏的割裂式审美。

三、身体意识与非遗的主体性

从上文讨论可知,身体的亲在性构成了界定、认知非遗,以及非遗审美接受的关键点。"身体"既是非遗感受与认知的中心,也是展示与交流、传承与传播的中介。非遗从形成、呈现、传承到审美接受,都离不开身体的亲在性。我们甚而可以说,非遗美学主要是一种身体美学。不仅于此,非遗的身体亲在性还是非遗主体性的前提。

主体性问题是西方哲学的核心议题之一,概而言之,有三种代表性的观念。一是以笛卡尔、康德、黑格尔为代表,认为人的理性不仅可以确保身份意识的同一性,而且可以保证人的自由性与能动性,也就是说,有理性的人就是主体;二是以马克思、阿尔都塞、罗兰巴特为代表,强调社会系统对人的位置与功能的决定性,认为人虽然有一定的能动性,但并不具有绝对的主体性;三是以福柯为代表,认为主体是由话语、知识、权力等要素形塑的,并不存在先验的或理性的主体,这完全颠覆了主体性概念。正如福柯所言,不存在独立自主、无处不在的普遍形式的主体,[1]人们思想走得越远,就越看不见人。[2] 但是,这并不意味着主体性概念是毫无价值的,预设主体性这个概念是"进行有意义的社会—政治思考的必要前提"[3]。事实上,在结构主义与福柯颠覆主体性概念之外,人们还在沿着另一条路径推进对主体性问题的思考。对此,李重勾勒出了一个简要的思想线路图。[4] 先是尼采强调身体高于

---

① [法]米歇尔·福柯:《权力的眼睛:福柯访谈录(修订译本)》,严锋译,上海人民出版社,2021年,第15页。
② [法]M.福柯:《福柯答复萨特》,莫伟民译,《世界哲学》2002年第5期,第65页。
③ 杨顺利:《主体性为何不可或缺——从阿多诺的视角看》,《哲学动态》2021年第9期,第81页。
④ 李重:《身体的澄明之途——对西方哲学中的"身体性"问题的思考》,《西安交通大学学报(社会科学版)》2006年第5期,第76—82页。

理性,他借觉醒者的口说:"我完完全全是肉体,此外无有,灵魂不过是肉体上的某物的称呼。……所谓'心灵'者,也是你肉体的一种工具,你的大理智中一个工具,玩具。"①其后,胡塞尔以身体的主体间性解决了自我与他人的关系难题;梅洛-庞蒂又进一步提出了"身体图式"概念,"从身体出发消解肉体和心灵的对立"②。总而言之,通过身体概念,人们在理性主义主体观废墟上又重构了主体性哲学。

晚近理查德·舒斯特曼在讨论身体美学时甚而提出,身体本身就是"主体性场所",身体美学研究"不仅把身体当作对外展示美、崇高、优雅及其他审美特质(aesthetic qualities)的对象,而且也视之为能知觉到这些特质,并能以身体来体验伴特质而生的审美愉悦的某种主体"③。舒斯特曼把身体视为"主体性场所",并且召唤人们知觉身体的审美特质,成为身体审美自觉的主体,这对理解非遗的主体性问题特别富有启发性。一方面,非遗与其他文化遗产不同,非遗必须是具身的存在,非遗的主体性要以身体的亲在性为前提;另一方面,承载着某种技艺的非遗传承人身体就是审美对象,是"主体性场所",非遗传承人应该成为对自己的技艺与身体有着审美自觉的主体。

身体是非遗的"主体性场所",离开身体的亲在性就意味着对非遗主体性的剥夺。在非遗保护实践中,人们对此还缺乏充分认识。比如,金昱彤在调查土家族盘绣服饰时发现,盘绣嫁衣本是土家族女性生命史中最重要的事件,往往需要五到十年的时间,集全家之力才能完成,前搭、后搭、打包腰带、头巾、领子、袖口等处的精美盘绣图案乃是土家族人的身体意识、情感态度与全部心血的凝聚,身体的"言说"被绣入嫁衣之中,但在成为非遗后,变成了表演展示时的"上班服"。④ 再如,刘朝晖对浙江金衣村豆腐皮制作技艺近十年的参与式跟踪调研发现,"在村民眼中,金衣村豆腐皮制作技艺的传

① ［德］尼采:《苏鲁支语录》,徐梵澄译,商务印书馆,1992 年,第 27—28 页。
② 李重:《身体的澄明之途——对西方哲学中的"身体性"问题的思考》,《西安交通大学学报(社会科学版)》2006 年第 5 期,第 81 页。
③ ［美］理查德·舒斯特曼:《通过身体来思考》,张宝贵译,北京大学出版社,2020 年,第 6 页。
④ 金昱彤:《国家、市场、社会三维视角下的非物质文化遗产研究——以土族盘绣为例》,博士学位论文,兰州大学,2014 年,第 47—56 页。

承和保护重要的不是技术和市场的困境,而是村民和社区的退出,导致传统技艺无以为继"①,换言之,豆腐皮技艺与身体、生活产生断裂,非遗主体性被剥夺了,这是产生诸多问题的根源。在表演类非遗领域,岳永逸批判的非遗"馆舍"化现象,即"以服务于人、(古)村落、社区的口号,将非遗舞台化、表演化,并进一步用镜框、镜头婉饰"②,让非遗成为一种被展示的对象,其实也是忽略非遗的身体亲在性,剥夺非遗的主体性。诸如此类,不胜枚举。更深层次的问题是,在非遗保护实践中,非遗传承人对自身的主体性缺乏充分自觉,从"申遗"到"规划""开发"的一系列过程中,甚而主动将自身客体化,成为符合市场需求、政治逻辑的对象。工具理性弥漫与内化,可能不仅起不到真正保护非遗的作用,反而会反噬非遗自身。

更有甚者,由于"申遗",民众的日常生活文化"逐渐成为被政府、官员、商业合作伙伴、学者共同操演的一种文化展演"③,"谁的非遗"成了需要严肃讨论的问题。以福柯的思想视之,主体性并不是既定的,而是可建构的、可争夺的,在政治话语、权力结构、经济利益的驱动下,政府、市场、社会、学者等都可能成为非遗保护的主体。但是,非遗保护的主体并不等同于非遗主体,对此,韩成艳、宋俊华等人已有论述。④ 因而,非遗保护的多元主体要限定好范围,推进协商合作,而不能取代真正的非遗主体。正如丹尼尔·伯恩

① 刘朝晖:《谁的遗产? 商业化、生活态与非遗保护的专属权困境》,《文化遗产》2021 年第 5 期,第 15 页。

② 岳永逸:《本真、活态与非遗的馆舍化——以表演艺术类为例》,《民族艺术》2020 年第 6 期,第 87 页。

③ 赵书峰:《谁的"非遗"? ——中国传统乐舞类"非遗"传承与传播问题再思考》,《贵州大学学报(艺术版)》2021 年第 4 期,第 84 页。

④ 韩成艳曾对此做出界定,认为非遗涉及三个方面的主体,包括非遗代表作的主体、非遗项目的主体、认同非遗项目的共同体。非遗保护的主体大致是三方五主体。一方是政府,决定非遗保护是一项公共文化事业;一方是专业团队,把非遗保护作为公益事业提供专业服务;一方是非遗的主体,细分为个人、群体、社区。参见韩成艳《非物质文化遗产的主体与保护主体之解析》,《民俗研究》2020 年第 3 期,第 46—52、第 158 页。宋俊华认为参与非遗保护的各方都是非遗保护的主体,参见宋俊华《契约、中间人与规则:非遗保护的行动逻辑》,《中央民族大学学报(哲学社会科学版)》2021 年第 4 期,第 107—113 页。

(Denis Byrne)所言,"文化并不是一件事(a thing),而是一个过程(a process)"①。非遗保护是过去与现在交流与表达、创造与发展的过程,在此过程中,要充分重视非遗传承人的身体亲在性与主体性。

2020年12月"申遗"成功的"新加坡的小贩文化:多元文化城市环境中的社区餐饮与烹饪习俗",是尊重非遗主体性的典型案例。作为非遗的小贩文化所保护的并不是一种高大上的规划空间,而是对小贩、小贩美食、小贩中心作为新加坡特有的生活方式的保护,是对非遗传承人身体亲在性与主体性的保护。最早可追溯至19世纪英国殖民时期的流动小贩文化,其通常被视为城市治安管理的"麻烦",但在20世纪70年代新加坡建国以后,新加坡政府积极主导了新镇规划并出台政策推进小贩文化建设,其关键举措在于推动小贩文化逐渐融入社区文化,使之成为塑造国家文化认同、促进多民族团结融合的重要内容。在新加坡全岛,共有110个小贩中心,大约6000名小贩从事该行业,大概80%以上的人每周至少到访小贩中心一次。对于当地居民来说,小贩中心既是居民以低廉价格解决饮食,采买蔬菜、肉类、杂货的地方,也是身体交谈、休憩、交往、分享的空间,更是不同种族、性别、文化的身体穿梭、停驻,联结人与人关系进而产生情感、记忆的地方。② "小贩中心"的活态传承受益于政府、非政府组织、学者、培训机构等多元主体,但这种蓬勃发展的文化更离不开居民的亲身参与,即通过人、地方、食物链接,创造出共同的文化意识,并形成一种文化记忆与代际资源传递给年轻一代,真正实现了对基于身体实践的无形文化的保护,恰是在保护、延续民众的身体实践感的过程中激发、培养出了文化主体性。

总而言之,"身体"作为非遗的一个必不可少的构件,不但影响到非遗的

① Denis Byrne,"Archaeologicdl Heriage and Caltural Intimaey:An Interiec cith Michael Herfeld", *Journal of Social Archaeology*,No.2,2011,pp.144 – 157.

② 许翔宇、魏瑜嶙:《新加坡小贩文化申遗成功 获列为联合国"非物质文化遗产"》,新加坡《联合早报》2020年12月17日,htpsl/www.zaobao.com/news/singapore/story20201217 – 1109321,访问日期2022年3月8日;《社论:小贩文化入遗的多重意义》,新加坡《联合早报》2020年12月18日,hitps://wwwzacbao.com/forum/elitorial/story20201218 – 1109719,访问日期2022年3月8日。

有效传承,更关系到非遗主体性能否真正建立。从身体美学角度来看,非遗并不是客观的"物件"或纯粹的"视觉"形象,而是基于身体实践的一种生命经验,是社群应对外在环境,调适自我与社会关系时的一种具身化的体验,是经由身体传承的一种审美意识、文化传统。强调非遗应该是一种容纳着不同人群的情感、记忆与身体体验,是内含着主体性的生活文化,这实际上也重新回到联合国教科文组织对非遗的定位——在各社区和群体适应周围环境以及与自然和历史的互动中,被不断地再创造,"使他们自己具有一种认同感和历史感"①,社区、群体和个人"在保护其所持有的非物质文化遗产过程中发挥主要作用","应评定其所持有非物质文化遗产的价值,而这种遗产不应受制于外部的价值或意义评判"②。很显然,非遗身体美学所持有的理念无疑从美学层面上呼应了联合国教科文组织对非遗主体性的界定与强调。

四、结语

非遗本质上具有身体实践性,它既要求身体亲在,又彰显身体的主体性。从美学视角来看,非遗不仅是视觉审美对象,更为重要的是其身体的实践性。一方面,其具身化的默会认知意味着杜威所谓的"拥有了一个经验"③,因而具有审美性;另一方面,作为技艺载体的非遗传承人身体本身就是审美体验的"主体性场所"。强调非遗的身体实践性及其审美性,既具有一定的理论意义,又有一定的现实意义。首先,如上文所论,国内学者由"非物质"概念推演出了活态传承概念,但活态传承概念一直缺乏一个下位概念支撑,本文提出的身体实践以及身体亲在性、身体主体性等概念,解决了这

① 联合国教科文组织:《保护非物质文化遗产公约》(2003),国家文物局等编《国际文化遗产保护文件选编》,文物出版社,2007年,第229页。
② 联合国教科文组织:《保护非物质文化遗产伦理原则》,巴莫曲布嫫、张玲译,《民族文学研究》2016年第3期,第5—6页。
③ 〔美〕杜威:《艺术即经验》,高建平译,商务印书馆,2005年,第37页。

个难题,这样,非物质、活态传承、身体实践三个概念就形成了一组理解非遗本质的核心概念群;其次,本篇开篇提出,只有从审美角度才能理解非遗何以成为可共享的公共文化,而视觉经验的可共享性很大程度上受制于文化传统,但基于身体实践的审美是超越视觉经验的,就此而言,非遗技艺习得可以走向理查德·舒斯特曼所倡导的"修身的生活艺术",它具有文化转化的无限可能性;再次,对非遗身体亲在性与主体性的强调,可以有效地批判忽视身体在场的非遗保护实践,避免非遗保护完全落入工具理性的逻辑之中。

第二章

非遗的审美化

第一节　民间艺术雅化的历史逻辑①

民间艺术雅化一般来说有两种主要形式,一种是文化精英阶层"眼光向下"的采风行为,如《诗经》中的"国风",这贯穿于整个古典文艺发展过程中;另一种是民间艺术自觉地向文人趣味的雅文化靠拢,不断追求、强化自身的审美取向,在主题与风格上呈现出明显的文人审美趣味,这是随着文人阶层的产生与充分发展才逐渐出现的历史文化现象。本篇着重讨论后者,试图梳理其历史进程,揭示其历史逻辑,进而以历史为参照,在中外比较视野中分析当代民间艺术雅化问题,提出并阐述民间艺术的"非遗"保护以及创造性转化与创新性发展实践中应有的美学取向。

一、民间艺术雅化的历史进程

民间艺术雅化现象究竟是从何时开始出现的呢?要回答这个问题,就必须先严格界定民间艺术雅化现象。本研究所谓的民间艺术雅化,既不包

---

① 此节原文题为《民间艺术雅化的历史逻辑及其当代审美取向》,发表于《南京社会科学》第 2022 年 11 期。

括文化精英阶层的"采风"与再创造，也不包括实际上是由民间艺人所创造的宫廷艺术，而是特指民间艺术在审美上趋向于文人文化。"艺术创作风格既涉及艺术作品形式演变的内在规律性，也与社会文化等外在规律性有直接的关联。"①这也就是说，民间艺术雅化有待于文人阶层的形成与发展。一般认为，从魏晋南北朝时期开始，文人群体出现了文化自觉意识，开始追求、标榜一种自律的审美精神。不过，直到宋代，随着科举制的发展，有了"进士社会"②，文人群体才真正成为一个社会阶层。不仅于此，"北宋期间，士大夫对'美'的追求在不同的领域里都跨出以往的范围，冲破以往认为不可逾越的界限"③。宋代文人不仅写诗话，品评文艺，而且开始收藏、鉴赏文物与字画，著文谈论茶道、香道、花草等。总而言之，不仅真正意义上的文人审美趣味形成了，而且这种审美趣味发生了广泛而深远的影响，甚而引领、主导了当时的社会审美潮流。

正是从北宋时期开始，文人阶层的审美趣味开始明显地影响到了民间艺术领域。如宋瓷，不仅造型端重古朴，有"三代鼎彝之遗意"④，而且色泽崇尚青、白纯色，有天青、豆青、虾青、粉青、月白等，整体呈温润、雅洁如玉之状。且不论传说中的"青如天、明如镜、薄如纸、声如磬"的柴窑⑤，就是妍巧至极的粉定也是"纯白一色，仍极雅净也"⑥。尤其是宋瓷中的"开片"，最能见出文人雅趣的影响。"开片"原本是陶瓷烧制缺陷而造成的裂纹，宋代文人却认为这种自然而然的纹路远胜于人工纹饰，工匠进而在实践中掌握了釉面开裂纹的烧制技术，使得"开片"成为宋瓷的特色语言。宋人对瓷器自然残缺之美的发现与欣赏不止于此，再如钧窑瓷器，起初以"色纯无少变杂"

---

① 魏骏瑶：《冲突与妥协——乔治·英尼斯绘画风格嬗变与审美趣味》，《苏州大学学报》（哲学社会科学版）2021 年第 4 期。

② 钱穆：《中国历史研究法》，生活·读书·新知三联书店，2001 年，第 46 页。

③ ［美］艾朗诺：《美的焦虑：北宋士大夫的审美思想与追求》，杜斐然等译，上海古籍出版社，2013 年，第 2 页。

④ 许之衡：《饮流斋说瓷》（外一种），浙江人民美术出版社，2016 年，第 6 页。

⑤ 明代曹昭的《格古要论》首次提及"柴窑"，明代中晚期出现柴窑"青如天、明如镜、薄如纸、声如磬"的说法，但至今无人见过柴窑实物。

⑥ 许之衡：《饮流斋说瓷》（外一种），浙江人民美术出版社，2016 年，第 6 页。

为美，后来却看重"青紫相错如垂涎者"①，其实后者不过是烧制火候不足而产生的残次品。显然，这种对自然残缺之美的偏爱之情不可能出自匠人群体，而是文人审美趣味影响所致。但令人诧异的是，匠人居然能领会文人阶层这种审美趣味，并在技术上予以实现，此间足以见出匠人之用心。

再以刺绣为例，宋代出现了摹仿文人画的"画绣"，这意味着刺绣从装饰衣物帷幔等实用范畴脱离出来，进入到纯粹的审美领域。董其昌认为，宋代画绣"佳者较画更胜"②。文震亨称赞道："宋绣，针线细密，设色精妙，光彩射目，山水分远近之趣，楼阁得深邃之体，人物具瞻眺生动之情；花鸟极绰约嚵唼之态，不可不蓄一二幅，以备画中一种。"③这意味着画绣已经雅化到极致，完全与文人书画无异。事实上，《画筌》等书画著录就将画绣收录在册。

明清时期，文人热衷于收藏古董、雅玩，致力于营造日常生活美学，与民间艺人交往频繁，其审美眼光遍及日用器物、家具、书房、园林等，全面而深刻地影响着民间艺术的审美取向。如紫砂壶，万历以前崇尚大壶，万历后则以一人独享的小壶为美，这虽然源自制壶艺人时大彬对壶制的革新，但追根溯源，却是来自文人审美趣味的影响。正如《阳羡茗壶系》所记载，时大彬"初自仿供春得手，喜作大壶，后游娄东，闻陈眉公与琅琊太原诸公品茶施茶之论，乃作小壶。"④大彬之后，诸多制壶名家如徐友良、陈子畦、惠孟臣等也受此影响，专注于制作小壶。壶小有何妙处？冯可宾论述道："茶壶以小为贵。每一客壶一把，任其自斟自饮，方为得趣。何也？壶小则香不涣散，味不耽阁。"⑤在冯可宾看来，小壶有两点好处：一是小壶便于品茶香、茶味，更合乎文人品茶之道。二是小壶更适于品鉴把玩，享受独饮之趣，且壶经人久用"涤拭日加，自发暗然之光，入手可鉴"⑥，形成"包浆"之美。由此可见，在

---

① 许之衡：《饮流斋说瓷》（外一种），浙江人民美术出版社，2016年，第14页。
② 董其昌：《筠清轩秘录》，张应文：《清秘藏》卷上《论宋绣刻丝》，见《四库全书子部·杂家类·杂品之属》。
③ 文震亨：《长物志》，江苏凤凰文艺出版社，2015年，第189页。
④ 周高起：《阳羡茗壶系》，载韩其楼编《紫砂古籍今译》，北京出版社，2011年，第5页。
⑤ 吴骞：《阳羡名陶录》，载韩其楼编《紫砂古籍今译》，北京出版社，2011年，第29页。
⑥ 吴骞：《阳羡名陶录》，载韩其楼编《紫砂古籍今译》，北京出版社，2011年，第25页。

紫砂壶由大及小的过程中,起决定作用的是文人雅士的茶道审美及赏玩意趣,以时大彬为代表的制壶艺人们领会了文人审美趣味,主动以文人审美理念为取向,推动了紫砂壶的雅化。

再如竹刻,之所以兴起于明清时期,主要就是因为当时文人阶层雅好刻镂精美的扇子、臂搁、笔筒等书房清玩。张岱称赞当时竹刻艺人濮仲谦道:"其竹器,一帚、一刷,竹寸耳,勾勒数刀,价以两计。然其所以自喜者,又必用竹之盘根错节,以不事刀斧为奇,则是经其手略刮磨之,而遂得重价,真不可解也。"①《太平府志》说濮仲谦"有巧思,以镂刻名世。一切犀玉棐竹皿器,经其手即古雅可爱。公卿慕致,一簪一盂,视为至宝。"②从濮仲谦传世的浅刻竹扇骨等作品来看,他的确善于取材,随形构思,以写意手法施刀,浅刻简雕,甚至只是略微刮磨即能成器,却气韵生动、意境深远、格调高雅。这种重神韵、求自然的写意型竹刻呼应了文人书画艺术,而这显然离不开濮仲谦在与文人交往中对文人意趣的敏锐把握及转化。

还有香炉,自汉代起,每个时代都有自己的形制,但到明清时期,仿古形制的香炉却大行其道。文震亨指出,"三代、秦、汉鼎彝,及官、哥、定窑、龙泉、宣窑,皆以备赏鉴,非日用所宜。……尤忌者云间、潘铜、胡铜所铸八吉祥、倭景、百钉诸俗式,及新制建窑、五色花窑等炉"③。这就明确地告诉匠人,文人阶层不喜欢民间崇尚的带有吉祥图案的香炉以及流行的五彩瓷香炉,他们喜欢古董,或仿古形制。那些巧手慧心的匠人领会了文人的审美趣味,他们制作的仿古铜香炉就成了珍品。

民间表演艺术大都深度嵌入在民俗生活中,很难分化、独立出来,但是,到了明清时期,也出现了一定程度的雅化现象,尤以昆曲为典型。昆曲本是南戏的一个分支,源自民间小调。徐渭指出,"'永嘉杂剧'兴,则又即村坊小曲而为之,本无宫调,亦罕节奏,徒取其畸农、市女顺口可歌而已,谚所谓'随

---

① 张岱:《陶庵梦忆西湖梦寻》,中州古籍出版社,2012年,第46页。
② 褚德彝:《竹人续录》,见《竹人录竹人续录》,浙江人民美术出版社,2011年,第90页。
③ 文震亨:《长物志》,江苏凤凰文艺出版社,2015年,第237页。

心令'者,即其技欤?"①明朝嘉靖年间魏良辅创立昆山水磨调,美妙动听,雅化了昆曲唱腔,而梁辰鱼又雅化了其剧本。此后,昆曲就成了文人艺术。从明代的汤显祖、沈璟、高濂、阮大铖,到清代的李渔、孔尚任、洪昇,昆曲创作者基本都是当时的文人名士。在昆曲雅化过程中,一方面文人阶层成了剧本创作主体,另一方面昆曲艺人也逐渐接受了文人的审美理念,能够唱出曲内之旨、言外之意。

总之,自宋代以来,尤其到了明清时期,文人阶层的审美观念深度影响了民间艺术领域。这种影响往往并非无意为之。李渔在《闲情偶寄》中就记录了他指导工匠魏兰如、王孟明改造箱笼、篋笥,发明抽屉隐藏式拉手的经历;②清代书画家、篆刻家陈曼生在担任溧阳县令时,与宜兴紫砂名匠杨彭年交往合作,亲手设计了曼生十八式,并将诗词、书法、绘画、金石与紫砂壶巧妙融合;园林建造属于文人园主和造园家的意匠经营,一般反映的是二者共同的审美旨趣。③ 正是文人阶层审美理念的积极参与,民间艺术获得了另一种内在品格,进而超脱日用,成了纯粹的审美对象。

二、民间艺术雅化的历史逻辑

自两宋至明清,民间艺术的雅化从瓷器、刺绣逐渐扩展到其他门类。无论从艺术史、审美文化史,还是从社会史、经济史的角度来看,都是极其耐人寻味的。这种历史文化现象并非某个群体造成的,而是一种社会结构性的产物,有着深刻的历史逻辑。所谓"社会结构",乃是一种"客观的、超越个人的模式或力量,行动者并不能完全意识到这些模式和力量的存在,但其行动和思考深受其约束"④。其中经济结构是最基本的,构成了可作为整体被描

---

① 徐渭:《南词叙录》,《中国古典戏曲论著集成(三)》,中国戏剧出版社,1959年,第240页。
② 李渔:《闲情偶寄》,天津人民出版社,2017年,第243—245页。
③ 王志刚:《纸上园林:明清文人诗意栖居的空间想象》,《苏州大学学报》(哲学社会科学版)2020年第6期。
④ [美]小威廉·休厄尔:《历史的逻辑:社会理论与社会转型》,朱联璧、费滢译,上海人民出版社,2021年,第26页。

述的社会结构及功能的基础。就民间艺术雅化而言，其与繁荣的商品经济、较为充分的市场发育以及日益精细化的产业分工有着千丝万缕的联系。也就是说，民间艺术只有成为艺人群体的一种谋生手段，从村落的或家庭的日常活动转变成一种商业化的文化生产时，才有可能朝着雅化方向转化。

在宋代，民间艺术的商业化已经比较普遍了。从《东京梦华录》《武林旧事》来看，两宋都城内不仅有各种专门的手工艺店铺、市场，民间表演艺术也充分商业化，到处都有瓦子、勾栏，如汴京东角楼街巷，“街南桑家瓦子，近北则中瓦，次里瓦。其中大小勾栏五十余座。内中瓦子莲花棚、牡丹棚，里瓦子夜叉棚、象棚最大，可容数千人”①。消费需求是生产与技术进步的动力，面向市场的民间艺术也不例外。但是，两宋时期文人阶层的审美消费还没有完全进入日常生活层面，其对民间艺术需求不大，影响也相对有限。

明清时期，江南的商品经济更为发达，社会分工更为充分。张瀚《百工纪》写道：“今天下财货聚于京师，而半产于东南，故百工技艺之人亦多出于东南，江右为夥，浙、直次之，闽、粤又次之。”②相较于宋代，江南文人阶层已经成为高端手工艺品的主要消费群体。“尽管明代文人不愿多谈市场的运转，却并不妨碍那时存在一个生机勃勃的市场，以及各种形式的艺术品交易。”③也有一些文人留下了零星的记录，如明代著名书画家、鉴赏家李日华在日记中就多次写了购买民间手工艺品的经历：“三十日，购得古端大砚，长一尺二寸，阔六寸五分，高三寸，平面枵背，作覆洞形。墨池陂陁渐陡，右角二活眼为云绕月状，中峙一犀回顾，制极雅朴。”④“购得万历初窑真言字茶杯二只，甚精雅可玩。近善鄯国告苏摩罗青已竭，而景德镇匠手率偷薄苟且，烧造虽繁，恐难复睹此矣。然近日建窑造白器物，日以精良。”⑤“十五日，无锡孙姓者一舫，泊余门首。……宣铜瓜棱小香炉一；古犀杯一；成窑磬口敦

① 孟元老：《东京梦华录》卷二，上海三联书店，2014 年，第 54 页。

② 张瀚：《松窗梦语》，见《治世余闻继世纪闻松窗梦语》，中华书局，1985 年，第 76 页。

③ ［英］柯律格：《长物：早期现代中国的物质文化与社会状况》，高昕丹、陈恒译，洪再新校，生活·读书·新知三联书店，2015 年，第 118 页。

④ 李日华：《味水轩日记》（上），浙江人民美术出版社，2018 年，第 13 页。

⑤ 李日华：《味水轩日记》（上），浙江人民美术出版社，2018 年，第 32 页。

盏一,妙;宣窑玉兰杯一,重五六两,古朴有致,内莹白,外施薄紫,花葩交错为底,索价四十两,瓦缶贵溢金玉,至此极矣……"①诸如此类,不胜枚举。

明代文人非常看重高端手工艺品,甚至将其与书画、古董相提并论。这一点在诸如《遵生八笺》《万历野获编》《陶庵梦忆》《闲情偶记》等文人笔记中多有反映。袁宏道曾感慨道:"近日小技著名者尤多,然皆吴人。瓦瓶如龚春、时大彬,价至二三千钱。龚春尤称难得,黄质而腻,光华若玉。铜炉称胡四,苏、松人有效铸者皆不能及。扇面称何得之。锡器称赵良璧,一瓶可直千钱,敲之作金石声,一时好事家争购之,如恐不及。"②高濂提及制铜名匠徐守素时,称其所仿铜器"精致无让,价与古值相半。其质料之精,摩弄之密,功夫所到,继以岁月,亦非常品忽忽成者。置之高斋,可足清赏,不得于古,具此亦可以想见上古风神,孰云不足取也?"③沈德符更是直言:"玩好之物,以古为贵。惟本朝则不然,永乐之剔红,宣德之铜,成化之窑,其价遂与古敌。"④

正是有着这样较为成熟的文人消费市场的支撑,民间艺术雅化才有了强大的拉动力量。毫无疑问,文人阶层对民间艺术的消费是一种"眼光向下"行为,也就是说,他们并非真正发现、理解、接受了民间艺术之美,而是在以自身审美观念挑选、改造民间艺术,以满足其文房清玩、书画装裱、书斋布置及园林营造等日常需求。他们评价民间艺术时,常用词汇是"雅""古"或"古雅"。如褚德彝品评濮仲谦的浮雕竹笔筒"浑古朴雅,灭尽斧凿痕"⑤。

如果说商业化的文化生产形态是民间艺术雅化的社会基础,文人阶层"眼光向下"及其文化消费是民间艺术雅化的外在动力,那么,民间艺术雅化还需要艺人群体"眼光向上"的主动性。在明代文人眼中,虽然"竹与漆与铜与窑,贱工也",但并不排斥杰出手艺人"与缙绅先生列坐抗礼"⑥,甚至不吝

① 李日华:《味水轩日记》(中),浙江人民美术出版社,2018年,第285页。
② 袁宏道:《袁宏道集笺校》(中),钱伯城笺校,上海古籍出版社,2008年,第731页。
③ 高濂:《遵生八笺》,王大淳点校,浙江古籍出版社,2017年,第537页。
④ 沈德符:《万历野获编》(下),黎欣点校,文化艺术出版社,1998年,第699页。
⑤ 褚德彝:《竹人续录》,见《竹人录竹人续录》,浙江人民美术出版社,2011年,第142页。
⑥ 张岱:《陶庵梦忆西湖梦寻》,中州古籍出版社,2012年,第119页。

笔墨对其大书特书,如王士禛写道:"近日一技之长,如雕竹则濮仲谦,螺钿则姜千里,嘉兴铜炉则张鸣岐,宜兴泥壶则时大彬,浮梁流霞盏则昊十九,江宁扇则伊莘野、仰侍川,装潢书画则庄希叔,皆知名海内。"①张岱写道:"陆子冈之治玉,鲍天成之治犀,周柱之治嵌镶,赵良璧之治梳,朱碧山之治金银,马勋、荷叶李之治扇,张寄修之治琴,范昆白之治三弦子,俱可上下百年保无敌手。"②既然文人阶层愿意屈尊俯就,聪慧、上进的民间艺人自然乐于追随、服务。在明代,手艺人与文人雅士交好的案例很多,如钱谦益与竹刻大师濮仲谦的交往,文徵明与刻石名匠章简甫的交往,李日华与景德镇瓷工昊十九的交往,陈继儒与时大彬及其弟子蒋伯荂的交往等。手艺人只有认同、追求文雅,才能为文人阶层接纳,才能获得更高的声誉与经济收益,而一旦为文人阶层接纳,他们就有机会耳濡目染地领会文人阶层的审美趣味,更为自觉地追求文雅。这些杰出的艺人不仅在艺术方面自觉地追求审美雅化,而且在生活方式上也趋近文人阶层。例如,李日华所盛赞的景德镇瓷匠昊十九,以制作明若玑珠、色若丹霞的流霞盏与薄如蛋壳、轻若浮云的卵幕杯闻名,其本人自号壶隐道人,能诗文,善绘画,且颇有造诣。李日华说:"浮梁人昊十九者能吟,书逼赵吴兴。隐陶轮间,与众作息。"③明代诸多杰出手艺人甚至在人格层面也颇有文人风骨。如濮仲谦,"得其一款,物辄腾贵。三山街润泽于仲谦之手者数十人焉,而仲谦赤贫自如也。于友人座间见有佳竹、佳犀,辄自为之。意偶不属,虽势劫之,利啖之,终不可得"④。又如昊十九,"性不嗜利,家索然,席门瓮牖也"⑤。再如时大彬,"雅自矜重,遇不惬意,碎之。至碎十留其一。皆不惬意,即一弗留"⑥。由此可见,"眼光向上"的手艺人不仅仅认同文人的审美趣味,而是要努力进入文人的生活世界与精神世界,通过审美雅化,让民间艺术不再拘泥于技术,而能由技及道,拥有一种形而上

① 王士禛:《池北偶谈》,文益人校点,齐鲁书社,2007 年,第 330 页。
② 张岱:《陶庵梦忆西湖梦寻》,中州古籍出版社,2012 年,第 45 页。
③ 李日华:《六研斋笔记紫桃轩杂缀》,凤凰出版社,2010 年,第 268 页。
④ 张岱:《陶庵梦忆西湖梦寻》,中州古籍出版社,2012 年,第 46 页。
⑤ 李日华:《六研斋笔记紫桃轩杂缀》,凤凰出版社,2010 年,第 268 页。
⑥ 李斗:《扬州画舫录》,中华书局,2007 年,第 102 页。

的审美精神。

　　总而言之，文人阶层"眼光向下"的审美消费需求，艺人群体社会身份与审美意识向上攀升的内在动力，二者的结合推动了历史上民间艺术的雅化。民间艺术雅化是一个复杂的美学问题。表面上看来，这意味着出色的民间艺人完全放弃了民间立场，依附于文人文化，只是以自己的材料与手艺表达并不属于自己的观念与趣味，所呈现的美学精神并不具有独立的意志。其实，对于一个并不具备文化自觉能力的民间艺人群体，除技巧之外，他们不可能提炼、讲述出一套民间艺术的审美理念与文化精神，不可能发现"杂器之美"①，在特定历史时期，只有依附文化精英阶层，经由雅化，才能超越自身局限性，让民间艺术进入更广阔的天地，产生更大的艺术魅力。正如张岱所言，"其良工苦心，亦技艺之能事。至其厚薄深浅，浓淡疏密，适与后世赏鉴家之心力、目力针芥相投，是岂工匠之所能办乎？盖技也而进乎道矣"②。言下之意，民间艺术要洗去匠气，成为纯粹审美对象，就必须在技术之外的"道"上下功夫，而这所谓"道"，说白了其实就是文人审美精神与趣味。

三、当代民间艺术的雅化及其审美取向

　　在历史上，民间艺术雅化现象滥觞于宋代，极盛于晚明。就清代而言，由于文人精神衰颓，民间艺术雅化不太突出，堪称精品的瓷器、刺绣、雕刻作品，大都呈现繁缛、富丽、俗艳的风格，如康熙年间珐琅彩、粉彩瓷器。而在当代社会，原本可能随着历史烟尘而去的民间艺术，不仅勃发了新的生机，而且再度出现了雅化现象。这是一个看似平常，却颇为令人费解的文化现象。

　　在当代社会，民间艺术赖以生存的社会环境已彻底改变，其原有的功用

---

① 在《杂器之美》一文中，柳宗悦完全颠覆了一般美学理念，提出就像"宗教寻求贫穷之德"一样，"只有朴素之器才能有令人吃惊的美"。（［日］柳宗悦：《杂器之美》，徐艺乙主编《民艺论》，江西美术出版社，2002年，第167—178页）

② 张岱：《陶庵梦忆西湖梦寻》，中州古籍出版社，2012年，第45页。

与消费群体已基本丧失,逐渐从一种前工业社会的日常生活艺术变成了后工业社会的"遗产"。如果不是作为非物质文化遗产,在现代人眼中,诸如年画、剪纸、木雕、石雕、竹刻、刺绣、小戏等民间艺术无疑会凸显出鲜明的文化异质性,就像约翰·费斯克所说的,"郊区家室中'农民的'篮子或是'土产的'陶器,总带着某些异国情调"①。事实上,在各级非物质文化遗产名录中,民间艺术都占据较大的比重。从文化遗产角度来看,传统民间艺术虽然丧失了日常功用,却因关联着过去生活的情感记忆、审美趣味,仍然有其存在的价值。当然,可以将其数字化、"馆舍化"②保护起来。但是,作为非物质文化遗产,我们希望民间艺术能活态传承下去。然而,民间艺术由于丧失了日常功用,并且与现代社会拉开了一定的心理距离,也许只有作为纯粹的审美对象,才能重新进入当代生活而得以活态传承。此间道理拙作《"遗产化"过程中民间艺术的审美转向及其困境》③已经讨论过,此处不再赘述。

当代纯粹作为审美对象的民间艺术呈现两种基本面相:一是继承传统形制,追求典雅、精致,成为政府大会堂、高级宾馆、文化场馆、会客厅等特定场合摆设、鉴赏的工艺美术,就其艺术风格而言,在一定程度上可以视为宫廷艺术的当代变相;二是趋于纯艺术,通过认同精英艺术的审美风格与趣味,朝向精英艺术发展,以求进入现代"艺术世界"④,获得关注、收藏。相比较而言,前者有着相对稳定的消费群体,是当代民间艺术雅化的主要审美取向。

当代民间艺术趋于纯艺术的路径多种多样。有的比较皮相,只是在外形上学习纯艺术,比如将剪纸放置在画框中,或做成卷轴,甚至像传统书画一样,有题跋、闲章等。有的刻意追求艺术品的唯一性,放弃传统民间艺术品的自我复制传统,如年画制作,从原来批量年画生产转向木刻艺术,出售

---

① ［美］约翰·费斯克:《理解大众文化》,王晓珏、宋伟杰译,中央编译出版社,2001 年,第 179 页。

② 岳永逸:《本真、活态与非遗的馆舍化——以表演艺术类为例》,《民族艺术》2020 年第 6 期。

③ 季中扬:《"遗产化"过程中民间艺术的审美转向及其困境》,《民族艺术》2018 年第 2 期。

④ 所谓"艺术世界"是指"艺术品赖以存在的庞大的社会制度"。［美］J.迪基:《何为艺术?》,《当代美学》,光明日报出版社,1986 年,第 107—108 页。

年画的雕版，而不是纸质年画作品。有的积极与先锋艺术家合作，如姚惠芬与邬建安等艺术家合作，创作了刺绣作品《骷髅幻戏图》，入选了 2017 年的"第 57 届威尼斯国际艺术双年展"。有的彻底放弃传统，甚至改变自身的艺术形态，如皮影制作脱离皮影戏，转变为一种独立的视觉艺术，汪天稳还将绘画技艺融入到皮影雕刻之中，创作了《社火》等作品。更为出色的是在艺术题材、形式、风格、审美理念方面不断追求创造性转化与创新性发展，如乔麦的年画创作，她以荷花、木槿、牡丹为主题创作的《午候系列》，以苏州花窗为原型创作的《江南》系列，超越了传统年画的热闹喜庆风格，表现了富有意趣的江南水乡意象。再如苏绣大师姚建萍、邹英姿等，开创"融针绣""滴滴绣""江南水墨绣"等新技法，以丝线代替水墨、油彩，创造出了一系列高水准的艺术作品。

总体而言，当代民间艺术雅化虽然形态多样，但是，就审美精神而言，却大体没有超越传统的文人雅趣。且不说玉雕、石雕、核雕、紫砂壶、扇子、香炉等，就拿代表性的苏绣作品来说，无论是姚惠芬的《骷髅幻戏图》、姚建萍的《捣练图》《黄山风光》，还是邹英姿的《凉州瑞像图》，都是以刺绣重新诠释古代名画、图像，透着"仿古"趣味。这看似如同宋明时期的民间艺术雅化现象，其实不然。就消费群体而言，这些当代高端民间艺术品的购买、收藏者，或为政府，或为巨贾，或为热衷"中式美学"的新兴中产阶层，他们不同于宋明时期的文人阶层，缺乏真正的文人美学素养，他们购买、收藏充满古典意趣的当代民间艺术品如同一般的大众文化消费一样，不过是为了标示身份、品味而已。另一方面，这样的高端民间艺术消费群体也不可能与当代民间艺术家在创作上形成互动、合作关系。如前文所论，宋明时期的文人文化赋予了只讲究"材美工巧"①的传统民间艺术一种更为高远的美学精神，让民间艺术实现了由技而道的突破，具有了深刻的精神内核与较高的审美水准，进而创造出诸多空前绝后的艺术精品。而面向古典趣味的当代民间艺术雅化既缺乏传统的文人文化作为外在的拉力，又缺乏内在的动力，更无从形成内

---

① 《考工记》在"总叙"中提出："天有时，地有气，材有美，工有巧。合此四者，然后可以为良。"（《考工记译注》，闻人军译注，上海古籍出版社，2008 年，第 4 页）

外的合力。从艺术发展规律来看,面向古典趣味的当代民间艺术雅化没有传统的文人文化的涵养,实为无根之木,不可能老树开出新花。也就是说,当代民间艺术的雅化需要的是一种真正的美学精神,而不是迎合所谓的"中式美学",走着"仿古"趣味的老路。

李长之指出,传统艺术往往是一种老年的、士大夫的、男性的艺术①,虽成熟老到、格调高雅、哲思悠远,但缺少对现实的关怀与批判意识。当代民间艺术雅化所面向的古典艺术精神,由于脱离了活的文人文化,其更为僵化、空洞,更缺乏生气与批判精神。如果说面向古典趣味的当代民间艺术雅化缺乏活的传统与独立的艺术精神,那么,面向当代艺术精神,真诚地表达当下生命经验,也许才是当代民间艺术雅化该走的新路。与所谓的精英艺术、学院艺术相比,当代民间艺术最为突出的特点不再是创作主体的身份②,而是其"民间性",也就是还没有完全脱离日常生活,仍然与生活保持着无间的联系。上文指出,民间艺术如果尚未从日用中分化出来,就很难成为真正的审美对象,但在当代美学观念中,人们已经放弃在审美与生活之间设置距离了,诸多实验性的先锋艺术往往都在试图抹平艺术与生活之间的界限。就此而言,民间艺术反而具备了因"落后"而成为"先锋"的有利条件。

且以美国当代民间艺术为例。我们发现,美国当代民间艺术家如同最富有创造性的先锋艺术家一样,他们在言说自己所生存的地方,他们以自己的艺术来确认身份,来展现社区特性。民间艺术成了透视社区、地方或群体文化的重要途径,"充溢着真诚、对自然的敏锐观察力与充沛的想象力"③。对当代民间艺术家而言,掌握各种材料的特点,以富有动力、热情与创造力的方式制作具有功能且能表达想法的物品,乃是一种传递意义的方式,或者说仪式化的存在方式。④ 美国当代民间艺术培育了关联着认识自我、发现世

---

① 李长之:《大美不言:中国画论体系及其批评》,北京联合出版公司,2019 年,第 6 页。

② 当代民间艺术家不同于过去的手艺人,大都接受过良好的学校教育。

③ Holger Cahill, *Folk Art: Its Placein the American Tradition Par-nassus*, Vol. 4, No. 3 (Mar., 1932), pp.1 - 4.

④ Kristin G. Congdon, Kara Kelley Hallmark, *American Folk Art: A Regional Reference*, Santa Barbara, Calif: ABC - CLIO.2012.

界、展示立场等多方面的民间叙事,这关乎着创造与感受的权力。① 在汤姆·帕特森所编的《当代民间艺术》一书中,美国当代民间艺人用雕刻、纺织、绘画、拼贴等多种技艺,以黏土、木头、颜料、瓶盖等平常而丰富的材料所创造的想象世界,广泛涉及环境、政治、肖像、宗教等多样题材。这些作品蕴含着日常性、地方性的特点,却又不为其所束缚,具有想象力与批判精神,充溢着个体自由表达的冲动。如《壁虎盆》(1990)、《公羊罐》(1992)等雕刻作品,虽呈现一种雅致、精细的风格,却让日用之物逼近你,让人不得不重新审视这些日用之物。再如《无题》(1988),以意象化的方式表征了环境问题以及艺术家内心的痛苦;《线的顶端(钢铁)》(1992)是为响应当年夏天洛杉矶罢工而作,充斥着强烈的社会批判性。② 可见,美国当代民间艺术家并不脱离自己的民间生活,而是把民间艺术视为表达自己当下生命经验的一种随手可用的艺术形式,同时又能超越日常与地方,批判性地关注整个社会,而这恰恰是当代先锋艺术的精神旨趣,因而,当代民间艺术不再是"艺术世界"的另类,而就是其中普通的一员。英国当代民间艺术也有同样的倾向与特点。纺织艺术家迈克尔·布伦南德·伍德(Michael Brennand Wood)明确地提出:"好的艺术家是那些能挑战自己并思考他们的实践和他们所处的文化的人。"③事实上,从安娜·佩拉赫(Anna Perach)的《出生印记》、纺织艺术家弗雷迪·罗宾斯(Freddie Robins)的《手工艺杀手》等作品来看,关注日常生活、世界变化以及挑战并思考其所处的文化,构成了当代英国民间艺术的主要方面。不管从主体,还是艺术精神来看,这些民间艺术作品如同所有杰出的当代艺术一样,能够直击人们的心灵,激发人们深度思考自己的生活与世界。反观面向传统与古典趣味的中国当代民间艺术,显然缺乏这种真诚地表达当下生命经验,批判性地反思社会的文化精神。因而,中国当代的民

① Debora Kodish, Cultivating Folk Artsand Social Change, *The Journal of American Folklore*, Vol.126, No.502(Fall 2013), pp.434 – 45.

② 以上作品具体可参见[美]汤姆·帕特森《当代民间艺术》,李琦、陈国泳译,广西师范大学出版社,2003 年。

③ 赵晶晶:《英国手艺人的视野——手工艺意味着什么》,《上海工艺美术》2022 年第 1 期。

间艺术雅化表面上看来如同历史上的民间艺术雅化,其精神内核实在大不相同,历史上的民间艺术雅化意味着融入了其时的当代艺术,而当代的民间艺术雅化却止步在当代艺术之外。

实际上,任何一种真正的艺术都必须基于真实的生命经验,真切地思考当下生活,并进行一种创造性的精神表达。就此而言,所谓当代民间艺术的雅化,首要必须实现文化精神的蜕变,这或许可以从当代先锋艺术中汲取营养。一般而言,当代先锋艺术本质上是一种孤独的、个人的反叛性艺术,它拒绝僵化的陈规、平庸的模仿与迂腐的传统,反叛体制、教条、标准,质疑固有的形式、技巧、观念,"允许我们进行思想的冒险和形式的实验,激励我们用艺术的武器获得道德的尊严和精神的力量","内在地包含了蔑视主流、追求自由、不断探索的精神品格"[①],通过挑战传统甚至与传统决裂来达到艺术精神的革新,以此保持艺术所应有的内在批判力。当然,民间艺术不可能完全将这种艺术精神挪用过来。民间艺术与其他艺术形态不同,它的"根"在民众的日常生活之中,它更善于表达群体性的生命经验与思想观念。

四、结语

民间艺术的雅化是一种历史文化现象,不同历史时期有着不同的面相。宋元明清时期,民间艺术雅化的历史动因主要是为了满足文人阶层的文化消费需求,因而表现为以文人审美趣味为最高审美追求。在当代社会,民间艺术的仿古及其"中式美学"似乎延续了雅化的历史逻辑,其实不然,失去传统文人阶层及其文化精神的支撑,"古意"与"中式美学"只能成为一种身份消费的标签。就其本质而言,无论哪个历史时期,民间艺术的雅化都意味着其由民俗文化形态向"美的艺术"的提升,向主流艺术形态靠拢。在宋元明清时期,文人艺术就是主流艺术形态;而在当代社会,只有面向当代艺术精

---

① 周计武:《先锋艺术的"雅努斯面孔"》,《文艺研究》2015 年第 3 期。

神,真诚地表达当下生命经验,当代民间艺术才能真正朝向"美的艺术"提升自我。进而言之,当代民间艺术作为非物质文化遗产,它需要活态传承,需要创造性转化与创新性发展以适应现代生活,就此而言,它实质上已经是一种具有"当代性"的艺术形态。当代民间艺术应该如同其他当代艺术一样,要真切回应当代世界,要有反思意识与批判精神。只有具备当代文化精神,才能获得艺术应有的力量,才能获得在当代社会活态传承的合法性。

第二节　"遗产化"过程中民间艺术的审美转向及其困境[①]

不管是陶器、木雕、石雕,还是刺绣、蜡染、剪纸、年画,民间艺术在前现代社会中大多是有某种功用的,其生存基础与发展动力是艺术品的使用、消费,而不是艺术家个人的艺术追求。在现代社会,民间艺术几乎完全丧失了过去的生存基础与发展动力,倘若要活态传承下去,就必须寻找新的生存基础与发展动力。我们看到,诸如刺绣、雕刻、剪纸、年画等民间艺术纷纷转向"美的艺术",希望能够被当作"纯艺术"展览、收藏,然而,民间艺术既不看重艺术家内在的创造冲动,不标榜独一无二的创作,也不具备反思、批判精神,事实上很难真正获得现代"艺术世界"[②]的认可。民间艺术的审美转向是当代民间艺术与传统民间艺术的分水岭,是民间艺术在现代社会中传承与发展的方向性问题,也是传统文化现代转型的重要症候。吕品田[③]、李砚祖[④]、

---

① 此节原文题为《"遗产化"过程中民间艺术的审美转向及其困境》,发表于《民族艺术》2018年第2期。

② 所谓"艺术世界"是指"艺术品赖以存在的庞大的社会制度"。[美]J.迪基:《何为艺术?》,《当代美学》,光明日报出版社,1986年,第107—108页。

③ 吕品田:《新手工艺术论——兼评中国当代新手工艺术创作》,《文艺研究》1993年第3期。

④ 李砚祖:《创造精致》,中国发展出版社,2001年。

陈志勤[1]、黄德荃[2]、徐赣丽[3]等学者已经发现了这个"转向"，并且主张，这是当代民间艺术必然的、适时的、合理的选择，但这个"转向"背后的历史逻辑，以及"转向"所面临的困境与出路尚需进一步讨论。

一、民间艺术审美转向的历史逻辑

张道一说："民间美术是同广大人民的生活关系最密切的，就其主流来说，多带有实用性……虽然有一部分也带有'纯艺术'的特点，但距其实用性分离不远。"[4]诚然如此，民间艺术与"美的艺术"相比，最为突出之处就在于它主要不是为了展览、收藏，而是为了在日常生活中被使用，审美价值往往依附、服务于各种实用目的。正如柳宗悦讨论"民具"时所言，民间艺术"因用而美，人们也会因其美更愿意使用"[5]。不仅犁、锄、篮、簸箕、箩筐等"民具"大多有着具体的实用功能，而且木雕、剪纸、民间绘画等趋近于"纯艺术"的民间艺术也大多主要使用于庙会、节庆、人生礼仪等场合，可以满足审美之外的需求。恰恰因为民间艺术并非纯粹为审美而生产，因而，在前现代社会中，即使民间艺术不曾被视为艺术，它也有其生存基础与发展动力。

需要指出的是，民间艺术只是在前现代社会是一种日常生活中有用的艺术，其生存基础与发展动力根源于农耕文明。荷包、虎头帽、木雕、瓷器、陶器，以及各种农具等，这些所谓的民间艺术无非是农耕社会中日常生产、生活用具而已，很显然，农耕社会对手工艺的大量需求促进了民间艺术的繁荣与发展。诸如剪纸、年画、面塑、秧歌、小戏、说唱等，看似与农耕社会日常生产、生活没有直接联系，其实也根源于农耕社会的内在需要。农耕社会作

---

① 陈志勤、胡玉福：《民间艺术的"艺术"再发现——挂门钱遭遇技术变革的背后》，《文化遗产》2015 年第 5 期。

② 黄德荃、李江：《民间艺术的雅化努力——以甘肃刻葫芦为例》，《装饰》2016 年第 1 期。

③ 徐赣丽：《手工技艺的生产性保护：回归生活还是走向艺术》，《民族艺术》2017 年第 3 期。

④ 张道一：《张道一论民艺》，山东美术出版社，2008 年，第 54 页。

⑤ 柳宗悦：《民艺论》，徐艺乙主编，孙建君等译，江西美术出版社，2002 年，第 169 页。

为前现代社会,它未经理性的"祛魅",有祠堂、寺庙等"神圣空间",有过年、过节、过寿、婚丧嫁娶等"神圣时刻",在这些"神圣空间"与"神圣时刻",剪纸、年画等民间艺术承载了民众对"神圣"意识的象征性表达。倘若没有"神圣空间"与"神圣时刻"的符号需求,剪纸、年画等民间艺术还有生存的土壤与发展的动力吗?

在现代社会,农耕文明已经成为封存在记忆里的"乡愁"了。工业生产取代了手工制作,各种日常用具类的民间艺术逐渐从日常生活中消失了。由于科学、理性的启蒙,即使前现代社会的一些"神圣空间",如寺庙、道观、祠堂等,作为建筑空间仍然还在,各种"神圣时刻",如传统节日等,作为时间转折的节点仍然引起人们特别的关注,但是,人们内心深处的"神圣空间""神圣时刻"逐渐消失了,人们已经不再需要通过民间艺术来表达神圣意识了。总而言之,在现代社会中,生活用具有各种工业用品,日常娱乐有电影、电视、游戏、流行音乐等大众文化,前现代社会的民间艺术已经不再有用了。人们不再需要民间艺术,民间艺术还有继续存在下去的理由吗?

现代社会既是"一切坚固的东西都烟消云散了"[1]的社会,人们生活在瞬时、流动、过渡、短暂、偶然和无序之中,偏偏又是一个怀旧意识格外强烈的社会。恰恰因为生活在急剧流动、变化之中,怀旧的情感在现代社会比以往任何历史时期都更明显、更强烈,人们渴望留住过去的身影,通过怀旧来重构精神家园。怀旧意识成为一种弥漫性的社会心理,这是当代遗产保护观念得以被广泛接受的社会基础。当民间艺术失去了它赖以生存的社会土壤,面临消亡的危机之时,人们开始意识到它是一份珍贵的遗产,应该予以保护。事实上,在各级非物质文化遗产保护名录中,民间艺术都占据了相当

---

① 马克思:"一切固定的古老的关系以及与之相适应的所被尊崇的观念和见解都被消除了,一切新形成的关系不到固定下来就陈旧了。一切固定的东西都烟消云散了,一切神圣的东西都被亵渎了。"《马克思恩格斯选集》第一卷,中共中央马克思等著作编译局编,人民出版社,1972年,第254页。马歇尔·伯曼借以表达现代性体验。[美]马歇尔·伯曼:《一切坚固的东西都烟消云散了——现代性体验》,徐大建、张辑译,商务印书馆,2003年。

大的比重。这也就是说,民间艺术在现代社会既丧失了它曾有的使用价值,又没有真正获得"艺术"身份,它对于我们现代社会来说,最重要的价值就是作为遗产的价值。

　　作为遗产,固然是需要保护、传承的。对于一般遗产而言,有两种主要保护方式,一种是作为文物静态的保护,二是以数字化方式展示其动态变化过程。将造型、功能各异的民间艺术从原有的生活场景中抽离出来,当作静态的物品进行展示,供人们参观、欣赏、研究、学习,这是我们在各地民间工艺博物馆中常常看到的。然而,被隔离在日常生活世界之外的封闭空间中,民间艺术留存下来的实则不过是一些标本,只是空洞的外壳,至于其在日常生活中的生动性与丰富性则大都流失了。尤其是民间艺术的技艺与生产过程,这是静态保护力所不及的。相比较而言,对于民间艺术来说,数字化保护是一种更为契合的保护方式。所谓数字化保护,就是通过计算机虚拟技术,对民间艺术的历史渊源、发展状况、生产环境、生产技术、生产过程以及使用方式等进行全方位、立体再现,参观者既可以在电子设备上查阅民间艺术的相关信息,也可以经由电子大屏幕、3D电影以及VR眼镜等方式直观地了解民间艺术在原有日常生活语境中的生动情形。尤其是VR虚拟现实技术,几乎可以逼真地再现过去的社会生活情景,把观赏者带入虚拟空间中,让其回到历史情境中。很显然,这两种遗产保护方式已经基本上可以满足学者的科学研究需要以及社会大众的怀旧心理了。然而,民间艺术作为非物质文化遗产,人们进而要求其"活态传承"。

　　所谓"活态传承",就是说遗产应该在具体的日常生活与生产活动中进行保护、传承。其实,"活态传承"是非物质文化遗产保护的应有之义。联合国教科文组织《保护非物质文化遗产公约》第二条提出,"这种非物质文化遗产世代相传,在各社区和群体适应周围环境以及与自然和历史的互动中,被不断地再创造,为这些社区和群体提供认同感和持续感,从而增强对文化多样性和人类创造力的尊重。在本公约中,只考虑符合现有的国际人权文件,各社区、群体和个人之间相互尊重的需要和顺应可持续发展的非物质文化遗产"。很显然,能够满足特定群体的现实需要,具有可持续发展性,是列为非物质文化遗产的基本要求。上文已经指出，在现代社会中，诸如剪纸、年画、刺绣等绝大多数民间艺术已经丧失了日常功用，倘若要"活态传承"，就必须探寻其满足现代社会需要的可能性，解决其可持续发展问题。就实践来看，在现代社会中能够较好"活态传承"的民间艺术主要有两类：一是在日常生活中仍然有一定实用价值的，如金箔制造等；二是在前现代社会中已经实现了由"实用"向"审美"转变的民间工艺，如玉雕、紫砂壶制作等，这两类民间艺术，即使不作为文化遗产去保护，也能够生存下去。由此可见，民间艺术丧失了日常实用功能之后，作为纯粹的审美对象也有一定的社会需求。换句话说，民间艺术在现代社会中要想"活态传承"，合乎历史逻辑的选择就是转向作为纯粹审美对象的艺术。

二、当代民间艺术审美转向的困境

我们发现，当代民间艺术家几乎不约而同地在努力创新民间艺术，希望民间艺术能够作为纯粹审美对象的艺术被人们接受、消费，不管是刺绣、剪纸、烙画、年画，还是木雕、石雕、陶艺，都越来越"雅化"，越来越趋近于"美的艺术"。民间艺术的这种审美转向可以细分为两个层面：一是传统手工艺由日常使用的"粗器""杂器"转向精致化制作，成为主要用于摆设、鉴赏的工艺美术，并赋予其现代审美意味，成为一种"新手工艺术"，对此，吕品田、李砚祖、徐赣丽等学者已经做过较为深入的研究，本文不再讨论；二是当代民间艺术家不满足于将当代民间艺术定位为工艺美术、"新手工艺术"，在风格、趣味上认同精英艺术，希望民间艺术能够作为"纯艺术"进入现代"艺术世界"，这条道路是否能够走得通，这是本文主要关注的问题。

当然，民间艺术认同、趋近精英艺术，努力进入文化精英所把控的"艺术世界"，这并非当代社会出现的新现象。比如昆曲、京剧，原本都是民间小戏，后来进入了精英文化圈子。再比如刺绣，早在宋朝时，就出现了题字的"画绣"，明代董其昌曾惊叹："宋人之绣……山水分远近之趣，楼阁得深邃之体，人物具瞻眺生动之情，花鸟极绰约嚵唼之态。佳者较画更胜，望之，三趣悉备,十指春风,盖至此乎!"①竹刻、紫砂陶器制作等也早在明清时期就已经深受文人趣味的影响了。但是,我们需要指出的是,在现代社会中,民间艺术认同精英艺术是自觉的、普遍存在的。比如刺绣,历史上虽然有深得文人趣味的"画绣",但一般常见的仍然是作为日常生活用品的刺绣,而在当代,全国最有影响力的刺绣市场——苏州镇湖镇"绣品街"几乎所有店铺都出售"画绣"。再比如剪纸,只是在当代社会才出现了杜锦斌《三羊开泰》那样的镜框艺术的剪纸作品。又如石雕、木雕,过去一般附属于建筑,用于装饰,在当代已成为一种独立的雕刻艺术了,而且出现了葛志文等石雕艺术家。尤为有意思的是,皮影制作脱离了皮影戏,成为一种独立的视觉艺术了,汪天稳的皮影雕刻还参加了 2017 年的"威尼斯双年展";为了具备艺术的独一无二性,年画制作人不再从事批量的年画生产,而转身成为木刻艺术家了,他们不再出售纸质年画作品,而是出售年画的雕版。更为重要的是,民间艺术家越来越重视个人情感、观念的表达以及技艺的创新,而不是遵循古老的传统。如桃花坞年画传承人乔麦的"午候系列",格调深远,气息悠长,全然没有传统年画的民俗气味。又如姚建萍、姚惠芬的刺绣,在平针绣、乱针绣等针法的基础上开创了"融针绣",并积极学习传统文人画与西方油画、素描、水彩等艺术形式,其作品已达到很高的艺术水准,完全可以与学院派艺术相媲美,2015 年 12 月 1—10 日,中国美术馆为姚建萍举办了艺术展②,姚惠芬的刺绣作品《骷髅幻戏图》入展了 2017 年的"威尼斯双年展"。再如葛志文的石雕,无论是《一叶清果》《一叶清风壶》《金蝉鸣秋》,还是《朴石砚》《叶落归根壶》等,其创作不仅深得传统艺术之精髓,还渗透着一种现代艺术精神,其独特的艺术语言有一种特殊的力量,能在瞬间击中你,让你爱不释手。在创新观念驱动下,一些民间艺术甚至刻意求新,如朱仙镇年画,有的艺人完全不顾"无手工上色"的传统,出现了一些用水粉对传统年画进行"改造""美

---

① 董其昌:《筠清轩秘录》,明·张应文《清秘藏》卷上《论宋绣刻丝》,见《四库全书子部·杂家类·杂品之属》。

② 何非:《针融百家,艺开新境——姚建萍刺绣艺术展在中国美术馆开幕》,《美术观察》2016年第 2 期。

化"的现象。①

  虽然当代民间艺术纷纷认同、趋近精英艺术,渴望被现代"艺术世界"接纳,但是,这种审美转向一直面临着很难破解的两方面困境。一是民间艺术本身重视传承与传统,而不是个性与创新,这与现代艺术精神是背离的,如果民间艺术转而追求个性与创新,认同现代艺术精神,又面临着丧失民间艺术本来面目的风险,且有悖于非物质文化遗产保护之宗旨。事实上,我们看到绝大多数彰显创新意识的当代民间艺术在格调与审美趣味方面已经很难说是民间艺术了。有些当代民间工艺,与其说是民间艺术,不如说只是利用了民间技艺与材料的现代艺术。在西方,民间艺术现代转型过程中也曾遭遇过这个问题,但由于其时尚未提出非物质文化遗产保护问题,因而,在理论与实践中,几乎一边倒地靠拢纯艺术,尤其在手工艺领域,如彼得·沃克斯(Peter Voukos),"他的作品更少功能性、传统性,更多雕塑性与抽象性,与当时盛行的抽象表现主义艺术不谋而合"②。著名艺术批评家哈罗德·罗森伯格则指出,手工艺要想争取与前卫艺术平起平坐的地位,必须转向艺术手工艺或职业手工艺,必须服膺于现代主义的艺术理念。③ 二是现代"艺术世界"并不认可、接纳民间艺术。民间艺术之所以被现代"艺术世界"认定为民间艺术,一方面,这种艺术主要留存于日常生活空间,而不是在被隔离出来的画廊、剧院、音乐厅中。画廊、剧院、音乐厅是一种制度化的空间,人们一旦进入其中,其实就已经被现代审美制度结构化了,就无可逃避地要根据现代审美规则与方式面对眼前的"作品"。另一方面,民间艺术的创造者大都是生活在民间的艺人,而不是文化精英阶层,他们很少受过高层次的文化教育,缺乏专门的艺术史知识与文化反思、批判意识,因而,即使他们的作品在技艺、风格方面趋近于精英艺术,也很难被现代"艺术世界"认可。

  在现代社会,能否被现代"艺术世界"接纳,这是民间艺术获得艺术地位

---

①② 万建中等:《民间年画的技艺表现与民俗志书写——以朱仙镇为调查点》,中国社会科学出版社,2015 年,第 217 页。

③ 袁熙旸:《后工艺时代是否已经到来?——当代西方手工艺的概念嬗变与定位调整》,《装饰》2009 年第 1 期。

的关键。J.迪基认为,在现代艺术观念中,艺术之所以成为艺术,有两个基本要素,一是人工制品,二是离不开"代表某种社会制度(即艺术世界)的一个人或一些人授予它具有欣赏对象资格的地位"[①]。这也就是说,在现代艺术观念中,能否获得艺术地位,不在于作品本身的某种特质,而在于"艺术体制"以及代表"艺术体制"的某些人授予其艺术身份与地位。比如杜尚的《自行车轮》(1913年)与《泉》(1917年),作品本身不过是普通的日常生活用品,并不具有传统意义上的审美属性,但现代"艺术世界"中掌握着话语权的艺术批评家认为,这些作品"通过模仿嘲弄了我们对于有意义的形式的追寻"[②],颠覆了人们的艺术观念,其概念的震撼性具有一种艺术力量,因而承认其艺术身份与地位。由此可见,民间艺术在风格、趣味方面认同、趋近精英艺术,并非民间艺术获得艺术身份与地位的关键。即使从美学角度已经很难区隔当代民间艺术与精英艺术,当代民间艺术仍然会遭遇文化精英以及社会大众的贬抑,难以获得艺术身份与地位。问题的关键在于,构成艺术世界的各种力量,如学校、出版社、报纸、广电网,尤其是艺术批评家、理论家,要认可、接纳民间艺术是当代艺术的组成部分。然而,这些力量为什么要认可、接纳民间艺术呢?他们又为什么不愿意真诚地接纳民间艺术呢?苏绣大师姚建萍也曾困惑地问笔者,民间艺术家在他们的作品上倾注的心血,表现出来的才华,并不亚于学院艺术作品,为什么民间艺术作品总是卖不出学院艺术作品的价格来呢?要解释这些问题,我们有必要进一步分析现代"艺术世界"与"艺术制度"。

三、建构民间艺术审美话语体系

波普艺术家安迪·沃霍尔的《布里洛的盒子》为什么是艺术?难道仅仅因为这些盒子是手工制品?对此,美国当代著名艺术哲学家阿瑟·C.丹托

[①] [美]J.迪基:《何为艺术?》,载[美]M.李普曼编《当代美学》,邓鹏译,光明日报出版社,1986年,第110页。
[②] [美]阿诺德·贝林特:《艺术与介入》,李媛媛译,商务印书馆,2013年,第41页。

在《艺术世界》(1964 年)一文中提出,"最终在布里洛盒子和由布里洛盒子组成的艺术品之间作出区别的是某种理论。是理论把它带入艺术的世界中,防止它沦落为它所是的真实物品。当然,没有理论,人们是不可能把它看作艺术的,为了把它看作是艺术世界的一部分,人们必须掌握大量的艺术理论,还有一定的纽约绘画当代史"①。在丹托看来,艺术理论与艺术史知识构成了艺术世界,他说:"把某物看作艺术,需要某种眼睛无法贬低的东西——一种艺术理论的氛围,一种艺术历史的知识:一个艺术世界。"②这也就是说,艺术之所以成为艺术不是因其内在特质,而是根据某种艺术理论。霍华德·贝克尔也认为,"艺术存在于阐释的氛围之中,因此,一件艺术品就是一种阐释的工具。"③在现代"艺术世界"中,一旦某种艺术理论被学校、出版社、报纸、广电网,以及艺术批评家、艺术理论家等各种力量认可,形成一种"艺术理论氛围",就可以左右人们对艺术品的认知与评价。那么,在现代"艺术世界"中,是否存在能够有效阐释民间艺术的"艺术理论氛围"呢?

自近代以来,一直有学者关注、研究民间艺术,对民间艺术的特殊性也多有阐发。比如美国民俗学家迈克尔·欧文·琼斯曾指出,"民间艺术的独特之处在于,它是日常生活中个人或大众的交流、互动、艺术表达和传统行为"④,人类学家也强调,"不同于在很大程度上是依据其原创性和艺术家个人的独特眼光来评判的现代西方艺术,传统艺术关心的都是社区和共享的象征体系。"⑤诚然,民间艺术与精英艺术相比,最根本的差异在于民间艺术不能脱离日常生活,然而,我们究竟如何认识尚未从日常生活中分化出来的民间艺术的美呢?正如冯骥才所问,"那些出自田野的、花花绿绿的木版

---

① ②   Arthure Danto, The Artworld. *The Journal of Philosophy*, Vol. 61, No. 19, American Philosophical Association Eastern Divi-sion Sixty-First Annual Meeting (Oct. 15, 1964), p.571、p.584.

③   [美]霍华德·贝克尔:《艺术界》,卢文超译,译林出版社,2014 年,第 136 页。

④   [美]迈克尔·欧文·琼斯:《什么是民间艺术?它何时会消亡——论日常生活中的传统审美行为》,游自荧译,《民间文化论坛》2006 年第 1 期。

⑤   [美]威廉·A.哈维兰等:《文化人类学——人类的挑战》,陈相超、冯然译,机械工业出版社,2014 年,第 335 页。

画,歪头歪脑、粗拉拉的泥玩具,连喊带叫、土尘蓬蓬的乡间土戏,还有那种一连三天人山人海的庙会,到底美不美?"①对于这个问题,日本学者柳宗悦的回答最为令人信服。他认为,西方艺术理论与美学话语对天才、杰作的尊崇固化了人们对"美"与"艺术"的观念,其实,"真正的美,并非只是存在于罕见的世界之中,同样深深地、静静地潜藏于平凡的寻常事物之内"②,"我们身着衣物而感到温暖,依靠成套的器物来安排饮食,备置家具、器皿来丰富生活。如同影子离不开物体那样……没有任何伴侣能够以这样亲密的关系与我们朝夕相处。……美不能只局限于欣赏,必须深深地扎根于生活之中"③。他进而指出,"民艺的美,是从对用途的忠诚中而体现出来的"④,民艺的美是"产生于自然的、健康的、朴素的灵动之美"⑤,在柳宗悦看来,民间艺术这种朴素之美契合了禅宗提倡的"平常""无事""自由心""无碍"的境界,他说,"无碍之美和无事之美的价值就是民艺美论。佛教禅宗早就指出了这个性质"⑥。柳宗悦曾发下宏愿,"要将民艺美论打造成一宗"⑥。事实上,他的"民艺美学"在日本已深入人心,形成了一种"艺术理论氛围"。正因为如此,日本民间艺术现代转型过程中就基本上没有出现认同、趋近精英艺术的现象,不仅民间艺术家努力追求保持原汁原味的民间艺术风格,甚至一些现代艺术家反而认同民间艺术的创作理念,在艺术创作中不去彰显个性与创造性。比如柳宗悦的儿子柳宗理,他是日本现代设计艺术的奠基人,就认为"真正的美是在器物上自然产生的,不是制作出来的。设计是意识的活动,但是违背自然的意识活动是丑陋的,必须遵循自然原理之意识。这样的意识在设计的行为中,最终表现为无意识,只有到达这样的无意识状态才会产

---

① 冯骥才:《灵魂的巢:冯骥才散文》,浙江文艺出版社,2014年,第194页。
② [日]柳宗悦:《民艺论》,徐艺乙主编,孙建君等译,江西美术出版社,2002年,第162页。
③ [日]柳宗悦:《工艺文化》,徐艺乙译,广西师范大学出版社,2006年,第6页。
④ [日]柳宗悦:《民艺论》,徐艺乙主编,孙建君等译,江西美术出版社,2002年,第16页。
⑤ [日]柳宗悦:《民艺论》,徐艺乙主编,孙建君等译,江西美术出版社,2002年,第8页。
⑥ [日]柳宗悦:《民艺论》,徐艺乙主编,孙建君等译,江西美术出版社,2002年,第33页。

生美"①。

　　遗憾的是,柳宗悦的美学思想虽然很早就传播过来,但在国内艺术理论界与美学界影响甚微,没有形成一种"艺术理论氛围"。直至目前,民间艺术在国内仍然没有美学话语权,因而民间艺术虽然进入了部分美术院校,却并没有真正进入现代"艺术世界",获得令人尊崇的艺术身份与地位。为了进入现代"艺术世界",获取艺术身份与地位,诸多民间艺术家纷纷认同、趋向精英艺术,这种无奈选择实际上从侧面反映了民间艺术在现代文化空间中的生存困境,本质上,此乃民间艺术在逼仄狭隘的现代"艺术世界"中的一种自我规训。

　　问题是,究竟如何营建一种新的"艺术理论氛围",促进现代"艺术世界"真正接纳、认可民间艺术为当代艺术的组成部分呢? 这显然并非一朝一夕、一己之力所能解决的问题。我们首先要为解决这个问题做一些基础工作,认真讨论民间艺术独特的审美经验与审美价值,构建民间艺术审美话语体系。在拙著《民间艺术的审美经验研究》中,笔者曾提出,民间艺术在审美方式上不同于现代美学所建构的分离的、对象化的、静观的审美,而是一种多感官联动的、融入性的审美;在价值取向上,它不同于重视新颖性、陌生感的求异性审美,而是一种重视群体经验的认同性审美。② 当然,笔者的思考还不够成熟,论述也不够圆融,旨在抛砖引玉而已。其次,民间艺术理论研究者还应该突破专业壁垒,把民间艺术理论作为当代艺术学理论的有机组成部分来研究、讨论,促进现代"艺术世界"积极关注民间艺术。国内民间艺术研究者大都来自美术学、民俗学、人类学、文艺学等学科,与当代艺术批评、艺术理论界多有隔膜,其研究成果往往难以有力影响现代"艺术世界"。如果民间艺术理论都难以进入现代"艺术世界",又如何能让民间艺术进入现代"艺术世界"呢?

---

① 日本《银花》杂志 2003 年秋季号,第 10 页。转引自徐艺乙:《民艺与设计——关于柳宗悦与柳宗理》,《装饰》2015 年第 12 期。
② 季中扬:《民间艺术的审美经验研究》,中国社会科学出版社,2016 年,第 3 页。

四、结语

社会现代转型导致民间艺术功能转变,民间艺术纷纷向"纯艺术"靠拢。不管在国内,还是在国外,这种审美转向都被认为是必然的,值得肯定的。在国内,李砚祖、徐赣丽等人强调,这种审美转向有益于促进民间艺术精益求精。诚然如此,但无论民间艺术如何精致,人们都很难把民间艺术视作纯艺术。西方当代民间艺术家与艺术理论家早就意识到了这个问题,主张积极移植先锋艺术、实验艺术的观念、方法、程式、风格,"不再沉湎于薪火相传的技艺传统,也不再满足于材质、工艺手段的日积月累、千锤百炼,他们更看重的是观念的激进、思考的深邃、个性的彰显、性情的抒发,还有艺术语言、技术手段的锐意创新、大胆实验"[①],从而将民间艺术彻底融入现代艺术之中。但问题是,放弃了对传统的传承,还是民间艺术吗? 即便如此,现代"艺术世界"能够接纳这种非传统的当代民间艺术吗?

在现代"艺术世界"中,艺术地位的授予并非根据艺术家与艺术品,而是艺术理论,因此,即便民间艺术精益求精,或者完全服膺于现代主义的艺术理念,也未必能够进入"现代艺术世界",获得艺术身份与地位。在西方,"工作室手工艺"得到了"艺术世界"的认可,"重要的一点就在于发展起了专门化的艺术理论,培养出了术业有专攻的学者,培育了持续、稳定增长的艺术市场"[②]。由此可见,民间艺术要想获得艺术身份与地位,关键在于民间艺术理论研究者,努力建构话语体系,在现代"艺术世界"中为民间艺术争取合适位置,而不是鼓励、放任民间艺术趋同于精英艺术。与西方国家相比,我们的民间艺术是在"非物质文化遗产保护"的新语境中的现代转型,如果忽视对传统的传承,一味趋同于精英艺术,也有悖于非物质文化遗产"活态传承"的宗旨。

---

①②　袁熙旸:《后工艺时代是否已经到来? ——当代西方手工艺的概念嬗变与定位调整》,《装饰》2009 年第 1 期。

第三节　当代手工艺类非遗的审美取向①

　　人类进入工业社会之后,手工艺遭遇了前所未有的危机。民众的日常用品不再由匠人亲手制作,而是由机器批量生产,诸多传统手工艺由此消失了。然而,恰恰是"危机"引起了人们对手工艺的深度思考,使人们意识到了手工艺对于人类的独特意义。威廉·莫里斯认为,机械化大生产虽然是创造理想生活条件必不可少的手段,但是,"机械化生产的必然结果就是人类劳动所涉及的各个方面都存在的功利主义的丑陋",而"手工艺能够在劳动中创造出美与欢乐"。② 柳宗悦强调,手工艺之美是不言自喻的,它不依赖天才,也不依赖文化修养,普通人在日常生活中就能领会这种美,他认为手工艺"是最具有国民性的事物"③,"给予凡夫俗子以美之通途,只有工艺之道"④。

　　在现代工业社会中,手工艺赖以存在主要凭借其审美价值,而不是实用价值,尤其是被列入各级非物质文化遗产名录的手工艺,更着力彰显其独特的审美价值。问题是,当代手工艺虽然强调其艺术性,但与精英艺术不同,它不可能以个性与创新作为核心审美原则。⑤ 事实上,作为非物质文化遗产的当代手工艺往往有着显著的古典主义趣味,大多重视"材美工巧",喜欢制作仿古形制。在当代社会,手工艺为何会有这样的审美取向呢?

---

① 此节原文题为《当代手工艺类非物质文化遗产的审美取向》,发表于《三明学院学报》2021年第 1 期。
② 威廉·莫里斯:《手工艺的复兴》//奚传绩.设计艺术经典论著选读.南京:东南大学出版社,2002 年。
③ 柳宗悦:《日本手工艺》,张鲁,译.徐艺乙,校.桂林:广西师范大学出版社,2011 年。
④ 柳宗悦:《民艺四十年》,石建中,张鲁,译.徐艺乙,校.桂林:广西师范大学出版社,2011 年。
⑤ 季中扬、陈宇:《论传统手工艺类非物质文化遗产的创新性保护》,云南师范大学学报(哲学社会科学版)2019 年第 4 期。

一、"材美工巧"：传统手工艺核心审美原则

柳宗悦提出，日本手工艺之美体现于日用"杂器"之中，以平凡、朴素、单纯为美，它来自匠人千百次重复劳作所达到的自然纯熟之境，"是无心之美"³。如"井户"茶碗，如果不是日用的杂器，绝不会成为备受后人推崇的"大名物"茶器。与柳宗悦所言的日本工艺不同，普通百姓的日常用具，如柳编、竹编、草编、陶器等，虽然其中不乏审美意识，但并不能代表中国工艺之美。相比较而言，上层社会所用的礼器、日常用具、赏玩的摆件、把件，如上古的玉器、青铜器，汉代的漆器，宋代的瓷器，明式家具、宣德炉等，更能代表中国的工艺之美。就审美观念而言，中国手工艺自古就讲究"材美工巧"。

《考工记》最早提出了"材美工巧"的审美观念，其"总叙"中说："天有时，地有气，工有巧，材有美。合此四者，然后可以为良。"①在这四者之中，天时、地气是工艺优良的外在保障，材美、工巧是工艺优良的核心标准。古人极其重视选材，铜、木、皮、玉、土，"五材"之中每一种材料等级都有细致的区分。以毛皮为例，不仅要区分不同动物毛皮的品质，同一动物还要区分不同部位毛皮的品质，同一部位还要区分头层皮、二层皮。如此细致的区分，就是为了挑选出上乘材料。所谓"工巧"，首先是要做工合理。要想达到做工合理，就必须善于辨析、处理材料。《考工记》明确提出："审曲面势，以饬五材，以辨民器，谓之百工。"其次是要做工精细，工艺精湛。《礼记》对手工艺提出的要求是"功致为上"②，"致"通"緻"，细密、精细的意思，就是强调做工精细。古人虽然主张"工巧"，但并不褒扬独出机杼的创造性，反而批评"奇技淫巧"③，认为手工艺人的本分是"守之世"，也就是世代遵循。其"巧"来自于技艺传承过程中千百次地反复操练，是熟能生巧。

"材美工巧"说对后世手工艺审美观念影响颇深。《说文解字》对"工"字

---

① 闻人军：《考工记译注》，上海古籍出版社，2008 年。
② 王文锦：《礼记译解》，中华书局，2001 年。
③ 《尚书》，王世舜、王翠叶译注，中华书局，2012 年。

的解释是："工,巧饰也,象人有规矩也。"①所谓规矩,主要指做工合理。《髹饰录》认为,"美材"是"工巧"的必要前提,其开篇即说:"利器如四时,美材如五行。四时行、五行全而物生焉。四善合、五采备而工巧成焉。"②明代沈春泽进一步提出,"巧"的目标是自然,他在为《长物志》所作的"序"中说:"几榻有度,器具有式,位置有定,贵其精而便、简而裁、巧而自然也。"③

古人之所以讲究"材美工巧",并非仅仅为了耳目之娱,其原因是多重的。其一,上古时期精美的器物大多是礼器,是用来礼敬祖先与神灵的,所以不惜工本,务求精良。其二,精美的器物大多是为上层社会制造的,无需考虑市场因素,工匠能够专注于技艺,而且一旦做得不好,甚至有性命之忧。其三,人们期待这些"物"能够传世。"物"之传世不仅意味着财富可以世代累积,而且意味着通过"物"作为媒介,可以让后人念想自己。当宋人发现了三代之礼器后,更是领会了"物"之传世的意义。刘敞自叙其《先秦古器图碑》时说:"三代之事,万不存一,诗书所记,圣贤所立,有可长太息者独器也乎哉。"④吕大临《考古图》上说:"观其器,诵其言,形容仿佛,以追三代之遗风,如见其人矣。"⑤也就是说,通过先人遗留的"物",后人可以想见先人使用这些器物时的音容笑貌,而且,唯有通过这些"物",才能凝结时光,唤起后人的记忆。

毫不夸张地说,"材美工巧"是中国传统手工艺一以贯之的审美观念,是核心审美原则。且不说三代之礼器,就是明清时期日用与赏玩之物,也格外重视"材美工巧"。如明式家具,范濂在《云间据目抄》中说:"隆、万以来,虽奴隶快甲之家,皆用细器……纨绔豪奢,又以椐木不足贵,凡床橱几桌,皆用花梨、瘿木、乌木、相思木与黄杨木,极其贵巧。"⑥

笔者调研中看到,不管是苏绣、云锦,还是扬州玉雕、东阳木雕、嘉定竹

---

① 许慎:《说文解字》,中华书局,2013 年。
② 王世襄:《髹饰录解说》,生活·读书·新知三联书店,2013 年。
③ 文震亨:《长物志》,江苏凤凰文艺出版社,2015 年。
④ 翟耆年:《籀史》,中华书局,1985 年。
⑤ 吕大临、赵九成:《考古图·序》//考古图·续考古图·考古图释文,中华书局,1987 年。
⑥ 王世襄:《明式家具研究》,生活·读书·新知三联书店,2013 年。

刻,当代手工艺人无不格外重视选材与工艺。以宜兴紫砂壶制作为例。首先要精选材料,即从普通的陶土原料夹层中选出紫砂矿料,然后进一步将其分为紫泥、红泥、缎泥三大类,红泥有老红泥、嫩红泥之分,其中以朱泥、大红袍为精品泥料,紫泥又分为红松泥、底槽清、红皮龙等,缎泥有本山绿泥、清灰等类型,从这细致的分类与命名就可以看出紫砂艺人对材料的把握多么细致、深入。每一位紫砂艺人都格外重视材料,为了保证材料的质量,时至今日,纯粹、优质的紫砂原材料仍然采用人工拣选的办法。紫砂艺人对材料的重视还体现在制作与烧制过程中。紫砂矿料经由水的介入才能成为泥料,泥料的含水率对制作是有关键影响的,因而,在制作过程中,紫砂艺人必须掌握泥料的含水率,还要时刻关注干坯过程中含水率的变化。在烧制过程中,紫砂艺人还要掌握不同泥料的烧制效果,尤其是制作绞泥壶时,即使是同一种泥料,稍许温度变化都会使成品的颜色大不相同。材料固然很重要,工艺更为重要。宜兴紫砂壶的制作工艺是相当精良的,就拿泥板粘接成型方法来说,看起来只是用了一般陶瓷生产中的围合与镶嵌方法,但是,不同器型有不同的围合与镶嵌方式,可谓千变万化,手段极其丰富。紫砂壶坯体表面与细部的精加工尤能显示紫砂壶制作之“工巧”。众所周知,宜兴紫砂壶使用之后会形成如玉般的光泽,俗称“包浆”,而这“包浆”厚薄,色泽如何,全赖坯体表面的打磨工艺,而这打磨手艺要靠心领神会与手上功夫,没有三五年学习,是很难掌握的。

二、仿古形制:历史长时段的审美风尚

“仿古”是一种自觉地重新使用古老形式的行为。[①] 在手工艺发展史上,“仿古”观念与实践很早就出现了。据罗森研究,在安阳妇好墓出土的玉器中,有一些玉器虽制作于商晚期,其形式则仿效早于其 2000 多年的新石器时代的原型。人们为何会制作仿古器物呢? 巫鸿认为,其发生有两个语境,

---

① 巫鸿:《时空中的美术》,梅玖等译,生活·读书·新知三联书店,2016 年。

一是礼仪的需要，大量出土于周代的仿古器物都是专为葬礼特制的明器；二是为了满足收藏的需要，在妇好墓中，就有一些史前玉器藏品，意味着早在公元前 13 世纪，人们就已经有了收藏古物的兴趣。

"仿古"观念，以及追求古意的创作实践虽然具有悠久的历史，但直到宋代才在手工艺的审美文化史上产生重要影响。魏晋之后，葬礼中已经罕见仿古器物了。到了宋代，在诸多礼仪活动空间，如朝廷太庙，各地学宫、文庙，都格外重视仿古礼器的陈列。宋人强调格物致知，对出土的上古时期的青铜器发生了浓厚的研究兴趣，产生了金石学，进而激发了收藏与鉴赏的趣味。礼仪与收藏的需要无疑大大刺激了仿古器物的制作。人们在大量仿制古物的过程中，逐渐在复制品中领会了一种新的审美趣味，进而改变了这些复制品的功能，将其作为纯粹赏玩的对象，如鼎、鬲、簋被改造为香炉，古代玉琮被仿制为插花的盛器。这也就是说，宋代开始出现了主要服务于审美目的的仿古手工艺的生产。起初，这些仿古器物大都是青铜器，不久之后，就影响到了其他类型手工艺的制作。尤其到了南宋时期，官窑瓷器仿制青铜礼器很是盛行，而且这些仿古瓷器既非祭器，也不是礼器，而是宫中用于插花、熏香、摆设的。[1] 尤为值得注意的是，这种追求古意的审美趣味甚至影响到了整个宋瓷之审美，清人许之衡在《饮流斋说瓷》中写道："宋代制瓷，虽研炼极精，莹润无比，而体制端重雅洁，犹有三代鼎彝之遗意焉。"[2]

到了明清时期，崇尚"仿古形制"、追求古意之风更甚。一方面，明清时期中国传统手工艺的艺术风格发生了很大变化，"呈现出可类比于欧洲罗可可式的纤细、繁缛、富丽、俗艳、矫揉造作等等风格"[3]，大明五彩瓷、清代珐琅瓷，华丽精美的织锦、刺绣，最能见出其时艺术风格与审美趣味的转变。之所以出现这样的转变，一是满足新兴的市民阶层的审美趣味，二是手工艺品大量出口，不可避免地受到了外来审美趣味的影响。另一方面，文人阶层在

---

① 唐俊杰：《祭器、礼器、"邵局"——关于南宋官窑的几个问题》，故宫博物院院刊 2006 年第 6 期。

② 许之衡：《饮流斋说瓷》，浙江人民美术出版社，2016 年。

③ 李泽厚：《美的历程》，生活·读书·新知三联书店，2009 年。

审美观念上并不认同富丽俗艳,甚而有意识地以"好古博雅"来对抗富丽俗艳,因而格外推崇仿古器物,视为文雅生活必备之物,使得仿古制品成为手工艺制作的一个重要门类。高濂的《遵生八笺》就记载了多家仿古铜器作坊。此外,不管是木雕、竹刻,还是紫砂,无不透着一种古典主义趣味,崇尚古朴雅致,如紫砂壶上的陶刻,就标举金石之气。明代王士性说:"斋头清玩、几案、床榻,近皆以紫檀、花梨为尚,尚古朴不尚雕镂,即物有雕镂,亦皆商、周、秦、汉之式。"[①]在清代,"纯粹服务于赏玩之心的仿古器物极为流行,其中以玉、瓷、掐丝珐琅、竹木仿制的古铜器、古礼器颇为常见,如清内廷'玉兽面纹鼎',仿自《重修宣和博古图》中的'商父乙鼎','雕竹仿古络纹壶',则是以竹材模仿战国铜器。"[②]

总而言之,"仿古"、追求古意作为一种审美风尚历经了宋元明清时期,已经积淀在民族审美意识的深处了。试看当代的紫砂壶、根雕、玉雕、折扇等,不仅讲究"材美工巧",而且大多透着古意。当然,与宋元明清时期文人雅士所追求的"三代鼎彝之遗意"不同,当代之"仿古"、追求古意往往仅是沿袭明清时期的形制、图案而已,二者背后的审美观念、文化精神实在是霄壤之别。

三、传统审美理念主导当代审美取向的原因

由以上考察可见,讲究"材美工巧",崇尚古意,这两种审美观念影响极其深远,甚而主导着当代手工艺之审美取向。何以如此呢?推究其原因,主要有三个方面。

其一,传统手工艺的特质不仅在于手艺,而且在于"传统"。美国民俗学者布鲁范德指出,研究民间手工艺品的关键,也是研究所有民俗的关键,就

---

① 王士性:《广志绎》,中华书局,2006 年。
② 石炯、严海晏:《从礼器、明器到清玩兼及古物观念的生成》,《中国美术学院学报》2016 年第 9 期。

是"传统"。① 手工艺扎根于传统生活,或者说,它本身就是一种传统。从文化遗产角度来看,传统是其作为非物质文化遗产的内核,失去了传统,也就不再具有文化遗产的价值。当然,作为非物质文化遗产,传统手工艺的技艺既要活态传承,又要与时俱进,但技艺革新不能脱离传统的审美观念。一旦完全脱离传统的审美观念,背离其内在的传统美学精神与审美趣味,就可能走向自我否定。譬如现代陶艺,虽然是手工制作的,但是,它已经完全是一种现代艺术,在审美观念上与传统手工艺大相径庭。每一种传统手工艺,都有历史形成的总体风格与独特的艺术语言,其接受群体对于其总体风格与艺术语言也都心照不宣。譬如宜兴紫砂壶,每一位制壶艺人固然可以有自己的艺术个性,但是,他不会背离宜兴紫砂壶的审美传统与总体风格,所以,即使是一位普通的宜兴紫砂壶的使用者,也能够很容易地在各种陶瓷壶中识别出宜兴紫砂壶。正因如此,柳宗悦甚而说:"工艺之美是传统之美。只有恪守传统,才能把握工艺的发展方向。"

其二,当代审美风尚并不排斥古典主义趣味,消费群体的审美观念有着较好的历史延续性。一般认为,"五四"之后,中国传统文化发生了断裂。殊不知这种明显的"断裂"主要发生在社会思想层面,民众的日常生活表面上变化极大,深层次的观念并没有出现断裂性的变化,如人情观念、家庭观念、养生观念等。有意思的是,对玉雕、木雕、核雕、竹刻、刻瓷、紫砂、铜炉、铁壶等传统手工艺的赏玩观念,在现代社会居然也没有断裂。就消费群体的绝对数量而言,甚而达到了历史新高。如江苏扬州弯头镇玉器企业有 300 多家,宜兴丁蜀镇紫砂注册从业人员就有六七千人,浙江青田石雕从业人员有 3 万多人,东阳木雕企业有 140 余家,家庭作坊两千余家,从业人员 2 万余人,山东日照东港黑陶从业人员有两三万人,如此庞大的从业人员队伍足见社会需求之旺盛。笔者曾访谈过一些传统手工艺爱好者,发现大多数爱好者仍然秉持着传统的审美观念,重视材质、做工,崇尚古意。

---

① Jan Harold Brunv, *The Study of American Folklore:An Introduction*.New York:Norton, 1968.

其三,讲究"材美工巧"暗合了当代审美资本主义的文化逻辑。奥利维耶·阿苏利认为,在消费者的审美品味成为推动工业发展动力的审美资本主义阶段,一个人的衣着、技艺、装饰等,能够标志其社会地位。[1] 20 世纪 70 年代末,国家开始评选"中国工艺美术大师",当代手工艺由此得以登大雅之堂。近十来年,一件出自国家级、省级工艺美术家的"材美工巧"的手工艺品少则几万元、几十万元,多则上百万元,顾景舟的一把紫砂壶更是高达千万元。很显然,购买者不是为了日常使用,而是凡勃伦所说的"夸示性消费",即主要是为了展示自己的品味与身份,因而格外重视材质、工艺与制作者身份。我们调研发现,几乎所有热衷于收藏、使用玉雕、木雕、核雕、竹刻、紫砂、铜炉等当代手工艺品的人,都是有闲阶层,既有钱,又有充裕的自由时间,而且都有各自基于"趣缘"的圈子。

四、传统审美精神的现代再生产

消费群体的审美观念有着较好的历史延续性,这并不意味着人们的审美趣味不会发生化。一个时代有一个时代的审美趣味,观念的更新可能会滞后一些,但时代变迁,手工艺的审美观念不可能不随之而变。事实上,手工艺的审美观念也并非一成不变的,它是在历史中形成的,也必然在历史中发生变革。因而,当代手工艺如何转变审美观念,制造出合乎现代审美趣味的作品,这可能是每一位手工艺人都要面对的问题。

就当代手工艺作为非物质文化遗产而言,它不仅要活态传承手艺,而且要"守正创新"。所谓"守正",是指要保持传统工艺的基本语汇与核心精神;所谓"创新",就是要以传统手艺进行现代表达。二者看似矛盾,其实不然。以现代美学精神重新审视古典趣味,在古典趣味中注入现代精神,就可能调和二者之间的矛盾,实现"传统"审美精神的现代再生产。事实上,已经有一些手工艺人进行了卓有成效的探索。如葛志文的石雕,既讲究"材美工巧",

---

① 奥利维耶·阿苏利:《审美资本主义:品味的工业化》,黄琰译,华东师范大学出版社,2013 年。

在审美观念上又能与时俱进。他的《枯竹砚》《荷塘拾趣砚》《树桩壶》《一竹清风壶》《凌寒留香笔筒》《竹韵·文房十三件套》等作品,真是迁想妙得,让无生命的石头有了生命的气息,而且富有现代性的形式意味。再如邹英姿的刺绣,不仅在技法上大胆创新,创造性地设计了滴滴绣针法,而且在审美观念上同步于先锋艺术,其作品《我的眼睛》《秋水》《莠》《快乐的豆子》《缠绕》,或写实,或想象,几乎脱尽了工艺品的装饰气息,完全是一种自由创作的当代艺术;她的《敦煌观音像》《阿难》《孔子六艺》《长乐未央》《司母戊大方鼎》《子龙鼎》等作品更具有创造性,以刺绣来表现敦煌壁画、汉画像石、青铜器,不仅纤毫毕现,得其神韵,而且利用了时空意识的错位,让人产生一种非常奇特的审美体验。即使在手工艺品行情不太理想的时候,葛志文的石雕与邹英姿的刺绣仍为藏家追捧,究其缘由,无疑是他们的作品在"材美工巧"方面不亚于古代大师,在审美观念方面又能与时俱进。

当代手工艺人既要有意识地转变审美观念,又要尊重传统手工艺审美观念历史变迁的内在规律。传统手工艺审美观念的历史变迁是极其缓慢的,只有从几百年,甚至上千年的长时段考察,才能看到其变迁。与书画等文人艺术不同,个体因素对其变迁的影响是微乎其微的。其变迁是在社会、历史、文化多重因素合力影响下才发生的,而且这种变迁发生于无意识之中,并非某个人或某个群体有意为之。就此而言,个体手工艺人未必要有意识地改变传统手工艺整体性的审美观念,相反,鉴于手工艺审美观念整体性变革的复杂性,个体手工艺人审美观念的现代转变应该审慎些,并不宜过于激烈,否则,可能会面临丧失手工艺本来面目的风险。试看葛志文的石雕,只是在古典主义的清玩趣味这个传统之内注入了些微现代审美意味而已。

总而言之,对于手工艺而言,传统审美精神是其内在特质,不能完全丢弃,也不能故步自封。传统审美精神具有不断再生产的潜力,应以当代眼光重新打量、审视,不断发掘其审美再生产的潜力。

第三章
非遗的生产性保护

第一节　非遗生产性保护的主要路径与困境①

　　传统社会的现代转型与文化变迁造成大量传统民间艺术失去了赖以生存的文化空间，逐渐丧失了"活态性"，面临着灭失的危险。民间艺术是传统文化与集体记忆的主要载体，对于文化传承、创新乃至国家形象建构与文化认同等文化战略层面都具有重要意义。非物质文化遗产保护工程实施以来，政府、学者、民间都投入了大量人力、物力，开展了项目保护、传承人保护等，但效果却不太理想。有学者提出了"生产性保护"的概念②。所谓生产性保护就是"借助生产、流通、销售等手段，将非物质文化遗产及其资源转化为文化产品的保护方式"③。由于非物质文化遗产包罗万象，并非每一种非物质文化遗产都适宜生产性保护，传统民间艺术的主要形态，诸如民间故事、

---

① 此节原文题为《传统民间艺术生产性保护的模式、难题及策略》，发表于《学习与实践》2016年第 1 期。

② "生产性保护概念"最早出现于王文章主编的《非物质文化遗产概论》（2008 年）一书中。2009 年 2 月在北京举办了"非物质文化遗产生产性方式保护论坛"，自此，"生产性保护"概念逐渐广为人知。

③ 《文化部关于加强非物质文化遗产生产性保护的指导意见》，《中国文化报》，2012 年 2 月27 日。

说唱艺术、民间戏曲、民间歌舞等,究竟是否适宜生产性保护呢? 对此,实践早已给出了答案。各种民间艺术的生产性保护不仅早已有之,而且形式多样,各具特色。本文将对其保护模式、遭遇的难题以及因应策略等进行探讨。

一、传统民间艺术生产性保护的主要模式

传统民间艺术主要包括民间文学、评书等口头表演艺术,绘画、雕刻等民间美术,地方戏、民间歌舞等综合性民间艺术。不同的文艺形态各有其特殊性,同一种文艺形态所处的文化背景与历史条件也不尽相同,因而,其保护模式也各不相同。概而言之,传统民间艺术主要有三种生产性保护模式。

一是对具有商业运作传统的各种民间表演艺术的保护模式。在现代都市文化空间中,或通过自我调适,或由政府资助,这些民间艺术仍然能够进行商业演出。对于大多数民间文学、评书与地方戏等语言类艺术来说,一方面由于接受主体在世代更替过程中出现了断层——新生代一般都热衷于影视、电子游戏、流行音乐等当代大众文化,对传统民间艺术几乎完全丧失了"期待视野"与接受能力,另一方面,语言类传统民间艺术对方言与地域文化有较强的依赖性,很难从特定的时空中抽离出来,通过现代传媒在现代文化空间中传播,因而主要依赖政府资助才得以存活。如各地的地方戏剧团大多是事业单位,而不是文化企业。当然,也有一些例外,如东北的"二人转",作为传统的地方戏居然凭借商演火遍全国;再如德云社的相声,也是以商业运作模式在全国各大城市开分店。这两个特殊的案例有着耐人寻味的共性,都是以北方方言为载体,在"脱域"传播过程中不存在语言障碍;都有既具备传统技能、又熟悉当代大众文化的领头艺人,如"二人转"艺人赵本山、小沈阳,德云社相声演员郭德纲等;都善于利用现代传媒传播发展,如上"春晚"等。在诸种民间表演艺术中,相声尤为值得关注,这种口头表演艺术既保留了传统的艺术形式,又能及时吸纳当代社会生活内容,在当代大众文化语境中,亦能焕发出生命活力,诸多演员不仅活跃在舞台上,还再度回归到酒肆茶楼等日常生活空间,如南京夫子庙的永熙茶楼,每天都有相声演出,

足见其在民间仍然大受欢迎。东北的"二人转"与传统相声表演这两个商业化运作模式案例，说明语言类的传统民间艺术仍然存在较好的群众基础，是完全可以进行生产性保护的。不论是东北的"二人转"，还是德云社的相声，都既强调原汁原味，又注重推陈出新，可见这种生产性保护还有利于其被不断地再创造。

　　二是对呈现为作品形态的各种民间美术，如剪纸、年画、刺绣、面塑、泥塑、木雕等的保护模式。往往是先对产品功能重新定位，然后再进行产业化开发。年画、刺绣、木雕等民间艺术早在明清时期就已经形成了产业，如河南朱仙镇年画生产鼎盛时期作坊达300余家，天津杨柳青年画发展到鼎盛时期，以杨柳青镇为中心，周遭三十几个村庄都在印制年画，这两地年画都远销全国各地。剪纸、年画、面塑、刺绣等民间艺术来自日常生活需要，大多有着具体的使用价值。比如剪纸在民间主要用作礼花、窗花、顶棚花等，而不是装裱成画册仅仅作为审美鉴赏的对象；老百姓张贴年画也不仅仅为了装饰，而是出于一种民间信仰。一旦这些民间艺术在日常生活中丧失了使用价值，也就失去了主要消费群体，作为一种产业就不可避免地衰落。由于传统民间艺术品的消费大都根植于传统民俗或民间信仰，在"祛魅"的现代社会，传统民俗与民间信仰已经在逐渐丧失继续存在的"合法性"。如无锡惠山泥人，早在清朝初年就有了专业作坊，解放初期生产作坊曾多达300余家，①产品在全国各大城市与乡村都有销售，改革开放之初，无锡市政府恢复了"惠山泥人一条街"，此后，还一直对惠山泥人厂进行政策性扶持，但时至今日惠山泥人却仍然沦为需要"抢救和保护的对象"。既然这类传统产业不可能"原样"振兴，那么就要努力走出一条新路来。无锡的绿波美术馆和梦鲤轩文化发展公司出品的惠山泥人就不再将其定位为婚庆、丧礼上的民俗用品，也不再作为普通的儿童玩具，而是主要将其作为一种值得鉴赏、收藏的民间艺术品。再如南京云锦，现在除生产领带等高档礼品之外，几乎不再生产具有实用功能的服饰，而是主要生产各种刺绣图案，将其放置在画框中

---

① 张文俊：《无锡惠山泥人艺术的改造问题——江苏通讯》，《美术》1954年第6期。

纯粹作为艺术品销售。概而言之,当前对民间美术的生产性保护主要策略是转换作品的功能,淡化其实用性,将其提升为纯粹的审美对象,即作为一种艺术品来生产。

三是将各种传统民间歌舞作为一种历史文化资源与旅游业相结合的模式。通过集中展示、展演,打造传统民间歌舞与文化遗产旅游相结合的项目。在1992年,湘西德夯自然风景旅游区就建立了以苗族传统艺术为主要内容的"苗族民俗文化风情园",集中展演苗鼓、苗歌与苗族生活习俗等苗族传统艺术文化。[1] 不仅自然风景区为增加人文景观会利用传统民间艺术资源,一些静态的人文景点也会利用传统民间艺术资源来增加其动态感。如鄂西恩施土司城,原本是静态的建筑文化遗产,为了吸引游客,就编创了大型乐舞《巴风古韵》,集中展演毛古斯舞、撒尔嗬、摆手舞等本土的传统民间歌舞。利用传统民间艺术打造文化遗产旅游项目最为著名的案例莫过于张艺谋导演的《印象·刘三姐》(2004年)与《印象·丽江》(2006年)两部大型实景演出,前者将广为人知的民间故事与桂林山水相结合,后者将"原生态"的云南民间歌舞与丽江自然景观相结合。尤其是《印象·丽江》,不仅取得了非常好的经济效益,而且因其名人、名地效应,已经形成了一种比较有影响力的非物质文化遗产开发利用模式——将特定文化区域内民间歌舞集中于景点进行展演,聘请非专业的当地居民作为主要演员,以"原生态"文化作为主要卖点。毋庸讳言,这些旅游景点之所以热衷于开发用传统民间艺术资源,并非仅仅为了保护、弘扬非物质文化遗产,但是,其客观上却提高了这些传统民间艺术的知名度,而且通过"他者"目光对其现代价值的确认,增强了本土居民的文化自信,促进了他们的文化自觉。贝拉·迪克斯指出,将文化遗产转化为可被参观、可被鉴赏的对象,不仅可以延续文化遗产的生命,对于拥有此文化遗产的社群来说,也可以"用作文化/教育的资源"。[2]

---

[1] 吴晓:《乡村旅游发展与民族传统艺术变迁——以湘西德夯苗寨为例》,《社会科学家》2008年第2期。

[2] [英]贝拉·迪克斯(Bella Dicks):《被展示的文化:当代"可参观性"的生产》,冯悦译,北京大学出版社,2012年,第15页。

综上所述，传统民间艺术的一些主要形态基本上都可以进行生产性保护，而且不乏成功案例。就上述三种主要生产性保护模式而言，有一个值得注意的共同点，即将传统民间艺术从其原生的文化空间中剥离出来，祛除其某些民俗文化功能，将其提升为纯粹的审美对象，同时又标举其"原生态"的民间性。其中也有一些不同之处，美术类传统民间艺术往往被定位为较高端的艺术品，强调其独特的审美价值，而语言类、歌舞类传统民间艺术则往往趋同于当代大众娱乐文化。

二、传统民间艺术生产性保护遭遇的难题

自"生产性保护"概念被提出起，学者们就担心这种保护形式会"变质"，可能出现过度产业化、商业化等问题。[①] 一方面，生产性保护是非物质文化遗产保护的应有之义，如诸种民间手工艺，没有生产、销售就不可能被活态传承；另一方面，生产的驱动力是获取经济效益，进而扩大再生产以获取更大的经济效益，这就难免过度产业化、商业化，也使得生产性保护话语本身就暗含着悖论。传统民间艺术的生产性保护，难免存在着文化遗产保护的原真性与迎合商业需求之间某种内在矛盾。

"原真性"（Authenticity）是文物古迹保护领域的核心概念之一，主要强调文化遗产必须具有历史真实性。2000年5月大津巴布韦会议发布的《非洲文化背景下遗产保护的原真性和完整性》文件首次提出，原真性原则适用于非物质文化遗产保护。国内有学者进而指出，原真性原则适用于非物质文化遗产保护的各个环节。[②] 但是，传统民间艺术的生产性保护似乎很难保障其原真性。首先，传统民间艺术的生产性保护往往要去除其某些具体的

---

① 陈华文：《论非物质文化遗产生产性保护的几个问题》，《广西民族大学学报（哲学社会科学版）》2010年第5期；谭宏：《对非物质文化遗产生产性方式保护的几点理解》，《江汉论坛》2010年第3期。
② 王巨山：《非物质文化遗产保护原则辨析——对原真性原则和整体性原则的再认识》，《社会科学辑刊》2008年第3期。

民俗文化功能,将其提升为一种审美对象,在此过程中,难免要去除一些不合时宜的内容与形式,并增加一些新元素。以东北"二人转"为例,产业化的小剧场"二人转"与传统"二人转"场景范式相去甚远,就演出形式而言,传统"二人转"以唱为主,小剧场"二人转"则唱少说多,逗笑多,绝活多;就演出内容而言,小剧场"二人转"很少完整地唱一出"二人转"老段子,只是截取其中片断来唱唱。有学者认为,这事实上已经是两种"二人转",一种是作为大众文化的"二人转",一种是作为非物质文化遗产的"二人转"。[①] 其次,传统民间艺术一旦进入生产领域,难免要从其原生地剥离出来,由于脱离了固有的文化空间,其所含的文化信息可能大量流失,就无法保证其信息的真实性。[②]比如杨丽萍根据云南民族民间舞蹈改编的大型歌舞《云南印象》(2004 年)曾在全国各大城市巡回演出,引起轰动,但舞台上的云南民族民间歌舞与村寨之中村民们在各种节庆之时载歌载舞所蕴含的意义相同吗? 台下观众所接受的文化信息与本土居民在歌舞之中所承载的信息相同吗? 毫无疑问,传统民间艺术的"脱域"传播早已在无意识之中置换了其原初信息,并对其重新编码,将其转换成一种"可读的"大众文化文本。事实上,没有这种改编、转换,所谓本真的文本就会身份不明、意义混乱、不可解读,也就无法为现代大众所观赏。

诚然,解决传统民间艺术生产性保护与其原真性之间的矛盾是一个难题,但是,这是一种必然的遭遇。我们认为,文物古迹保护范畴所谓的原真性问题对传统民间艺术的保护并不完全适用。首先,非物质文化遗产本体真实性仅在项目申报时是有意义的,即不可伪造遗产,除此之外,强调本体真实性不论在理论上还是实践中都会造成难以解决的困境,尤其对于传统民间艺术来说,确认本体真实性既没有可操作性,也无现实意义。比如民间故事"董永传说",各地讲述的版本不同,如何确定其版本的原真性呢? 再如

---

① 王红箫:《同地异天:二人转的嬗变——二人转现状的深层分析》,《文艺争鸣》2007 年第 11 期。
② 1964 年的《威尼斯宪章》提出了文化遗产本体的真实性,鉴于文化的多样性与复杂性,1994 年的《关于原真性的奈良文件》提出了文化遗产信息的真实性。

民间剪纸,固然有一定的"底样",但是,有必要为了保持遗产的原真性而要求艺人恪守"底样"吗？其次,非物质文化遗产保护的基本原则是活态传承,要义在于保护传统文化形态的功能性,而不是其原真性。对此,联合国教科文组织明确提出,非物质文化遗产保护是为了促进传统文化形态"在各社区和群体适应周围环境以及与自然和历史的互动中,被不断地再创造,为这些社区和群体提供认同感和持续感"①。这就是说,非物质文化遗产保护不同于一般文化遗产的保护,非物质文化遗产不是有形的物品,它不必保持原生形态,完全可以"被不断地再创造"。就此而言,传统民间艺术在生产性保护过程中因商业需要而改变了文化遗产的内容与形式,这不足以作为批评、否定生产性保护方式的理由。我们认为,衡量非物质文化遗产保护是否适宜的基本尺度是看这种保护方式能否维持、促进传统文化形态在特定社群中的文化功能。比如小剧场的"二人转"是否还能说是非物质文化遗产的"二人转",关键不在于其内容与形式的差异,而要看小剧场的"二人转"在文化功能上与传统的"二人转"是否有本质差异。

质而言之,传统民间艺术生产性保护遭遇的难题并非如何保护文化遗产的原真性,而是如何保护其文化功能的问题。其一,保护非物质文化遗产是为了拥有这种文化遗产的文化主体。如果将这种文化遗产作为一种旅游资源进行产业开发,以其"展示"价值获取经济效益；如果将某一社区、群体拥有的独特的文化遗产,如云南民族地区的民间歌舞,进行"脱域"化传播,扩大了这种文化遗产的影响力,有助于提升文化遗产拥有者的文化自信。生产性保护究竟能否作为一种有效的保护方式,关键在于其生产主体是不是更广义的文化遗产的拥有者,生产主体对此文化遗产是否有一定的文化自觉。比如杨丽萍的《云南印象》演出人员都是能歌善舞的乡民,他们可能并不觉得自己的歌舞是一种非常值得珍视的文化遗产,这些歌舞的原生地居民也并未因此而自觉传承、保护他们的歌舞,但是,《云南印象》的全国巡演就更广义的文化意识形态来说是一种更有效的非物质文化遗产的生产性

① 《联合国教科文组织〈保护非物质文化遗产公约〉基础文件汇编》,外文出版社,2012年,第9页。

保护模式。其二,保护非物质文化遗产的主要目的是为了维持文化遗产拥有者文化传统的历史延续性,促进其文化认同感,增强其文化自信心,让其在文化现代转型过程中避免因为"文化剥夺"而发生文化认同危机。传统民间艺术生产性保护过程中某些与时俱进是符合这个宗旨的,尤其是将诸种艺术形态从日常生活中剥离出来,进行艺术加工、提升,试图以现代美学去延续和再造民间传统。再如将传统民间艺术打造成旅游项目进行集中展示,这一方面可能增强本土居民的文化自信,促进其文化自觉,另一方面,外来"他者"的凝视也会激发本土居民的文化自信,让他们觉得自己的文化是一种奇异的景观,促使他们弘扬和传承自己的文化传统。

三、传统民间艺术生产性保护的原则与策略

生产性保护究竟能否成为传统民间艺术活态保护的基本方式,关键在于文化主体的主体性能否得到落实与保障,文化主体能否产生文化自觉意识,能否重建对传统民间艺术的文化认同感。传统民间艺术生产性保护所遭遇的难题,根源于生产的内在逻辑与保护宗旨之间的冲突,是话语本身固有的矛盾。我们认为,可以深入讨论解决问题的基本原则与策略。

首先,应该明确传统民间艺术生产性保护的主体,并予以落实。传统民间艺术是特定社区与群体的文化遗产,这特定社群是此遗产的拥有者,是毋庸置疑的文化主体。因而,遗产的保护与开发利用必须尊重文化主体的意愿,必须让文化主体成为受益者,这是非物质文化遗产保护的基本原则。但是,就目前民间艺术的生产性保护而言,其主体大多是文化企业,而不是文化遗产的拥有者。造成这种状况有两个方面原因,一是文化遗产保护是外入型需要,而不是本土居民的内生型需要;二是民间艺人一般经济状况都不太好,而且缺乏文化资本与社会资本,很难成为生产性保护的发起人。我们认为,虽然不必限制文化企业、工商资本进入传统民间艺术生产性保护领域,但是,政府作为非物质文化遗产保护的主导力量,应该致力于扶持民间艺人的小作坊型生产,比如,通过博物馆、文化馆、高等院校等机构设立专项

资金收购他们的作品，通过项目资助支持他们的演出活动与产业化发展，而不是仅仅对传承人进行生活资助。只有真正落实民间艺人及其所在社群作为传统民间艺术的生产主体与保护主体的地位，才能从根本上解决生产与保护之间的矛盾，达成在生产过程中进行活态保护的初衷。

其次，应该加强非物质文化遗产保护的社区教育，唤醒文化主体的文化自觉，使得保护成为文化主体的一种内生需求，从而形成民间艺术生产性保护良性机制。手工技艺类、表演类民间艺术存在、发展离不开商业化，在传统社会中，其传承与商业化之所以能够良性共生，一个重要因素就是民间艺人对于传统的传承有内在的自觉性，他们重视传统远甚于创新。在现代社会中，由于传统民间艺术资源大多集中于边远地区、农村地区，在中心/边缘、城市/乡村、富裕/贫穷、现代/传统、先进/落后、保守/创新等二元对立话语体系下，民间艺人及其所在社群对于自己的文化遗产不仅缺乏自信心、自豪感，反而有一种文化自卑心理，他们更倾向于让自己的子女学习学校教育的文化，而不是传承他们的手艺。因此，只有通过深入的社区教育，在社群中培育土专家，不断激发整个社群的文化自信心、自豪感，才能促进他们重建文化认同感。

再次，应该正确处理生产性保护与历史文化资源开发利用二者之间的关系。生产性保护的主要目的在于对文化功能的保护，其产业化开发不能背离这个目的，而历史文化资源开发利用的主要目的是为了充分利用其获取社会效益与经济效益。自非物质文化遗产保护工程实施以来，人们更倾向于保守保护的话语体系。传统民间艺术既具有很高的文化价值，又有一定的商业价值，对其文化价值固然要妥善保护，但不能以此排斥利用其商业价值。《中华人民共和国非物质文化遗产法》第三十七条中明确规定："国家鼓励和支持发挥非物质文化遗产资源的特殊优势，在有效保护的基础上合理利用非物质文化遗产代表性项目开发具有地方、民族特色和市场潜力的文化产品和文化服务。"其实，早在全国性非物质文化遗产保护工程开展之前十余年，地方政府就已经热衷于利用历史文化资源促进地方经济发展了。由于重视开发利用，忽视了对非物质文化遗产的保护，文化遗产破坏现象也比较严重,如一些古村落开发,由于本土居民被集体迁出,原有的乡民生活形态完全消失了,文化遗产成为空洞的物质外壳。生产性保护的话语体系若是过于强调保护优先于开发利用,似乎能够解决保护与开发利用之间的矛盾。事实并非如此,严加保护必然在一定程度上限制开发利用,文化遗产地社群就可能由于在本地缺乏足够的经济收益不得不选择外出打工,从而造成村镇空心化。如果文化遗产保护并不能给文化主体带来福祉,这样的文化保护意义何在呢? 在特定历史阶段,开发利用优先于保护也许是合理的。只有重视文化遗产的开发利用,才有可能保障文化主体的权益,文化主体才有可能赖以安身立命。尤其对于传统民间艺术类非物质文化遗产来说,为了保护而限制开发利用往往适得其反,只有在开发利用过程中通过教育或以经济效益来激发文化主体的文化自觉意识,让其产生文化遗产保护与文化生态修复的积极性与主动性,才能真正实现活态保护。

第二节　非遗生产性保护与手工文化①

在非物质文化遗产保护理论中,与"传承人保护""活态保护""空间保护"等理念不同,"生产性保护"是中国学者独立提出的保护观念。这个观念最早是由王文章在 2006 年提出的,②当时并没有引起人们的广泛关注。2009 年元宵节,文化部召开了"生产性保护"座谈会③,此后,"生产性保护"就成了非物质文化遗产保护的理论中最热门的关键词。几年来,对生产性

---

① 此节原文题为《非物质文化遗产生产性保护与手工文化建设》,发表于《中原文化研究》2018 年第 3 期。
② 王文章:《非物质文化遗产概论:修订本》,教育科学出版社,2013 年,第 328 页。
③ 政府部门对非物质文化遗产生产性保护的理论与实践一直高度重视,2011 年 10 月,文化部评选公布了第一批 41 个国家级非物质文化遗产生产性保护示范基地;2012 年 2 月,文化部制定印发了《关于加强非物质文化遗产生产性保护的指导意见》,参见《中国文化报》,2012 年 2 月 27 日,第 001 版。

保护概念,以及生产性保护的必要性①、定位分层②与界限③④等理论问题,学术界展开了深入研究与热烈讨论。由于文化部明确指出生产性保护"主要是在传统技艺、传统美术和传统医药药物炮制类非物质文化遗产领域实施",因而,传统手工艺的生产性保护尤为受到重视,有学者强调生产性保护对振兴传统手工艺的重要意义,⑤有学者呼吁要警惕用机器大生产代替手工劳作,⑥还有一些学者做了深入、细致的个案分析⑦。本文认为,从手工文化层面,而不仅仅是从生产技艺角度,也许更有助于认识传统手工艺的生产性保护问题。

一、生产性保护与自力保护

"生产性保护"在学术界一直是一个颇有争议的概念。有学者认为:"用生产性方式保护非物质文化遗产,就是要把非物质文化遗产加工或创作成产品,推向市场。"⑧也有学者指出,"生产"并不等同于商品生产,人类从事某

① 邱春林:《生产性保护:非遗的"自我造血"》,《中国文化报》,2012年2月21日,第3版。
② 陈勤建:《定位分层、核心传承、创意重构——非物质文化遗产生产性保护的若干思考》,《辽宁大学学报(哲学社会科学版)》2013年第6期,第1—8页。
③ 高小康:《如何为非遗的"生产性保护"划出红线》,《人文杂志》2013年第9期,第60—63页。
④ 覃宏:《对非物质文化遗产生产性方式保护的几点理解》,《江汉论坛》2010年第3期,第130—134页。
⑤ 赵农:《非物质文化遗产与生产性保护》,《文艺研究》2009年第5期,第189—200页。
⑥ 刘德龙:《坚守与变通——关于非物质文化遗产生产性保护中的几个关系》,《民俗研究》2013年第1期,第5—9页。
⑦ 如对咀香园杏仁饼生产性保护的研究,参见林凤群:《非物质文化遗产生产性保护刍议——以咀香园杏仁饼传统制作工艺为例》,《文化遗产》2010年第1期;对壮锦生产性保护的研究,参见徐赣丽:《非遗生产性保护的短板和解决的可能——以壮锦的实践为例》,《西南民族大学学报》(人文社会科学版)2014年第9期;对青田石雕生产性保护的研究,参见陈映婕:《走出瓶颈:浙江青田石雕的生产性保护经验》,《文化遗产》2015年第1期等。
⑧ 覃宏:《对非物质文化遗产生产性方式保护的几点理解》,《江汉论坛》2010年第3期,第130—134页。

种创造财富或者使财富增值的所有活动都是生产。① 宋俊华则非常深刻地指出,"生产性保护"之"生产"是指"文化生产",不仅是指文化物质的生产,还包括文化精神的生产。② 沿着宋俊华的观念进一步讨论,是可以有理论深度地认识"生产性保护"这个话题的。但就在学者研讨正酣的 2012 年,文化部给出了一个指导性意见:"非物质文化遗产生产性保护是指在具有生产性质的实践过程中,以保持非物质文化遗产的真实性、整体性和传承性为核心,以有效传承非物质文化遗产技艺为前提,借助生产、流通、销售等手段,将非物质文化遗产及其资源转化为文化产品的保护方式。"③由这个官方定义来看,所谓生产性保护其实就是认可商业化也是非物质文化遗产的一种保护方式。那么,为什么不直接说"商业化",而要生造出一个"生产性保护"概念呢? 对此,高小康尖锐地指出:"由于这些年对传统文化遗产进行的过度商业化开发造成的影响,使得'商业化'这个概念本身就具有了贬义和可能产生的误导。因此即使谈论市场和商业化问题,也不得不转换为一个模棱两可的'生产性保护'概念。但无论如何,当我们进入到关于'生产性保护'的实质性研究时,面对的问题其实就是非遗的商业化。"④

在国家实施非物质文化遗产保护政策之前、之后,非物质文化遗产产品化、商业化现象都广泛存在着,在非物质文化遗产保护政策中,也并未因为保护而反对产品化、商业化,在国务院办公厅《关于加强我国非物质文化遗产保护工作的意见》中明确指出,非物质文化遗产是可以"合理利用"的,那么,为何还要强调"生产性保护"呢? 毋庸讳言,"生产性保护"其实是为了解决依靠国家财政投入的"事业性保护"所面临的一些困境,如财政压力、被保护对象缺乏"造血功能"等。就此而言,"生产性保护"是与"事业性保护"相

---

① 徐艺乙:《关于"非遗"生产性保护的思考》,《中国文化报》,2009 年 2 月 25 日,第 3 版。

② 宋俊华:《文化生产与非物质文化遗产生产性保护》,《文化遗产》2012 年第 1 期,第 1—5 页。

③ 《文化部关于加强非物质文化遗产生产性保护的指导意见》,《中国文化报》,2012 年 2 月 27 日,第 1 页。

④ 高小康:《如何为非遗的"生产性保护"划出红线》,《人文杂志》2013 年第 9 期,第 60—63 页。

对应的一个概念,其要义不在于产品化、商业化等,而在于自力更生,其所期望的是非物质文化遗产能够"自力保护",而不是依赖国家财政的"他力保护",而某些人就想当然地认为,借助产品化、商业化的生产性保护是非物质文化遗产能够产生"造血功能",实现自力保护的主要方式。明白了这一点,窃以为"生产性保护"是一个言不由衷、模棱两可的概念,诸多歧义、争议大多由此引发。

如果说生产性保护实质是期望自力保护,那么,组织、扶持生产,评选示范基地等都并非根本之计,而是一些舍本逐末的做法。一方面,是需求拉动生产,政策可以扶持生产,却无法制造需求。就此而言,对于那些已经丧失现实需求的非物质文化遗产,如传统年画,生产性保护无疑是无效的;而那些本身就有市场需求的门类,如宜兴紫砂壶、扬州玉雕、南京金箔、景德镇手工制瓷、云南普洱茶、潍坊风筝、自贡灯彩等,显然无需所谓的生产性保护,相反,对于这些市场主体,政策扶持、评选等行政干预甚至有可能破坏公平竞争的市场环境。另一方面,在传统社会中,绝大多数手工艺都是为了谋生,是面向市场需求的,这些手艺人并不缺乏市场意识与生产经验,因而,与其刺激其市场意识,倒不如激发他们的文化自觉。在商业社会中,面向市场需求的生产未必有益于传统文化的保护,因为生产主体更关心利润,只要市场需求旺盛,生产主体就会不顾一切地走向机械化、产业化,而把保护抛之脑后。也就是说,产品化、商业化虽然有助于激发某些非物质文化遗产的活力,却并不一定有助于保护,只有文化主体的文化自觉才是自力保护的内在动力。

非物质文化遗产的文化主体并非仅仅是这些遗产的传承人,其实,我们所有人都是非物质文化遗产的文化主体。因为,任何一种文化遗产,自从持有人申请其为遗产开始,它就具有了一种文化共享性,[①]它就属于我们所有

① 高丙中、刘晓春、高小康等人曾深入讨论过这个问题,本文不再赘述,参见高丙中:《作为公共文化的非物质文化遗产》,《文艺研究》2008年第2期;刘晓春:《非物质文化遗产的地方性与公共性》,《广西民族大学学报》(哲学社会科学版),2008年第3期;高小康:《分享才能更好地保护文化多样性》,《社会科学报》2017年4月13日。

人。问题是,即使我们大家产生了这种文化自觉,也未必有时间、有兴趣去学习和传承这些文化遗产,那么,公众的文化自觉与非物质文化遗产的自力保护有何关系呢? 其实关系非常密切,就拿手工艺来说,一旦人们有了文化自觉意识,就会成为传统手工制品的消费者,就会不断扩大传统手工制品的市场需求,进而真正有助于生产性保护。这种基于文化主体自觉的生产性保护从根本上不同于以组织、扶持生产主体为主要手段的生产性保护,因为它培育的是传统手工制品的市场需求,而不是机器生产的非遗产品市场,它可以真正拉动手工艺生产,促进手工艺生产的持续发展。

二、手工文化是非物质文化遗产生产性保护之关键

在讨论"生产性保护"过程中,诸多学者都强调,要防止生产性保护走上机器生产以及产业化的道路。文化部官员也明确指出:"手工制作特色是生产性方式保护的一个底线。在开展生产性方式保护工作当中,一定要坚持非遗项目的手工制作方式和手工技艺,这是开展此类遗产保护工作的一个底线……在生产实践过程中如果一旦冲破这一底线,项目的制作工艺被完全机械化,完全被现代工艺所取代,那将会断送这些非遗项目的生命,从而也就丧失了它的文化价值和艺术魅力。"[①]然而,如何守住这个"底线"呢?

以南京金箔为例。在现代社会中,金箔的市场需求很大,不仅寺院佛像、各种牌匾楹联贴金,一些宾馆酒店、私家豪宅的装修也贴金,还有金箔画、金箔书、金箔邮票、金箔墙纸以及各种贴金工艺品,甚至药品、酒、糕点、咖啡、茶中也使用食用金箔。由于金箔手工制作的生产效率比较低,跟不上市场需求,而且人力成本非常高,手工制作的工艺水平又并不明显优于机器生产,因而在生产过程中制作工艺基本上完全机械化了,作为非物质文化遗产的手工制作技艺只是在某些特殊场合下用于表演而已。为了落实遗产保护政策,传承人带了几个徒弟,然而,这些徒弟在日常生产实践中并不应用

---

① 马盛德:《生产性保护的几个问题》,《中国文化报》,2011 年 6 月 10 日,第 6 版。

这些手工技艺，他们的技艺水准能和手工生产了几十年的师傅们相提并论吗？很显然，早已产业化的南京金箔根本不需要保护，生产性保护也无助于手工制作的金箔进入生产、流通、销售环节。

另一个案例为秦淮灯彩。① 早在明清时期，金陵灯会就名扬四海了。在夫子庙周边以及中华门、雨花台一带，生活着很多从事花灯制作的手工艺人。秦淮灯彩传承人曹真荣回忆说："一般花灯这个东西啊，是城市郊区、城市内的菜农和周边郊区的菜农干的，为什么呢，冬天蔬菜不生长了，就扎一点东西混穷。"② 到 20 世纪 70 年代末 80 年代初，南京夫子庙一带还有 200多户人家从事花灯制作。2014 年，南京夫子庙文化旅游集团有限公司控股成立了南京秦淮灯彩文化发展有限公司（国有），收购手艺人制作的灯彩，为灯彩交易搭建平台，这是生产性保护中比较典型的"公司＋手艺人"模式。但是，灯彩手艺人似乎并不认可这个公司。曹真荣认为，这个公司为了利润最大化，承接政府举办的秦淮灯会时使用农民工，聘用四川自贡花灯艺人，而不是秦淮灯彩手艺人，钱都给公司挣了，手艺人反而被压制了。③ 在制度设计者眼中，"公司＋手艺人"可能是一个很好的优势互补模式，然而，人们很难接受的现实是，面对逐利的生产主体，学者们、官员们的政策设计与"底线"都可能成为不切实际的空想。

从上述两个案例可以发现，有市场、有组织未必能有效实现生产性保护的初衷。问题出在哪里？笔者认为，"生产性保护"理念与相关政策仅仅着眼于手工艺人及其手工技艺，忽视了手工文化层面。事实上，形成基于文化主体自觉的手工文化才是非物质文化遗产生产性保护之关键。

所谓手工文化，包含三个层面。一是手工制作从实用生产转向文化生产、艺术生产，从而改变了手工制作的文化内涵，进而带来了手工产品的巨

---

① 据秦淮灯彩传承人曹真荣说，秦淮灯彩原本叫金陵花灯，秦淮灯彩这个名字是 2000 年之后才出现的。

②③ 南京农业大学民俗学专业 2016 级研究生赵天羽采访。被采访人：曹真荣，戴玉兰，采访地点：南京市秦淮区大油坊巷 75 号（南京东艺彩灯厂），采访时间：2017 年 11 月 17 日下午14:00-16:30。

大增值。比如柳编,过去主要是生产笆斗、簸箕、鱼篓等日常生活用具,现在这些生活用具早已被工业制品取代了,倘若继续制作这些日常生活用品,似乎是没有出路的。但是,在后工业社会中,这些手工制作的日常用品却可能被视为艺术品,如果手工艺人从艺术生产的角度来看待他们的手工制作,努力提升工艺水准,增加其文化内涵,就可能成为艺术收藏的对象。事实上,很多手工制作都在往这个方向转型,如无锡泥塑、苏绣、青田石雕、杨家埠年画等,但是,真正获得成功的并不多见。一方面,艺术收藏的需求量不可能像日常生活用品的需求量那么大,买方市场相对较小,购买力较低;另一方面,艺术品的价值不仅在于其固有的审美价值、历史价值等,还与其稀有性相关,手工制作并不能确保其作品是独一无二的,这影响了其价格定位,比如,一张宣纸制作的手工年画可能卖 1000 多元,但是,这位手工艺人若宣称,这个年画受到知识产权保护,永远不被复制,其价格可能是要翻几番的,事实上,几乎做不到这一点,即使出售者不再制作第二张同样内容的年画,但不可能阻止别的制作者仿制。再则,从艺术角度来考量,对艺术生产者的要求就比较高,大多数手艺人都很难从一般的匠人中脱颖而出。

二是在后工业社会中,随着消费观念的分化,手工制品消费可能成为一种标示自我文化身份认同的消费取向。在现代社会,消费取向正在成为人们文化身份认同与区隔的重要因素。在一般人都在消费机器制品的时代,消费手工制品则意味着一种特殊的文化身份与品味。中国非物质文化遗产保护中心副主任田青曾说:"在西方一些后工业化国家,人们已经重新发现了手工的价值,最精致的西装,都是手工缝制的,最有价值的玻璃,都是当场吹出来的。"[1]事实上,诸如瑞士手工钟表制作等传统手工艺之所以能够很好地传承下来,与高端消费市场的形成显然是密不可分的。目前,国内手工艺人对于转向艺术生产已经有了相当程度的自觉,但是很少有人意识到,培育传统手工制品高端消费群体,在此基础上专注地做好传统手工本身,这是更有前景的道路。

---

[1]　张志勇:《众多专家学者呼吁——非物质文化遗产应注重生产性方式保护》,《中国艺术报》,2009 年 2 月 13 日,第 1 版。

三是随着全民手工文化意识的自觉,手工制品重新进入人们的日常生活。在现代社会中,我们的日常生活用品基本上都是机器生产的,机器制品不仅价格低,而且质量好,人们为什么还要去购买那些已经被机器生产所取代的手工制品呢? 这就需要我们重新认识手工技艺在现代生活中的意义,并且进行持续不懈的手工文化教育。

总而言之,现代社会中的传统手工制作如果只是依靠外力助推,简单地复兴传统生产方式,很难达到生产性保护的目的,问题之关键在于要形成一种手工文化,即整个社会对手工价值的认可与重视,从而重塑手工制品的消费主体。只有形成了真正的市场需求,传统手工艺的生产性保护才可能是一种能够"自我造血"的自力保护。

三、手工文化建设

1996 年年底,在一次名为"当代社会变革中的传统工艺之路"研讨会上,与会代表提出了发展手工文化的倡议书,这个倡议书一共由六条倡议组成:

一、希望全社会充分重视手工文化在当代社会文明建设中的特殊价值;

二、尽快制定国家传统工艺保护法;

三、尊重手工生产规律,推进手工产业体制转换。对生产与经营传统工艺的企业,要根据自身的特点和我国国情,建立有利于创造当代手工文化的管理机制;

四、恢复兴建中国民间美术博物馆,在传统工艺的著名产地,建立规模适宜的研究与保护机构;

五、新闻传媒要加强对手工文化的正确引导,避免从猎奇的角度,一味渲染不具备普遍意义的"奇葩绝技"的报导;

六、在教育的全过程中,尤其是学前教育、中小学教育中应加大手工文化的教育内容,高等教育中要设立相应的学科和专业,重视在全民中普及手工文化意识的教育。①

20 余年前的这个倡议书实在让人不胜感慨,六条倡议涉及立法、管理、传播、教育等方面,整个构想不仅全面、缜密,而且切实可行。倘若能够落实大半,尤其是落实好手工文化教育问题,今天传统手工艺保护所面临的诸多问题也许就根本不会产生,甚至不会出现"生产性保护"这个话题。

由于现代社会中手工的价值不是自明的,手工文化也就不可能自发形成,需要通过国家政策对其高度重视的权威姿态来唤醒人们的意识——非物质文化遗产保护话语就具有这样的功能,需要大众传媒的观念引导,需要学校教育、社区教育持续不懈的努力。在手工文化建设的诸多举措中,手工文化的全民教育尤为重要。

首先是手工文化现代价值的教育。在现代社会中,机器生产取代了手工生产,人们很难有机会亲手制作一件东西,不仅双手被荒废了,而且身体与自然之间越来越有隔膜。人的本性内在地需要手的劳作,需要亲手抚摸自然物,需要完整地制作一件东西,从中体会自由劳作的愉悦。孩童都很喜欢用泥巴捏制东西,就很能说明这一点。也就是说,手工制作对人的生存发展具有某种终极意义,是现代社会反抗人的异化的重要途径。正如吕品田所言,手工生产方式在现代社会中对健全人格构成,促进人的身心和谐发展,复归人类生存的丰富性和完整性方面有着重大价值。② 事实上,近年来各种手工体验作坊的涌现就是人们这种内在需要的表征。

其次是手工艺的审美教育。一般来说,手工制作很难达到机器制作的完美程度,定位为艺术品的那些手工制品还可以标榜其独一无二性,那么,批量生产的手工制品与机器制品相比,究竟有何审美价值呢? 光滑无瑕、完美无缺固然具有审美价值,但有点瑕疵、不够完美恰恰呈现了一种自然之境,透露着人的气息,它携带着特定时空、特定个体的丰富信息,不像机器制

---

① 《保护传统工艺发展手工文化倡议书》,《装饰》1997 年第 2 期,第 7 页。
② 吕品田:《"手"与手工文化建设》,《装饰》1997 年第 2 期,第 11—13 页。

品那样让人感到疏远、隔膜，"是'纯朴、诚挚'、'如实、坦诚'的境界"[①]，有一种"平常之美""亲近之美"。在一百多年前，由于洋布比土布好看，物美价廉，机器生产的洋布完全取代了手工生产的土布，而在今天，人们已经重新发现了土布的平常之美、亲近之美，土布成了人们追捧的艺术品。再比如瓷器，作为日常生活用具大都是机器生产的，手工制作远远达不到机器生产那样光洁、规整，但是，如今越来越多的人意识到了手工瓷器的素朴及其"温度"也是一种美。[②]

最后是手工技艺的教育。手工制品与一般美术作品不同，它不是人们保持距离的、静观的审美鉴赏对象，它就在我们身边，与我们的身体直接接触，它的意义与价值是在直接接触过程中向我们敞开的。作为一种技艺，"纸上得来终觉浅，绝知此事要躬行"，手工需要人们亲身反复操练。因而，技艺教育是人们领会手工艺终极价值、审美价值的最直接方式。通过学校教育，一代代人中都会产生一些由衷热爱手工艺、自觉传承手工艺的人，他们可能是未来手工艺生产性保护的中坚力量。再则，我们还应该重视对社区中老年人手工技艺的培训。这不仅可以落实"全民中普及手工文化意识"，而且手工制作可以让老年人老有所为，老有所乐，从而可能有效应对老龄化社会中老年人的精神危机，这方面的重要意义还有待于人们进一步认识。

四、结语

就手工艺本性而言，只有"生产"才能保持其生命活力，才不会因为保护而成为永生却日渐干瘪的"西比尔(Sibyll，希腊神话人物)"。但从话语本身而言，非物质文化遗产生产性保护是一个很容易产生歧义、误导的概念，所以，学术界在讨论这个话题时才会一再提出要警惕机械化、产业化。"生产

---

① 柳宗悦：《民艺论》，孙建君，黄豫武，石建中译，江西美术出版社，2002年，第162页.

② 孟蕾：《手工文化在现代文明中的重要性——以手工陶瓷分析为例》，《艺术评论》2015年第1期，第128—130页。

性保护"所期望的是非物质文化遗产能够"自力保护",其要义不在于产品化、商业化等,而在于自力更生。非遗的产品化、市场化,可能会带来非遗产品的市场需要,但非遗产品市场需要的本质只是对非遗的符号性消费,并非出于对非遗的珍爱。只有建构起社会对手工艺的真正需要,让手工艺回归生活,才能真正实现手工艺类非遗的生产性保护。就此而言,文化主体的普遍自觉,进而形成手工文化,是非物质文化遗产生产性保护之关键。当然,在工业社会与后工业社会中形成手工文化是很困难的,需要观念引导与自觉建设。

手工生产对于现代生活的意义,我们目前的认识还远远不到位,更遑论"全民中普及手工文化意识"了。但是,在后工业社会中,人们会越来越认识到自由劳作对于人的生存与发展的重要价值,不仅孩子、老人们会在手工制作中体验到愉悦,在审美自由中感受到生命的完整性及与自然的不可分割性,而且整个社会会越来越重视使用手工制品,使得手工制品的消费不再局限于收藏或少数人作为文化身份认同的消费,而会重新进入整个日常生活,这样,手工艺类非遗的生产性保护就会真正实现自力保护了。当然,这可能只是一个美好的愿景。

第三节 非遗的创新性保护①

传统手工艺类非物质文化遗产能否创新,这并非一个新鲜话题,近年来学界对此问题已多有论述。事实上,学界通常立足于手工艺类非遗的生产性保护视角展开研讨,目前学者针对相关话题的讨论主要聚焦于以下三个方面。一是徐艺乙、宋俊华、陈华文等学者对手工艺类非遗创新与其原真性"保护"之间关系的探讨。如徐艺乙认为,包括传统技艺、传统美术等品类在

---

① 此节原文题为《传统手工艺类"非遗"的创新性保护》,发表于《云南师范大学学报》(哲学社会科学版)2019 年第 3 期。

内的非遗,生产性保护原则是按照非遗本身发展的规律来实施的一种保护方式,其目的不是要把非遗的资源发展成产业,而是在于保护。① 陈华文则发现,非遗生产性保护是指具有生产性特点的非遗形态通过生产方式或过程这一独特的途径实现传统技艺和产品在原真的、就地的原则下得到保护。② 宋俊华曾鲜明地指出,生产性保护是对非遗保护过程中激进派与保守派的折中路线,强调从非遗发生本质即生产中去探索保护方法,是一种符合非遗本质的可持续保护方式。③ 二是刘德龙、朱以青等学者对手工艺类非遗创新与民众日常生活互动关系的讨论。如刘德龙认为,手工技艺是在漫长实践中形成的,它离不开当代社会民众生产生活的现实需要,保护传统与改革创新并重才是生产性保护的真谛。④ 朱以青也提出,对手工艺类非遗生产性保护的最好方式就是在生活中保持其核心技艺和核心价值,并与民众生活紧密相连,使之在生活中持久传承。⑤ 三是田阡、钱永平等学者对手工艺类非遗创新与社会文化建构关系的研究。如田阡认为,只有建构良好的文化生态环境,重构为生产者、消费者和文化精英所共享的、整体性的新意义,才能在非遗生产性保护过程中产生"合力",让"见人见物见生活"的非遗保护理念成为现实。⑥ 钱永平最近通过对山西灵尚刺绣的田野研究则发现,当地以手工刺绣技艺为核心建立起来的由设计、生产、营销和销售环节构成的刺绣产业组织,将刺绣从文化资源成功转化为文化产业,不仅再造了地方手工刺绣新的文化生态,也为社会可持续发展尤其是包容性经济发展做出了

---

① 徐艺乙:《传承人在非物质文化遗产生产性保护中的作用》,《贵州社会科学》2012 年第 12 期。
② 陈华文:《论非物质文化遗产生产性保护的几个问题》,《广西民族大学学报(哲学社会科学版)》2010 年第 5 期。
③ 宋俊华:《文化生产与非物质文化遗产生产性保护原则》,《文化遗产》2012 年第 1 期。
④ 刘德龙:《坚守与变通:关于非物质文化遗产生产性保护中的几个关系》,《民俗研究》2013 年第 1 期。
⑤ 朱以青:《传统技艺的生产保护与生活传承》,《民俗研究》2015 年第 1 期。
⑥ 田阡、陈雪:《从"意义混乱"到"意义重构"——从 1949 年来木板年画的发展看非遗生产性保护中的意义转换》,《吉首大学学报》2019 年第 2 期。

积极贡献。① 综而观之，手工艺类非遗创新与非遗生产性保护之间有着密不可分的结构关联，并且深刻影响着非遗生产性保护的地方实践进程。

进一步而言，对于手工艺类非遗是否可以创新及其具体创新方式、路径等问题，学界则形成了两种截然不同的观点。一方面，有学者提出，非遗在历史上就处于不断变化之中，并不存在原生态、本真性的非遗，因而，非遗当然可以创新，创新的成果也当然属于非遗。② 另一方面，也有学者认为，手工艺类非遗创新与保护在一定程度上是"互斥"的，非遗虽然可以创新，但创新后的成果只能说是将来的非遗，因而，非遗创新不属于非遗保护范畴，而是群众文化活动、专业艺术生产和文化市场开拓的工作目标③。后来以苑利为代表的部分学者甚至抛出了"非遗的最大价值就是其历史认识价值，非遗不能创新、改变"④等重要论断，这被学界广为讨论，并形成了非遗可否创新的一系列延伸思索。⑤ 当然，在笔者看来，部分学者主张保存文化基因固然非常有道理，但不断创新既是非遗自力保护的内在要求，也是其融入现代生活，进而发挥其应有文化影响力的必然选择。因此，问题的关键不在于手工艺类非遗是否可以创新，而是其"创新"的动力何在？ 如何"创新"才能保证其不失非遗本色？

一、创新：传统手工艺类非遗的自力保护

先谈传统手工艺类非遗为何可以不断创新。前人在讨论这个问题时，大多忘了追问一句，传统手工艺类非遗为何不可以创新。人们之所以先在预设非遗不可以创新这个问题，其实是因"遗产"这个概念，认为非遗既然是

---

① 钱永平：《论非遗生产性保护与包容性经济发展的结合之路》，《文化遗产》2019 年第 1 期。
② 康保成：《关于非物质文化遗产的改革、创新及其他》，《湖南社会科学》2013 年第 5 期。
③ 黄大同：《非物质文化遗产能否创新？》，《艺术百家》2011 年第 2 期。
④ 苑利：《救命的"脐带血"千万要保住——从非遗传承人培训说开去》，《光明日报》，2016 年 1 月 22 日，第 5 版。
⑤ 齐易：《非物质文化遗产："尊重、保护"与"提升、改造"孰是孰非？》，《文化遗产》2016 年第 5 期；张毅：《非遗保护与传承的历史使命是推动其可持续发展》，《文化遗产》2016 年第 5 期。

遗产,那无疑是应该保持其原有状态的,由此就顺理成章地提出了"原生态""本真性"等问题。殊不知非遗不同于一般遗产,它虽然关涉"工具、实物、手工艺品和文化场所"等物质性存在,但更主要的是"社会实践、观念表述、表现形式、知识、技能"[①]等非物质的、无确定形式的存在。对于无确定形式的存在,显然是无所谓"原生态""本真性"的。如果把现存状态视为历史遗留的原生状态,认为其具有一定历史价值,对这种状态进行影像留存即可,大可不必因此故步自封。历史地看,手工艺类非遗一直处于不断变化之中。"手工艺在发展中并不是一成不变地完全采用徒手和手工工具进行制作的,从最简单的人力机械到电动机械和仿形、复制技术,现代科技一点点地渗入工艺品制作技艺中。"[②]就是同一个手艺人,也不可能一成不变地重复自己的手工制作,往往会因时、因地、因人而随机应变。我们在采访"秦淮灯彩"国家级非遗传承人时,就发现一个有意思的现象,传承人一方面不时地批评其他灯彩艺人搞新花样,不是原汁原味的"秦淮灯彩",另一方面又强调,自己懂设计,会创新,比父辈做得好,自己设计之后,"拿出来让游客评,南来北往的游客,还有学者,问他们哪个好看、应该怎么做,取大家之长来补我之短"[③]。很显然,非遗传承人在实践中是自觉创新的,反对创新已然成为其借助国家力量批评他人的"权力话语"。其实,在联合国教科文组织的《保护非物质文化遗产公约》(2003 年)中从未提及"原生态""本真性"等概念,相反,倒是强调了创新问题,认为非遗在"在各社区和群体适应周围环境以及与自然和历史的互动中",可以"被不断地再创造"。联合国教科文组织保护非物质文化遗产政府间委员会在 2015 年 11 月审议并通过的《保护非物质文化遗产伦理原则》中明确提出,"非物质文化遗产的动态性和活态性应始终受

---

① 参见联合国教科文组织《保护非物质文化遗产公约(2003 年)》。

② 高小康:《"红线":非遗保护观念的确定性》,《文化遗产》2013 年第 3 期。

③ 访谈对象:曹真荣、戴玉兰;访谈人:南京农业大学民俗学专业 2016 级研究生赵天羽;访谈时间:2017 年 11 月 17 日下午 14:00～16:30;访谈地点:南京市秦淮区大油坊巷 75 号(南京东艺彩灯厂)。

到尊重。本真性和排外性不应构成保护非物质文化遗产的问题和障碍"①。

再谈传统手工艺类非遗为何必须创新。联合国教科文组织的《保护非物质文化遗产公约》(2003年)明确提出,"'保护'指确保非物质文化遗产生命力的各种措施,包括这种遗产各个方面的确认、立档、研究、保存、保护、宣传、弘扬、传承(特别是通过正规和非正规教育)和振兴"②。就此而言,非遗保护的要旨在于保护其"生命力",而不仅仅是"活态传承"。问题是,究竟如何保护非遗的生命力呢? 基于"人在艺在"的理论预设,以国家力量通过项目资助保护非遗传承人,似乎可以保证其活态传承,但却无助于确保其生命力。有时甚至适得其反,尤其在传统手工艺类非遗领域,国家力量的介入可能破坏市场的平等竞争规则,基于市场需求的内生创造力反而被遏制了。有识之士早就看到了这个问题,提出了"生产性保护"观念,确认了市场本身对于传统手工艺类非遗保护的重要意义——市场需求是传统手工艺类非遗的血液,一旦失血,国家力量的输血至多能维持其"活态",却不可能让其焕发生命力。高小康认为,"生产性保护"观念不过是再度认可了非遗的商业化,并没什么新内容。③ 其实不然,"生产性保护"观念不仅认可了非遗的产品化、商业化,还暗含了对非遗能够自力更生的期望,即基于市场需求实现"自力保护"④,这其实已经触及了非遗保护的核心问题。那么,究竟如何基于市场需求实现"自力保护"呢? 笔者认为,关键就在于能够与时俱变,不断创新。事实上,诸如扬州玉雕、宜兴紫砂壶制作、苏绣等无需"他力保护"的非遗,无不一直在求新、求变。就拿苏绣来说,一方面,它不仅使用了机器绣,而且机器绣作花样越来越丰富;另一方面,手工绣技艺也在不断创新,在平针绣、乱针绣基础上,发展出了融针绣,新近邹英姿等苏绣大师又创造出善于表现油画效果的"滴滴绣"。诸多曾是日常生活用品的手工艺类非遗,

---

① 联合国教科文组织:《保护非物质文化遗产伦理原则》,巴莫曲布嫫、张玲译,《民族文学研究》2016年第3期。

② 参见联合国教科文组织《保护非物质文化遗产公约(2003年)》。

③ 高小康:《如何为非遗的"生产性保护"划出红线》,《人文杂志》2013年第9期。

④ 季中扬:《非物质文化遗产生产性保护与手工文化建设》,《中原文化研究》2018年第3期。

也并非必然随着社会生活变迁而消失,如竹编、柳编、木雕、纸扎等,通过与时俱进地不断创新,仍然能够继续保持青春活力。如四川渠县的"刘氏竹编",传承人刘江大胆地将传统竹编工艺与现代时尚设计元素相结合,推出的竹编新品系列设计新颖别致,既满足了当代人的审美诉求,又不失传统竹编的文化韵味,市场认可度非常高,"刘氏竹编"现在不仅有技术人员近百人,产品远销30余国家和地区,年产值达500万元左右,此外还吸引了当地500多家农户加盟。①

创新后的手工艺还是非遗吗?不管是政府、社会,还是学界,都有这个疑问。一来手工艺类非遗一直处于变化之中,只是有些变化较小,手工艺人也很少标榜"创新",所以人们就误以为传统手工艺都是"向来如此"。我们能够接受历史过程中手工艺的不断变化,当然理应认可当代的传统手工艺也仍然处于历史的流变过程中,所谓"创新"不过是历史流变的自我意识而已。二是作为非遗的传统手工艺,其创新应该有一定的原则与限度,这是下文所要着力探讨的问题。

二、行业竞争:手工艺人的创新动力

如果问一问手工艺人,他为什么要一直做成这个样式,而不换个花样,他一般会说,老辈就这么做的。人们由此会得出一个结论,手工艺人是"传承"者,而不是创新者。古今中外,但凡论及手工艺人时,都会强调手工艺人不具有创新性。如《考工记》说:"智者创物,巧者述之守之,世谓之工。"殊不知创物者大多是百工中的能者,只不过他们从不以此自矜,文化精英就宣称创物者是纯粹从事脑力劳动的"智者"。柳宗悦在惊叹"杂器之美"时说,制作杂器的手工艺人"只是继承了祖传的手法,不停地毫无困惑地制作","杂器之美是无心之美"②。其实,这只是一种浪漫主义的想象,如果柳宗悦真的

① 王星伟,黄德荃:《继承与开新——四川渠县"刘氏竹编"的创新与转型》,《装饰》2016年第5期。
② 柳宗悦:《杂器之美》《民艺论》,徐艺乙、孙建君等译,江西美术出版社,2002年,第170页。

走到这些手工艺人中去,与手工艺人成为推心置腹的朋友,他一定会发现,这些手工艺人绝非是"无心"的,尤其是那些能工巧匠,之所以"手巧",恰恰是因为其"心灵",他们大多爱琢磨,善于创新。其实,日本手工艺人一直很重视创新,他们有一个观念叫"守破离",意思是说,"一开始忠实于'守护'师傅传授的形式,然后'打破'这个形式、自己加以应用,最后'离开'形式开创自己的新境界"①。

手工艺人并非不创新,也并非不能创新,只是他们为而不说,从不标榜创新。与作为文化精英的艺术家们相比,手工艺人之创新不是为了标新立异,不是为了彰显个性,其内在动力不是艺术发展的自律,而是因为行业竞争,是他律的压力。笔者曾就这个问题访谈过多个灯彩制作艺人、紫砂壶制作艺人、苏绣艺人、纸扇制作艺人,他们都说,现在竞争激烈呀,不做点新东西,是拿不到订单的。在历史上,手工艺人之所以要精益求精,要不断创新,也大多是迫于行业竞争的压力。倘若没有行业竞争的压力,又没有现代"艺术体制"中要求创新的内在律令,传统手工艺何来不断创新与发展的动力?考察瓷器、木工、泥塑、石雕等手工行业的历史,可以发现各行各业在各个历史时期形制、风格、技术都有所不同,大凡异彩纷呈的时期,都是行业竞争比较激烈的时期。

如果说行业竞争是手工艺人不断创新的动力机制,那么,对于传统手工艺类非遗来说,保护、发展、振兴一个行业就非常必要,甚至远比资助个别传承人更为重要。因为,资助个别传承人,只能保持其"活态传承"而已,很难恢复非遗自身的生命力,而没有生命力的"活态传承",就像古希腊神话中的提托诺斯,即使可以永生,却不能永葆青春,只会不断地衰老、干瘪、萎缩。

评选、资助传承人在行政层面是比较容易操作的,对一个行业进行整体性保护、振兴显然非常艰难,可能涉及宣传、教育、财政多部门协作。对于已经拥有庞大消费群体的行业来说,企业进行品牌建设是非常重要的,而对于传统手工艺行业来说,面向社会公众进行传统手工艺的形象塑造与现代审

---

① 秋山利辉:《一流匠人的成长之路》,《设计》2016 年第 6 期。

美价值传播，进而培育认同性消费群体，也许更为必要。就当代诸多传统手工艺行业来说，其实并不缺乏有创造力的传承人，真正的问题在于，我们的消费文化其实已经落入了西方社会输送给我们的文化陷阱之中，中高端消费群体迷恋西方品牌，对传统手工艺制品的现代审美价值缺乏认知，导致手工艺制品即使创意独到、做工精良，也很难产生文化附加值。就拿"刘氏竹编"来说，在同行中已经算是能够自力发展了，近百人一年也就只能创造500多万元产值。日本的"秋山木工"只有34人，据说年收入达到11亿日元。二者之间的差距从创意、做工方面很难做出合理解释，笔者认为，更为重要的因素是市场的认同性消费问题。田兆元认为，"民俗经济从本质上讲是一种认同性经济"[1]。传统手工艺消费属于民俗经济范畴，民众习惯性地、非理性地强烈认同，对于传统手工艺行业发展的拉动是不可低估的。众所周知，从事传统手工艺行业的要么是中小企业，要么是个体户，很难有实力对产品进行品牌建设以及形象与审美价值传播，这就需要公益广告的支持。但令人遗憾的是，考察一下各大媒体以及诸多大中城市的户外广告，罕见面向社会公众进行传统手工艺形象塑造与现代审美价值传播的公益广告。在非遗保护实践中，各级政府都比较重视非遗进校园工作，鼓励传承人在大中小学生中授课、带徒。但是，往往只重视"技"的传承，而忽视了在"道"的层面进行传统手工艺的现代审美价值教育。其实，相比较而言，"道"的教育远比"技"的传承更为重要，因为只有对传统手工艺的现代审美价值持续不懈地进行普及性教育，才能培养出一代代认同性消费群体，有了广大认同性消费群体，就会有内部激烈竞争的、富有生命力的行业，自然就会有"技"的传承、革新与发展。对于传统手工艺行业来说，财政支持也是非常必要的。笔者访谈"秦淮灯彩"国家级传承人陈柏华时，他就一再抱怨税负太重，企业很难扩大经营。由于传统手工艺是劳动密集型行业，"社保费"更是企业扩大生产时所难以承受的重负。减免税收、补贴"社保费"是刺激行业发展、促进振兴的强心针，应该在国家层面予以鼓励，否则，迷恋GDP的地方政府是不

---

[1]　田兆元：《经济民俗学：探索认同性经济的轨迹——兼论非遗生产性保护的本质属性》，《华东师范大学学报（哲学社会科学版）》2014年第2期。

会把这支强心针打在 GDP 贡献度较低的传统手工艺行业上的。

总而言之,保护传统手工艺类非遗,首要应该重视传统手工艺行业的整体性保护,推动其行业发展、振兴,只有整个行业有激烈竞争,有活力,才能实现"自力保护",才能真正做到生产性保护。

三、在传承中创新:传统手工艺类非遗的创新原则

不管是现代,还是在历史上,传统手工艺都并非墨守成规,而是不断地推陈出新。明代宋应星在论述陶器的历史流变时就不无感慨地说,"岂终固哉!"[①]但是,在人们印象中,为何觉得传统手工艺缺乏创新精神呢? 对于这个问题,我们与其追问传统手工艺是否真正具有创新精神,倒不如反思一下所谓"创新精神"这个话语究竟意味着什么。

在现代社会,"创新"已然成为不可置疑的价值取向。其实,"创新"精神不过是在现代社会才被广为尊崇。不管是东方,还是西方,在古代社会中,人们都更为尊崇传统,而不是创新。追根溯源,标举"创新"其实是西方近代浪漫主义文化精神的产物。尤其是所谓"积极浪漫主义",以"天才""创新"等观念向传统开战,为个性解放开辟道路。由于"创新"这个话语其实是与肯定人的个性这种现代价值取向联系在一起的,能够别开生面地创新,意味着这个人与众不同,具有一种不言自明的价值,因而,在浪漫主义"艺术世界"[②]中,不是艺术作品,而是具有创新精神的艺术家更为受人关注。20 世纪之后,随着现代主义兴起,人们对"个性""创新"的关注逐渐由艺术家转向了艺术品。不管是在浪漫主义文化精神中,还是现代主义文化精神中,其"创新"都建立在追求个性、反叛传统的基础之上。这种"创新"精神,笔者称之为"背叛性创新"。中国传统手工艺显然不具备这种创新精神,历史地看,也不具备滋生这种创新精神的文化传统。

---

① 宋应星:《天工开物·陶埏第十一》,潘吉星译注,上海古籍出版社,2008 年,第 186 页。
② 所谓"艺术世界"是指"艺术品赖以存在的庞大的社会制度"。参见 J.迪基《何为艺术?》,李普曼《当代美学》,光明日报出版社,1986 年,第 107—108 页。

笔者曾指出，在现代社会，传统手工艺在审美取向方面开始认同"美的艺术"，希望能够作为"纯艺术"进入现代"艺术世界"。① 那么，传统手工艺能否认同"纯艺术"的"背叛性创新"理念，追求个性化创作呢？首先，即便传统手工艺追求个性化创作，也未必能够为现代"艺术世界"所接纳。其次，即便其能为现代"艺术世界"所接纳，也是以迷失其本性作为代价的。就拿文人艺术中国水墨画来说，也努力地想成为现代艺术。由于诸多新水墨画不加审辨地抛弃了传统，趋附"背叛性创新"，传统水墨画内在精神事实上已经荡然无存，这些新水墨画除用了水墨这个材料之外，与传统水墨画之间已经没什么传承关系了。殷鉴不远，传统手工艺一方面应该倡导在创新中发展，另一方面又要提防为了创新而忘了传承。

康保成在论及作为非遗的传统手工艺创新问题时说，"过度强调'原汁原味'做不到，而无限度地发展、变化，则有可能使'非遗'消失，更不可取。……这里的关键是对'度'的准确掌握"②。诚然如此，但是，准确地把握这个"度"显然是不可能的。因为没办法确定这个"度"，也就没办法评估是否过"度"。与其纠结于"度"的问题，不如确定一个基本原则，即强调传统手工艺类非遗应该"在传承中创新"。

所谓"在传承中创新"，其实是传统手工艺在历史发展过程中一直践行着的一条基本原则。它包含三个方面，其一，不离不弃本源，不为创新而远离日常生活需要。手工艺与"纯艺术"不同，它的本源是日常生活需要，而非"艺术世界"中的"自律"原则。手工艺原本就是日用之物，因而，无论如何创新，都不应丢弃其生活器物之本性，成为"纯艺术"，否则，就会终将丧失其独特性以及存在的合法性。以苏绣为例，宋代就出现了艺术水准很高的"画绣"，但是，服务于美化服饰之日用需要一直是苏绣之主流，恰恰是日用需要，推动了明清时期苏绣技艺的发展，而到了当代，技艺超群的苏绣艺人几乎都在从事"画绣"制作，由于远离了日常生活需要，苏绣传承出现了危机。其二，在技艺上不断革新，不断超越，但旨在精益求精，而非为了表现个性刻

① 季中扬：《"遗产化"过程中民间艺术的审美转向及其困境》，《民族艺术》2018年第2期。
② 康保成：《关于非物质文化遗产的改革、创新及其他》，《湖南社会科学》2013年第5期。

意求新、求异。就拿紫砂壶制作来说，顾景舟之所以能将紫砂壶的影响力提升到前所未有的高度，主要得益于其超越前人的精湛技艺。据说，他仿制清代陈鸣远款的龙凤把嘴壶和竹笋小盂，曾被故宫博物院与南京博物院误作陈鸣远传世真品收藏，[①]可见其"传承"之功力，而几十年后，他之所以能帮博物院鉴定出这些仿作是出于己手，主要根据就是仿古壶的技术含量超越了陈鸣远。纵观顾景舟从艺生涯，虽然作品无数，但绝少新异之作，这并非是其创新精神不足，而是因为他秉承着一种古老的文化理念，即技艺上精益求精，臻于至善至美，也是一种创新。与技艺革新相应的是，在审美观念上要不断推陈出新。所谓"陈"，是指不合乎时代精神的审美观念及其艺术形式，而"推"并非仅仅是推开、抛弃的意思，而是"推动"，即推动其依靠内在逻辑发生转化，不断调适以适应外部变化。顾景舟年轻时以制作仿古壶成名，向来重视对传统器型的传承，但从不拘泥于古代形制，而是以现代审美意识去改进器型，如"子冶石瓢"壶早已成为经典器型，他却能潜心研究，推出"景舟石瓢"，通过身筒、壶嘴、壶把衔接等处的改进，使得"壶中君子"石瓢壶"稳重中见端庄、圆润中见骨架"，更为"精、气、神十足"[②]。再如南京云锦，本是宫廷用品，追求富丽堂皇、繁复之美，这种审美品位显然已经难以为现代人所接受，云锦制作技艺国家级传承人金文并不完全抛弃传统，而是不断改变一些传统图案，制作出一批简洁、素雅的云锦制品，市场认可度颇高。其三，不因创新而远离本民族固有之审美心理。通过艺术的吉祥寓意来祝福生活，这是中华民族固有之审美心理。考诸传统手工艺品的形制、图案、色彩，无不暗含着一种吉祥的寓意，此间包含着一种文化理念，即手工艺品的审美并不是无目的的、非功利的，而首先是为了满足人们祝愿日常生活美满的精神需要，手工艺创新不宜违背这种民族固有之审美心理。秦淮灯彩制作技艺传承人曹真荣说："做灯是讲究寓意的，要讨喜，比如狗灯，卡通狗造型就喜庆，笑眯眯的，像是趴着给人拜年，寓意是恭喜发财……我创作过飞机灯，但

---

① 吴群祥:《紫砂壶艺泰斗——顾景舟》,《艺术市场》2012 年第 15 期。
② 吴亚平:《我的师傅顾景舟》,《东方收藏》2011 年第 10 期。

不会制作枪炮子弹灯,这些寓意不吉祥。"①笔者曾见过金文创作的一幅云锦作品,画面是三朵牡丹,两只蝴蝶,空间切分恰到好处,整体色调和谐,合乎现代审美趣味。对于这幅作品,金文的阐释就与笔者大不相同,他说,牡丹寓意富贵,蝴蝶寓意"耄耋"、高寿,合起来就是富贵到老,三朵牡丹之所以不设计成对称的品字形,而是斜着排成一线,寓意是"一路发"。耐人寻味的是,在手工艺人看来,结构、色彩等艺术形式的创新居然也要立足于民族固有之审美心理。

"在传承中创新"这个原则意味着"传承"与"创新"的辩证统一,这对手工艺人提出了很高的要求,他不仅要勤学苦练,熟悉传统,能够传承,而且要有一定的理论素养,有自觉创新的意识与能力。还是以顾景舟为例,他不仅有扎实的传统文化功底,搜集、整理、研究了紫砂古籍资料,还认真学习现代美学、艺术学,深入研究与紫砂行业相关的陶瓷工艺,还发掘、研究了宜兴地区的古窑址,甚至学习化学,用以分析紫砂土原料。正如研究者所言,顾景舟之所以能成为"紫砂泰斗",绝非仅仅因为他做壶的水平出神入化,更为重要的是,他有着远远超出一般手艺人的文化修养和审美品位。②

四、结语

19世纪后期到20世纪初,西方民俗学界认为,民俗就是前现代社会的"遗俗",对此,马林诺夫斯基尖锐地指出,"遗俗"的观念包含了"文化的安排可以在失去了功能之后继续存在"的意思,其实不然,一切文化要素,"一定都是在活动着,发生作用,而且是有效的"③。就此而言,属于"遗俗"范畴的传统手工艺类非遗,并非仅仅是"文化遗留物",它们既然能存在于现代社会,就必然是活动着的,发挥着现代功能的。这也就是说,传统手工艺类非

① 访谈对象:曹真荣,秦淮灯彩制作技艺传承人;访谈人:赵天羽,南京农业大学民俗学专业 2016级研究生;访谈时间:2017年11月17日下午;访谈地点:南京东艺灯彩厂。
② 张明:《紫砂转型之变的推动者顾景舟》,《装饰》2017年第8期。
③ 马林诺夫斯基:《文化论》,费孝通译,华夏出版社出版,2002年,第13—15页。

遗不可能不变化、不发展,不基于现实需要而主动创新,而且,唯有不断创新,才能与时俱进,才能依靠自力实现活态传承。传统手工艺不同于已经从日常生活中分化出来的一般民间美术,它仍然具有产业的特质,因而,在保护实践中就需要着力于激活整个行业的活力,而不能仅仅保护几个传承人。传统手工艺作为非遗,它还必须制约于非遗的内在规定,在生产实践中,它不能仅仅是创作者的艺术个性与艺术观念的表达,而是要遵循"在传承中创新"这个基本原则。其"创新"应该是不离不弃本源、技艺上精益求精、尊重民族固有审美心理,推陈出新,而非背叛传统、刻意求新。

第四章
非遗保护与文化认同

第一节　非遗空间保护与文化认同[①]

　　由于非物质文化遗产往往只能存在于特定的时空中，一旦其赖以生存的整体文化生态遭到破坏，保护充其量只是一种"临终关怀"。针对这个困境，联合国教科文组织在 1998 年发布的《人类口头与非物质遗产代表作条例》中首次明确提出对"文化空间"进行保护，即对特定文化形态的整个生活空间进行整体性保护。在首批公布的世界非物质文化遗产的 19 个代表作中就有乌兹别克斯坦的博桑地区、俄罗斯的塞梅斯基、多米尼加的维拉·麦拉康果斯等 5 个文化空间。与有形文化遗产保护不同，非物质文化遗产保护始终伴随着诸多争议，尤其是空间保护，其中暗藏着非常敏感的文化政治议题：文化变迁过程中的权力控制，以及文化认同与文化冲突等。在西方，既有人主张"新的差异文化政治"，提出"以多样性、多元性和异质性之名抛弃单一和同质"[②]，也有人认为"在目前条件下，真正的文化多元化

---

① 此节原文题为《非物质文化遗产空间保护与文化认同困境》，发表于《江苏社会科学》2013
　　年第 5 期。
② ［美］科内尔·韦斯特：《新的差异文化政治》，见罗钢、刘象愚主编《文化研究读本》，中国社
　　会科学出版社，2000 年，第 145 页。

不再可行"①。甚至一些西方国家由于担心非物质文化遗产保护会导致种族与宗教冲突，并不支持联合国教科文组织 2003 年发布的《保护非物质文化遗产国际公约》。② 国内"非遗"空间保护实践中是否遭遇了文化认同问题，以及如何解决这个问题，这是本文思考的出发点。

一、"非遗"空间保护的国内实践

国内"非遗"空间保护实践发端于 20 世纪 90 年代中后期，有两种主要形态，一是直接来自西方模式的生态博物馆，二是自主规划、建设的文化生态保护区。在 1971 年的国际博物馆会议上，G.H.里维埃和 H.戴瓦兰首次提出了生态博物馆概念，这个概念及其实践的影响很快波及全球。据统计，目前全球已有 400 多座生态博物馆。1998 年 10 月，中国和挪威合作在贵州六盘水市建成国内第一个生态博物馆——梭戛生态博物馆，此后，贵州又建立了三个生态博物馆，广西也建立了多个生态博物馆，如南丹县湖怀里村白裤瑶生态博物馆、靖西县旧州村壮族生态博物馆和三江县侗族生态博物馆等。几乎就在贵州建设生态博物馆的同时，云南省自主规划、筹建了多个民族传统文化保护区（村），如腾冲县和顺汉族文化生态村、景洪市基诺乡巴卡基诺族文化生态村、石林县月湖彝族文化生态村等。③ 2005 年以来，由于国家级非物质文化遗产项目申报工作的开展及其影响，"非遗"空间保护逐渐由民族地区扩展到全国，尤其是晚近几年，东部沿海地区也纷纷建设文化生态保护区，如福建闽南文化生态保护实验区（2007 年）、广东客家文化（梅州）生态保护实验区（2010 年）、浙江海洋渔文化（象山）生态保护实验区（2010 年）、江苏洪泽湖非物质文化遗产保护区（2011 年）等。虽然国内的文

---

① ［英］厄内斯特·盖尔纳：《民族与民族主义》，韩红译，中央编译出版社，2002 年，第 72 页。
② ［荷］威姆·冯·赞腾：《建立保护活文化的项目：诉诸创造力》，王文章主编《非物质文化遗产保护国际学术研讨会（2004）论文集》，文化艺术出版社，2005 年，第 91 页。
③ 杨雪吟：《生态人类学与文化空间保护——以云南民族传统文化保护区为例》，《广西民族大学学报（哲学社会科学版）》2007 年第 3 期。

化空间保护理念来自西方，但在实践过程中逐渐形成了鲜明的本土特色。

　　一是以保护活态文化为首要目的。就 G.H.里维埃提出生态博物馆理念初衷而言，是以博物馆的形式收藏、研究、学习有形文化遗产，[①]其时非物质文化遗产概念还不为人们所知。从全球生态博物馆发展实践来看，也主要侧重于对农业或工业文明的遗址、建筑等有形遗产的收藏与展示，比如法国有 41 个生态博物馆，其重要类型是"通过解释、展出、建筑物、出版物、遗留物为中心的生态博物馆"[②]；瑞典有 12 个生态博物馆，只有 1 个生态博物馆是表现少数民族文化的，3 个生态博物馆是表现环境的，多数生态博物馆是收藏工业化进程中居民生产、生活的物态化成果。[③] 欧洲之外的地区，如台湾等地，其生态博物馆也主要是为了保护各种有形的历史遗迹。[④] 与海外相比，中国大陆地区在 2008 年之前已经建成的 16 个生态博物馆中，几乎无一例外都是建立于传统文化资源丰富的民族地区，而且都是以保护活态文化为首要目的。发轫于云南的各类文化生态保护区，也是以保护活态的非物质文化为主旨。原文化部副部长周和平明确指出："文化生态保护区是以保护非物质文化遗产为核心，对历史积淀丰厚、存续状态良好、具有鲜明地域文化特色和价值的文化形态进行整体性保护，以促进经济社会全面协调可持续发展而划定的特定区域。"[⑤]

　　二是面临着发展与保护的悖论性困境。由于西方发达国家的社会发展相对均衡，社会形态与经济形态基本上是同质的，非物质文化遗产保护往往出于某个社区居民的一种文化自觉，因而一般不会遭遇文化保护与经济发展之间的矛盾。国内的非物质文化遗产保护区大多建立于边远的民族地区，这些地区经济相当落后，比如梭戛生态博物馆所在地陇戛寨，在建馆时还保持着刀耕火种的生活方式，住的几乎都是茅草房，而且居民家中几乎没

---

① ［法］乔治·亨利·里维埃：《生态博物馆——一个进化的定义》，《中国博物馆》1986 年第 4 期。

② ［法］阿兰·茹贝尔：《法国的生态博物馆》，《中国博物馆》2005 年第 3 期。

③ ［瑞典］伊娃·贝格达尔：《瑞典的生态博物馆》，《中国博物馆》2005 年第 3 期。

④ ［台湾］张誉腾《台湾的生态博物馆：发展背景与现况》，《中国博物馆》2005 年第 3 期。

⑤ 周和平：《中国非物质文化遗产保护的实践与探索》，《求实》2005 年第 4 期。

有任何家具,全村只有一口井,一年中有3个月的时间要到山下背水吃。在这些地区,经济发展,而不是文化遗产保护,往往是地方政府的首要任务。国内生态博物馆建设的首倡者苏东海先生指出,民族地区"古老文化所以能够传承至今,是因为他们仍生活在产生这些文化的古老环境中。一旦融入主流社会,古老文化就逐步丧失了固有的社会环境而濒临消失。因此在中国,在这些正在摆脱贫困的村寨中建立生态博物馆就是为了保护文化传统的多样性,使这些村寨在现代化过程中不会丧失自己"①。但是,任何人都没有权力为了保护文化的多样性而让一个民族或地区留守于前现代的文化空间中,成为某种文化形态的活化石。如何在理论与实践中探索出发展与保护的良性互动方式,这是中国非物质文化遗产空间保护研究面临的一个重要课题。

三是文化保护的民间参与、民间自治意识薄弱。政府不仅扮演着文化保护的主导者角色,甚至往往要负责日常管理。非物质文化遗产以及文化空间保护是来自于西方后工业社会的文化理念,蕴含着对现代文化的反思与高度的文化自觉意识。目前还处于向工业社会过渡阶段地区的居民,毫无疑问不可能对自身的文化特色产生自觉意识,这就需要文化专家的介入与政府部门的引导。另一方面,由于这些地区的居民相对贫困,也无力进行公共文化设施建设,甚至没有闲暇时间参与无偿的公共文化事业管理,这在客观上造成不得不借助于政府的行政管理。以贵州梭戛博物馆为例,从对具有代表性的生态建筑、生产生活的代表性实物、工艺刺绣品等进行登记管理,到对道路、水电、学校等公共设施建设,以及资料信息中心的设计与建设,无不是行政部门直接负责,甚至对当地居民进行文化遗产知识培训的培训班,如"箐苗的记忆"培训班,都是由行政部门牵头成立。

二、"非遗"保护区内居民的文化认同困境

非物质文化遗产空间保护的基础是广泛的文化认同,没有保护区内居

① 苏东海:《生态博物馆的思想及中国的行动》,《国际博物馆(中文版)》2008年第Z1期。

民的广泛的文化认同,文化遗产保护工作根本就无法开展。联合国教科文组织 2003 年发布的《保护非物质文化遗产国际公约》中明确提出,在"非遗"保护实践中,要使居民"自己具有一种认同感和历史感",然而,就国内"非遗"空间保护实践来看,保护区内居民的文化认同状况却非常令人不安。

认同以情感需求与理性认识为基础。以此考量,我们发现"非遗"保护区内居民既缺乏文化认同的内在需求,也缺乏认知非物质文化遗产理念的必要的知识结构。文化认同作为自觉的文化意识其实是现代性的产物,是一种集体归属感的诉求,根源于对现代社会中无根基的漂泊感的厌倦。毫无疑问,国内"非遗"保护区内居民没有经历过现代化进程的洗礼,不可能自发地产生文化认同的情感需求。在任何同质性的文化空间中,就像鱼在水中,人们几乎意识不到生活方式意义上的文化的存在,更遑论认同? 只有在文化变迁过程中面临冲突性的选择时,人们才会意识到自己文化上的存在;只有在后工业社会中,文化成为一种身份识别符码时,人们才会萌生强烈的文化认同感。这也就是说,"非遗"保护区内居民在一定时期内既不会觉得拥有一种独特的文化有着不可或缺的意义,也不会觉得失去自己固有的文化会感到很痛苦。对此,文化保护专家认为,可以通过培训、教育,使保护区内居民逐渐认识到传统文化的历史价值,从而建构认同感。这在理论上是可行的,但应该充分考虑实践方面的难度。因为,即使在西方现代文化语境中,人们接受非物质文化概念也经历了一个漫长的历史过程。如果从 1790 年法国国民议会设立遗产保护机构算起,遗产保护理念在西方至少已有 200 余年历史,直至 20 世纪中后期,随着对启蒙现代性的反思,尤其是对现代化进程中人的"异化"与"物化"的反思,以及对"他者"文化的宽容、尊重与文化多元主义逐渐成为一种新的文化理念时,人们才进一步认识到遗产并非仅仅是有形的文化成果,更重要的是人类生产、生活的过程与实践,是形态各异的生活方式及其表征体系,从而才认识到保护活态性的非物质文化遗产的重要性。我想,以国内文化生态保护区内居民的现有认知图式,在短时期内真正理解、接受如此复杂的文化理念,是非常艰难的!

就现实情况来看,那些原本非常封闭的"非遗"保护区,往往因为"保护"

措施,如为了方便外来游客而修路、通电、建设酒店等,突然之间被"抛入"到现代世界,进入到全球游客蜂拥而至的全球性空间中,区域内居民面对强势的外来文化,第一反应不是在"他者"的镜像中确认自我,而是在对比的巨大反差中涌起强烈的文化自卑感,转而认同于"他我"。文化人类学家方李莉在考察梭戛生态博物馆时发现,那些在寨子里有威望的寨佬、寨主,他们能够在熟悉的传统习俗中自如地处理寨子里的事务,但是面对外来的官员、专家,他们就丧失了所有的勇气和自信,居然自认为不如一位只读了几年书的孩子。对此,方李莉感慨地指出:"在彻底失语的状态下,他们根本不会看得起自己的文化,更不会去珍惜自己的文化。他们所希望做的一切就是如何去挣脱这一传统文化的枷锁,如何去学习一门全新的文化,如何去取得真正属于自己的话语权。"①

与边远地区/民族地区的"非遗"空间保护境遇不同,经济发达地区的"非遗"空间保护面临着一个更为复杂的文化认同困境。一是现代化程度比较高,不管在物质层面,还是在精神层面,这些地区事实上已经进入了现代社会,尤其是学校教育的普及使得大部分居民基本上接受了科学、法制等现代文化理念,但其文化的核心层次尚未彻底变革;二是由于情感的依恋与习俗的力量,在一定程度上保存了独特的传统文化,但是,这并不意味着他们对于传统文化有自觉的认同感与归属感;三是在利益的驱动下,为迎合游客的文化想象,当地居民往往自觉与官方、学者配合,不断再造所谓的文化传统,比如浙江的禹陵村,为了景区环境整治,地方政府从 1995 年开始对其搬迁,2000 年前后,具有几千年文化传统的古村落已经消失殆尽,现在所谓的禹陵村其实是 2006 年重建的一个旅游景点,而不是真正的生活社区,但是,仍然有村民像往常一样在其中生活,举行民间祭奠活动,但这种"生活"无疑只是一种表演。总而言之,经济发达地区的"非遗"空间内多种文化形态混生、叠加,文化空间意象极其复杂,当地居民已经难以分辨何为自己的文化,何为外来的文化,甚至难以区分何为现实的文化,何为臆想的文化。差异、

---

① 方李莉:《警惕潜在的文化殖民趋势——生态博物馆理念所面临的挑战》,《民族艺术》2005 年第 3 期。

特质、边界是建构认同的基础,多种文化形态的混生、叠加意味着文化认同感的混乱,而缺乏文化认同感与历史感,就不可能坚守固有的文化传统,从而在文化变迁过程中调适与外在环境的关系,在不断创造过程中保持文化的连续性。事实上,这些地区诸多所谓的传统文化都是近年"非遗"保护热潮中重新挖掘、整理、建构的,这种"重构传统"现象固然有利益驱动的因素,但是,其中也透露出人们对"自己的"文化的认同需要,这种内在的认同需要建立在社会发展与一定的理性认识基础之上,是边远地区/民族地区的居民所缺乏的。

三、走出困境的理论与策略

通过对国内"非遗"保护区居民文化认同状况的考察,我们发现其主要问题是缺乏认同的心理诉求以及认同感混乱,而不是西方国家所担忧的文化原教旨主义与文化冲突。对此,有不少学者质疑"非遗"空间保护理念与实践,认为文化保护者的介入不是唤醒了被保护者的文化自觉意识,反而破坏了固有的文化生态环境,造成保护区文化断裂性地突变。方李莉在考察梭戛生态博物馆后说:"在这里我们看到的是新的文化在各个领域里都取得了全面的胜利,新旧之间的交替使紧系着传统文化的绳索正在发生着断裂。……长角苗传统文化面临的,不再是我们常说的变迁,而是迅速的重构。"[①]诚然,"非遗"空间保护作为外来的文化理念有个本土调适过程,不管在理论方面还是在实践方面都需要进一步完善。

首先,我们应该正确认识发展与保护的关系问题。就国内诸多"非遗"保护区实际状况来看,保护的效果确实堪忧,但是,通过文化保护活动确实促进了区域发展。严厉的批评者认为,这是借保护之名来发展经济,是买椟还珠,挂羊头卖狗肉,是一种短视的功利主义行为。其实,如果为了保护而一味要求保护区维持原生态,这不仅不切实际,而且是对保护区居民的不

---

① 方李莉:《文化变迁的不同模式——贵州梭戛生态博物馆考察所引发的思考》,见方李莉、于慧芳主编《社会变迁中的知识运动》,北京大学出版社,2011年,第161页。

公。早在2004年,周星就提出,"人为建构某种人工的类似'自然保护区'之类的构想,由于涉嫌把其中的人民也当作'物'或'自然'一样的存在,不仅有违人道尊严,也漠视了他们对发展和现代生活的追求,其实是颇为危险的"①。当然,这不是否定"非遗"空间保护理念本身,而是提醒要提防其中所隐含的危险倾向,即为了保护而剥夺他人对生活方式的选择权利。从某种意义上说,在全球现代性的文化空间中,认同于现代生活方式而不是传统的前现代的生活方式,这是正常的。试想,有了自来水,梭戛的女人有必要到山下背水吗?尽管其背水的木桶非常精致美丽,"在绿色的树丛中,姑娘们的身影时隐时现,真是一幅吸引人的图画"。当我们强调保护区居民应该认识到传统文化的历史价值,认同、热爱自己的文化时,我们往往不自觉地采用了双重标准,正如玛格利特·乔莉所批评:"当我们改变时,即可称为'进步',而当他们土著人一样发生改变时,特别是当他们采用了我们的先进事物时,则应被称为一种'成熟化',或'文化的丧失'。"②

认同于现代生活方式,而不是固有的传统文化,这是大多数后发现代性民族、地区的通常选择。只有经历了物质丰裕的现代化阶段之后,人们才会内在地需要认同"自己的"文化,由此"发现"传统文化的价值。因此,我们不必为文化保护区内居民现阶段缺乏文化认同感而过分忧虑,当然,也不是说应该放任自然。文化在自然变迁过程中,既可能在新的境遇中保持创造力与发展的连续性,也可能断裂、消失,出于历史责任感,政府与文化专家应该采取措施保护某些文化形态。问题的关键在于,"他者"如何介入才能维护文化主体的主人地位,维护其文化自信心。

国外的主要解决办法是建立各种培训中心,让文化专家通过培训帮助保护区内居民建构认同感与历史感。比如,加拿大建立第一座生态博物馆时就首先建立了培训中心,对居民进行了为期3年的培训。挪威学者帮助中国在贵州建立生态博物馆时也十分重视对地方干部和寨子里居民的培

---

① 周星:《民族民间文化艺术遗产保护与基层社区》,《民族艺术》2004年第2期。
② 转引自[美]马歇尔·萨林斯:《何为人类学启蒙?》,《甜蜜的悲哀》,王铭铭、胡宗泽译,生活·读书·新知三联书店,2000年,第111页。

训。但是，国内大多数文化保护区都缺乏文化专家的介入。就拿梭戛生态博物馆来说，已经建馆 10 多年了，甚至没有国内专家对其进行持续地观察、记录、研究，更遑论有计划地对居民进行培训了。缺乏文化保护的专业人员是一个问题，更为重要的问题是，作为教育者的文化专家以何种姿态、话语从事他的工作。比如，专家们经常说"你们的"文化是非常有特色的，是珍贵的历史遗产，应该珍惜、热爱。但是，这所谓"特色"并非出自文化主体的内在优越感，而是出自"他者"的视域，是理性知识的一种建构，这种建构的逻辑背后隐藏着一种权力意识："你们"与"我们"不一样，此间的"差异"是值得"我们"欣赏的，因此，"特色"可以转化为经济资源，对"你们"是有好处的。这种居高临下的姿态，这种权力操控的逻辑，如何能让文化保护区内居民对自己的文化产生自信心与认同感？此外，文化专家操持的往往是一整套知识话语，一方面，这种话语是居民所陌生的现代理性思维的产物，另一方面，这种话语其实是让居民习惯于以"他者"的视角来看待自己的文化，结果要么居民无法接受这些话语及其观念，要么因为接受而实质上被彻底剥夺了文化的主人地位，造成"事实上外来力量成了村寨文化的代理人，村民则从事实上的主人变成了名义上的主人"①。

　　总而言之，在全球现代性的语境中，没有"飞地"或"壁龛"能够保存前现代的文化形态，因此，"非遗"空间保护的要点不是"原样"保护，而是保护其文化的生命力，通过文化专家的积极介入，维护保护区内居民的文化自信心，帮助他们调适固有文化来完成现代性转型，在这个大框架中，培育其文化自觉意识与文化认同感。这是一个长期的、艰苦的工作，因为，文化专家只有先融入到研究对象的文化中，才能改变自己的"他者"立场，转换自己所操持的理性知识话语，达成以文化主体的视角体认、同情"他们的"文化，由此才能真正为"他们"所接纳，才能让"他们"真正觉得自己的文化是有魅力的，从而获得文化的自信心，产生认同感。

---

① 苏东海：《建立与巩固：中国生态博物馆发展的思考》，《中国博物馆》2005 年第 3 期。

第二节　非遗的共享性与文化认同①

习近平总书记先后提出"中华民族伟大复兴""铸牢中华民族共同体意识"等重要思想。从学术角度来看,这些政治话语意味着正在沟通国家认同与民族认同,把"国家予以民族化"②。国家认同往往基于某种意识形态及其具体的社会文化实践,如广播与电视等大众媒介所提供的全民共享的、日常生活的文化;民族认同则扎根于传统与记忆,有赖于特定情境的"激活",二者之间有着一定间隙。尤其对于多民族国家而言,这个间隙表现为复杂的层次性、差异性与认同的多元性。如何在差异性中发现共同性,如何基于多元性建构一体性,如何整合历史记忆的碎片,重构当下"想象的共同体",这些都是缝合国家认同与民族认同间隙过程中亟需思考的理论问题。

在实践层面,视觉形象是思考上述问题的关键切口。一方面,形象作为表征,不仅可以激活人们的情感与观念,而且"形象提供了一种方法,把一种想象的一致性强加给分散和破碎的经验"③,是建构民族认同的重要手段之一;另一方面,在全球化时代,国家的、民族的、地方性的形象认同机制遭遇了严峻挑战。早在 20 世纪 80 年代,菲利普·施莱辛格等人就已经注意到卫星播送对国家认同的影响,④21 世纪以来,网络制造了海量的新异形象,

---

① 此节原文题为《民族民间视觉文化的共享性与文化认同》,发表于《中南民族大学学报》(人文社会科学版)2022 年第 2 期。

② Brubakeroges,Nationalizing States Revisited: Projects and Processes of Nationalization in Post-soviet States,*Ethnicand Racial Studies*,2011,34(11):1785 - 1814.

③ 斯图亚特·霍尔:《文化身份与族裔散居》,《文化研究读本》,罗钢、刘象愚译,中国社会科学出版社,2000 年,第 210 页,第 252—256 页。

④ Schlesingerp,Any Chance of Fabricating Eurofiction? *Media Culture and Society*,1986,8(1):125 - 131.

增加了传播的不可控性,其对人们视觉经验的冲击更非卫星电视所能比肩。电子媒介形象的无序传播,对国家认同、民族认同影响之深,目前还难以估测,尚待进一步观察、研究,但媒介只是工具,我们应该警惕的不是媒介本身,而是其传播的文化与形象。有鉴于此,本文旨在讨论传统的民族民间文化形象是否存在某些共同性,可以促进中华民族文化认同;基于传统文化元素的形象再造与传播,是否有利于铸牢中华民族共同体意识。

当然,讨论"认同"与民族共同体意识的建构,离不开特定的学术思想脉络。德国学者白瑞斯文指出,"认同"已经成为民族学的基本概念,"今天的人们不再关注复杂多变的民族和民族性现象,转而聚焦于身份认同的各种不同方式"①。这个转变的背后,是厄内斯特·盖尔纳、本尼迪克特·安德森、埃里克·霍布斯鲍姆等人基于建构主义立场对民族性与民族主义的思考。盖尔纳认为,民族产生不是必然的,它是人的信念、忠诚和团结的产物;使人们成为民族的,是他们对伙伴关系的相互承认,而不是使这个类别的成员有别于非成员的其他共同特征。② 安德森提出,民族是"想象的共同体",民族归属、民族属性与民族主义都是一种"特殊类型的文化的人造物"③。霍布斯鲍姆进而提出:"民族不但是特定时空下的产物,而且是一项相当晚近的人类发明。"④与民族性概念不同,认同概念强调人的主体意识。此间又有两种情况,一是强调个体与族群在血缘、语言、宗教、风俗习惯等方面根基性的联系,但并不以生物性特征与客观的文化传承来定义族群,"相反,他们相当注意主观的文化因素";二是倾向于以政治、经济资源分配来解释族群形成、维持与变迁及其认同意识。⑤ 总而言之,从"认同"的角度讨论民族问题,意味着不再把民族视为客观的社会实体;意味着从主观感受,而不是以客观

① 白瑞斯文:《从民族和民族性到文化认同欧洲民族学核心概念的转变》,吴基诚、马倩霞译,王霄冰校,《江西社会科学》2013年第11期,第252—256页。
② 厄内斯特·盖尔纳:《民族与民族主义》,韩红译,中央编译出版社,2002年,第9页。
③ 本尼迪克特·安德森:《想象的共同体:民族主义的起源与散布》,吴叡人译,上海人民出版社,2005年,第4页。
④ 埃里克·霍布斯鲍姆:《民族与民族主义》,李金梅译,上海人民出版社,2000年,第10页。
⑤ 王明珂:《华夏边缘(增订版)》,浙江人民出版社,2013年。

标准去界定民族;意味着承认民族传统是可以"发明"的,民族共同体意识是可以建构的。

一、文化认同与中华民族共同体意识

早在 2014 年,习近平总书记就提出,"文化认同是最深层次的认同,是民族团结之根、民族和睦之魂"[①]。进而言之,文化认同也是中华民族共同体意识的"根"与"魂"。为何说文化认同,而不是政治认同、族群认同是中华民族共同体意识的"根"与"魂"? 这是一个值得深入探究的问题。

1. 历史地看,中华民族共同体意识根源于文化认同。

"中华民族"概念是近代才出现的,[②]是中国、华夏、民族三个概念复合而成的。华夏概念产生于西周末年,战国时出现了华夏共同始祖黄帝名号,"标示着华夏认同演进的完成阶段"。"中国"起初是指周天子所居之王畿,后来指华夏族活动区域,直到魏晋时期,"中国"还主要指中原地区。但是,自司马迁《史记》开始,"中国"就成了历朝历代的通用国名。[③] 从华夏、中国概念形成过程来看,中华民族概念虽然是晚近才出现的,但是,正如费孝通所言,中华民族作为自在的民族实体,其实古已有之。[④] 而且,华夏族本身就是诸多族群相互认同的结果,两汉之后,华夏族不断融合周边族群,才最终形成了中华民族这个民族大家庭。在此历史过程中,起关键作用的,不是战争与政治,也不是经济贸易,而是文化。在儒家观念中,华夏是一个没有边界的共同体,"人种、语言等区别并不具有本质意义,外夷只要学习儒家道德文化,即所谓以夏变夷,亦能纳入这一没有边界的共同体,成为华夏

① 中共中央文献研究室:《习近平关于社会主义政治建设论述摘编》,中央文献出版社,2017年,第157页。

② 郑师渠:《梁启超的中华民族精神论》,《北京师范大学学报(社会科学版)》2007年第1期,第71—81页。

③ 何志虎:《中国得名与中国观的历史嬗变》,三秦出版社,2002年,第98页。

④ 费孝通等:《中华民族多元一体格局》,中央民族学院出版社,1989年。

的一部分"①。正如韩愈在《原道》一文中所言,从孔子作《春秋》开始,就已经确立了一个重要原则"进于中国则中国之"。也就是说,认同"中国""华夏",是主体自由选择的结果,既不强迫,也不排斥。事实上,辽人与金人既称北宋为"中国",也自称"中国",很显然,这种"大中国"意识不是政权意识、族群意识,而是基于文化认同的中华民族共同体意识。

2. 文化认同并非稳固的身份归属感,而是指对某种文化的亲近感,以及共享其历史、现在与未来的愿望。

作为学术概念的"认同"是英文 identity 的汉译词汇。identity 除译为"认同"之外,还常常译为"身份"或"同一性"。事实上,在西方学术界,identity 主要指主体自觉的身份意识,与此相应,cultural identity 一般译为"文化身份"。但在中文语境中,"文化认同"概念往往并不强调"文化身份"的意思。在《现代汉语词典》(第七版)中,"认同"一词的第一条语义是"认为跟自己有共同之处而感到亲切",编者释义之后还专门举出"民族认同感"一词作为例证。《现代汉语词典》(第七版)编写于 2016 年,编者显然知道"民族认同感"一词中的"认同"概念来自英文 identity,却刻意回避其"身份"含义,这是耐人寻味的。这折射出国内学术界对西方理论的选择性"拿来"态度。我们关注的是个体对民族的亲近感,而不是个体自身的身份意识。由于民族文化认同并不等同于民族身份意识,这意味着文化认同可以包容不同的民族主体。换句话说,其他民族,甚至其他国家的人也可能对华文化产生认同感。诚然,与本质主义的民族身份意识不同,民族文化认同具有开放性、包容性与多元性。但是,在中国这样多元一体的多民族国家中,民族文化认同既具有包容性、多元性,又有着等级差序。一方面,中华民族文化认同并不排斥特定的民族文化认同,相反,特定的民族文化认同恰恰是中华民族文化认同的有机组成部分。只有经由具体的、特定的民族文化认同,才能真正产生中华民族文化认同感,一旦脱离特定的民族文化认同,片面强调中

① 金观涛、刘青峰:《观念史研究:中国现代重要政治术语的形成》,法律出版社,2009 年,第230 页。

华民族文化认同就易沦为空洞的说教。另一方面,只有在中华民族文化认同意识之中,特定的民族文化认同才不至于成为狭隘的民族主义,也就是说,中华民族文化认同要高于特定的民族文化认同。只有本着这样的思想情感,文化认同才能真正成为中华民族共同体意识的根基。

3. 本质主义的民族身份并非文化认同的前置条件,民族文化认同是可以培育、建构的。

历史地看,中华民族文化认同与共同体意识始终是开放的、包容的、建构的,无论何地、何人都可亲近、认同中华民族文化,产生文化共同体意识。由此更进一步的问题是,从国家视角来看,如何培育、建构文化认同呢? 法国学者马尔丹提出的"认同叙事"(The Identity Narrative)概念对于思考这个问题有一定启发性。马尔丹认为,个体身份认同与群体认同都离不开交流与叙事,认同叙事是权力斗争的武器,同时也是建构"想象的共同体"的工具,认同叙事的目的就是让共同体成员获得共享某种有别于其他社群东西的感觉,进而在权力斗争中激发群体"良知",动员共同体;追溯性叙事尤其能够激发群体意识,在此过程中,重写过去,也就是霍布斯鲍姆与兰格所谓的"传统的发明",是一个重要策略;马尔丹还指出,在认同叙事实践中,少数人扮演着重要角色,他们可能是先知、哲学家或诗人、理论家、伊玛目或牧师、政治领袖、协会负责人或律师,他们会宣称,他们拥有其他社群所没有的特质,这种特质扎根于历史,必须捍卫,必须坚持。① 马尔丹对"认同叙事"持批判态度,认为个体面对认同叙事时,是可以选择的,最好干脆拒绝他们。其实,从国家视角来看,马尔丹所分析的"认同叙事"策略恰恰是具有建设性的,他揭示了认同建构与民族历史、与文化精英之间的内在联系。当然,也要警惕认同建构落入自我封闭,同时令"他者"惊疑的陷阱之中。

具体到中华民族文化认同与共同体意识建构来说,文化精英需要讲好故事,要善于"发明"传统。在具体实践过程中,既要重视文化的大传统,也要充分重视民族民间文化等文化的小传统。其实,就民族文化交流历史来

---

① Denis Constant Martin, The Choice of Identity, *Social Identity*, 1995, 1(1):5-18.

看,文化小传统的影响力往往更为深远。如"壮族三月三"就不仅仅是壮族的传统节日,也是广西汉族、瑶族、侗族、苗族等民族的传统节日。再如赛龙舟,不仅流传于大江南北,也流传于广西、贵州、云南的民族地区。就视觉文化而言,如色彩、图案,以及各种日常之物,尤其往往为多民族所共享。深入挖掘、保护、创造性利用这些共享的文化元素,显然有助于激发不同群体的文化亲近感,有利于铸牢中华民族共同体意识。令人欣慰的是,在马尔丹看来,主体间自发、自觉的文化交流与再创造恰恰是超越"认同叙事"陷阱的重要路径。

二、共享视觉经验:色彩、图案与日常之物

苏珊·桑塔格在《形象世界》一书中写道:

> 当一个社会的主要活动之一是生产和消费形象时,当形象对经济健康、政治稳定和个人幸福的追求变得不可或缺时,这个社会就进入了"现代"。这时,形象拥有非凡的力量,能决定我们对真实的要求,而且形象本身成为令人向往的直接经验的替代品。[1]

毫无疑问,我们已经身处于这样的现代社会之中。在这个时代,形象与视觉经验深刻影响着人们的情感选择、理性判断与价值取向。其实,在任何时代,视觉经验对于人类都是极其重要的。尤其文化亲近感的培育,即文化认同的塑造,更是离不开视觉经验。在日常经验中,见过似乎比听说过更容易产生"熟悉"感,而"熟悉"感是亲近与认同的心理基础。因而,要模塑中华民族文化共同体意识,首要应该重视形象与视觉经验。事实上,在中华民族文化认同实践中,人们的确高度看重具有象征意义的视觉形象。旅美民俗学家张举文就曾介绍过一个案例,2006 年秋,美国俄勒冈州波特兰市的唐人街立起一个作为街灯的石雕龙,由于这个龙形象与当地华裔心目中的龙

---

[1]　苏珊·桑塔格:《形象世界》,陈永国著《视觉文化研究读本》,北京大学出版社,2009 年,第119 页。

形象差距较大,华裔社区组织了抗议,最后该石雕就被拆除了。[①]

在现代社会,随着摄影、录像、扫描、数码影像、3D打印等形象制造技术的飞速发展,人类每天都生产着海量形象,我们几乎淹没在各种形象之中。过度丰富的视觉经验损害了我们的形象记忆,几乎任何形象都难以让人印象深刻。在古代社会却不是这样,由于生产形象的技术水平较低,人们往往能够长时间共享某种形象,形成共通的视觉经验与视觉记忆。当然,即使在古代社会,建筑、服饰、绘画,以及各种人文与自然景观,形象也是非常丰富的,不同地域、不同民族,人们的视觉经验似乎也千差万别。但是,只要处于相同或相邻的文化圈,人们往往共享着相似的视觉经验,其经验对象主要由色彩、图案与日常之物构成。

在视觉经验对象中,色彩体系居于核心位置。正如鲁道夫·阿恩海姆所言:"严格说来,一切视觉表象都是由色彩和亮度产生的。"[②]尤其在少数民族社会中,色彩"浸透了普通语言和行为不便或不能表达的意义"[③]。艺术史与艺术人类学研究表明,中华民族,甚而在中华文化圈之内,人们长期共享着一套色彩体系。早在新石器时代,从黄河中游的老官台文化、仰韶文化,到黄河上游的马家窑文化、齐家文化,再到黄河下游的大汶口文化,以及长江流域的屈家岭文化、大溪文化,还有东北地区的红山文化,在广阔的中华大地上,原始彩陶几乎都采用红、黄、黑三色。由于这"三原色"可以在矿物与植物中直接提取,自然比较易于为各地、各族人民所崇尚。战国时期,中原地区逐渐在"三原色"基础上形成了以青、红、黑、白、黄为正色的"五色"观。《考工记》曰:

> 画缋之事。杂五色。东方谓之青,南方谓之赤,西方谓之白,北方

---

① 张举文:《龙信仰与海外华人认同符号的构建和重建》,《文化遗产》2015年第6期,第62—69页。

② 鲁道夫·阿恩海姆:《艺术与视知觉》,滕守尧、朱疆源译,中国社会科学出版社,1984年,第454页。

③ 朱净宇、李家泉:《从图腾符号到社会符号:少数民族色彩语言揭秘》,云南人民出版社,1993年,第10页。

谓之黑,天谓之玄,地谓之黄。青与白相次也,赤与黑相次也,玄与黄相次也。青与赤谓之文,赤与白谓之章,白与黑谓之黼,黑与青谓之黻,五采备谓之绣。①

　　与"三原色"的自然选择不同,"五色"是一种文化选择,是一套人为的色彩体系,其背后是"五行"思想。一方面,接受"五色"色彩体系,意味着对其文化的认同与接受。从文献资料来看,"五色"观最迟汉代已流传到南方民族地区,据《后汉书·南蛮传》所记,其时,南方的少数民族都"好五色衣服"。清代同治年间的《景宁县志》记载了景宁畲族妇女服饰习俗:"饰以珠,珠累累,皆五色椒珠。"由于这些文献资料不是出自文化主体自身,我们很难断言其所谓的"五色"是否就是"五正色"。但是,从田野资料来看,云南苗族所爱的五色衣,其"五色"确实是"五正色";南方民族地区的壮族、苗族、布依族等,还有在节日吃"五色饭"的习俗,其"五色"为黑、红、黄、紫、白,很显然,"五色饭"也明显有"五正色"思想影响的痕迹。有学者指出,"五色"与"五行"相配的文化观念甚而"在西南少数民族的一些传统文化中以历史积淀的方式完整地保留下来"②。另一方面,即使未曾受到"五正色"观念影响,也可能热爱"五正色"。比如藏族,"酷爱'白色',偏爱反差强烈的'黑色',沉深古拙的'褚石'、'黑绿'、'藏青'等色相,还十分敬仰'金黄色'和'紫红色'"③。再如蒙古族,也崇尚白色、青色、黑色、红色、金色。④ 有些民族可能崇尚"五正色"中的某一色或某几色,如四川凉山地区的彝族喜欢黑、红、黄三色,东北的朝鲜族偏爱白色、黑色,等等。尤为值得注意的是,时至今日,"五色"色彩体系在国内民族地区仍然有着深远影响,广泛应用于民居、服饰、日用器具、饮食等日常生活文化之中。

---

① 《考工记译注》,闻人军译注,上海古籍出版社,2008年,第68页。
② 赵云川:《服色的意义(连载)——西南少数民族服饰色彩文化寻绎》,《艺术设计研究》1996年第1期,第11—15页。
③ 伊尔、赵荣璋:《色彩与民族审美习惯》,《民俗研究》1990年第4期,第15—17页。
④ 那日图:《蒙古民族色彩意象溯源》,《南京艺术学院学报(美术与设计)》2017年第4期,第117—120页,第188页。

中华民族不仅长期共享一套色彩体系,而且民族民间文化中的图案也有"家族相似性"。虽然每个民族都各有偏爱,如苗族图案中多牛头纹、铜鼓纹、蝴蝶纹,羌族多羊头纹、蝴蝶纹、菊花纹,傣族、彝族、哈尼族多蛇纹、蚯蚓纹,满族多鹤纹、鹿纹、蝴蝶纹,蒙古族多龙纹、虎纹……但是,各民族之间往往相互影响、相互学习。如蒙古、达斡尔、鄂温克等民族的民间刺绣与贴花艺术就汲取了汉族、藏族的花纹、图案与技巧①。大体而言,相似性明显高于差异性。首先,各民族的图案不外乎花卉图案、鸟兽图案、日月星辰天体图案、日常生活场景图案、装饰纹等五大类,日常生活场景图案可能差异大一些,天体图案则基本相同,而在相同或相近的自然环境中,其选用的花卉图案、鸟兽图案叠合度也往往比较高,如广西的壮族、苗族、侗族、水族、仫佬族、毛南族图案中多有蛙纹,云南的彝族、白族、纳西族图案中多有虎纹。甚而抽象的装饰纹也比较相似,如都爱用云纹、水波纹、勾连纹等。其次,即使图案内容不同,图案组合与表现手法各异,但由于都崇尚"五正色",无过渡色与混合色,让人觉得中华民族图案之间有着某种亲缘关系。维特根斯坦在提出"家族相似性"概念时,强调了观察这种"亲缘关系"的方法。他说:

> 如果你观察他们,你将看不到什么全体所共有的东西,而只看到相似之处,看到亲缘关系,甚至一整套相似之处和亲缘关系。再说一遍,不要去想,而是要去看!②

我们确实很难找到中华民族全体所共有的某种图案,但是,"不要去想,而是要去看",就能感受到它们之间的亲缘关系与"家族相似性"。

二维的视觉经验对象不外乎色彩与图案,此外,还有三维的"物",如民居与各种日常生活用具。中华民族民居的地域特色与民族风格的丰富性令人引以为傲,日常生活用具更是多种多样。差异性、多样性似乎胜于统一

---

① 卢明辉:《康乾盛世:中原文化与北方民族文化间的交流发展》,《内蒙古社会科学》1990 年第 1 期,第 66—73 页。
② 维特根斯坦:《哲学研究》,李步楼译,商务印书馆,1996 年,第 47 页。

性,其实不然。各民族日常生活用具,如桌、椅、床、柜、厨具、餐具、农具等,表面看来千差万别,但是,由于历史上长期的民族交流与融合,形制其实大体差不多。比如广西壮族,"除了民族语言、一些风俗习惯以及社会、家庭结构还保留着一定的特点外,其余大都与汉族相同了"①。再如贵州的长角苗,其木工工具主要有斧子、刨子、墨斗、锯子、拐尺等,农具主要有犁、薅刀、钉耙等,厨炊具主要有土炉、锅、碗、瓢、盆、木勺等,②与中原地区差异其实很小。民居也是如此,初看差异较大,细究其建筑主材,不外乎土木;其飞檐斗拱虽然风格迥异,但偏爱飞檐斗拱,恰恰在整体上显示了"中式"特征。对于这些日常之物,人们不会特意去看,只会有模糊的视觉经验。这种视觉经验在平常其实处于休眠状态,只有在异文化中再见到这些熟悉的寻常物时,才会被唤醒、被激活。就像到日本京都、奈良旅行时,其建筑会让我们有一种似曾相识的熟悉感。毫无疑问,我们应该高度重视这种日常的视觉经验。

需要再次强调的是,中华民族共享的视觉经验主要来自民间的生活文化。与"大传统"文化相比,日常生活文化的"小传统"更具有稳定性。唯有较为稳定的视觉形象或视觉文化元素,才有利于视觉经验转化为视觉记忆。基于民族民间视觉经验的"记忆"具有集体性、广泛共享性,是铸牢中华民族共同体意识的重要基石。

三、传统的现代表述:从"非遗"保护到文化创意

在现代化、城市化过程中,尤其在现代形象生产技术与传播技术冲击下,传统的民族民间文化形象、视觉经验、视觉记忆似乎已经支离破碎。如何整合这些"经验",激发这些"记忆"呢?

扬·阿斯曼指出,记忆不是过去的再现,而是过去的重构,"一个人或一

---

① 陈冠文:《宋代广西汉、壮民族间的文化交流》,《广西民族研究》1989 年第 4 期,第 36 页,第 61—71 页。

② 孟凡行:《民具的概念与民具志的基本框架与研究路径——以贵州省六枝长角苗民具群为中心的讨论》,《贵州社会科学》2018 年第 11 期,第 84—91 页。

个社会可以记住的,仅仅是那些处在每个当下的参照框架内、可以被重构为过去的东西"①。因而,传统的中断恰恰是记忆产生的前提,他写道:"任何一种连续性或传统被中断并产生深远影响时,以及当人们在中断后尝试重新开始时,均可导致过去的产生。新的开始、复兴、复辟总是以对过去进行回溯的形式出现的。它们意欲如何开辟将来,就会如何制造、重构和发现过去。"②

这也就是说,传统中断、经验碎片化,并非重构记忆的障碍,恰恰相反,它是契机。任何时候,人们都离不开"过去",而传统中断必然促使人们以当下全新的视角去重构"过去"。因而,重构"过去"的关键在于,人们"意欲如何开辟将来"。进而言之,建构中华民族文化认同与共同体意识并非简单地在历史中寻找统一性,发现统一性当然是重要的,但更为重要的是,要清醒地认识到中华民族文化认同与共同体意识所指向的未来究竟是什么?究竟该"如何制造、重构和发现过去"?

21世纪以来,国家逐渐认识到民族民间文化中的"传统"对于建构中华民族文化认同与共同体意识的重要意义,开展了系统的、深入的非物质文化遗产保护工作,尤其重视关涉视觉文化元素的非物质文化遗产,因为其中凝结着特定群体的视觉记忆。一方面,非物质文化遗产保护已经成为制造、重构和发现"过去"的重要策略与路径。不管是政府还是学者,都非常注重"保护"的重要性。但是,人们似乎并没有认识到,非物质文化遗产与物质文化遗产不同,"保护"并非最终目的,甚至"活态传承"也并非最终目的,"保护"与"活态传承"其实都是手段。之所以保护、传承,是要为特定社区和群体"提供认同感和持续感,从而增强对文化多样性和人类创造力的尊重"。其实不仅是为特定社群提供认同感,当特定社群将其文化申报为国家级"遗产"时,就意味着这种"遗产"不再仅仅为特定社区和群体所有,而是为全国人民所共同分享。也就是说,是为中华民族提供认同感。正如高小康所言:"中国非遗保护实践从一开始就把保护文化多样性与中华历史文化认同融

---

①② 扬·阿斯曼:《文化记忆:早期高级文化中的文字、回忆和政治身份》,金寿福、黄晓晨译,北京大学出版社,2015年。

汇在一起,进而把尊重世界文化多样性与构建人类命运共同体的世界文明意识联系在一起。这种多元共生与互享的当代大文化认同观念是非遗保护实践的中国观念特色,也是从国家文化发展战略的视角直面当代全球文化冲突的一种应对路径。"①另一方面,"非遗"保护、传承是为了当下与未来。因而,"非遗"保护本质上是基于特定社会框架的记忆建构行为,其目的是为建立对共同体的认同感与归属感。当然,这种"认同"不应该是本质主义的身份认同,而应该是建构主义的文化认同,即保持对民族传统文化的亲近感。就此而言,在以非物质文化遗产保护为手段的民族文化认同建构过程中,需要警惕对差异性与民族性的过度强调。事实上,有些少数群体为了彰显差异性,甚而刻意"自我民俗化"②。

　　毫无疑问,以非物质文化遗产保护为手段的民族文化认同建构隐含着文化认同的多样性,但是,这种多样性并非中华民族文化认同的阻碍因素,由于这种多样性中包含着具有统一性的"过去",它恰是建构中华民族文化认同与共同体意识的重要资源。其实,我们不仅要在"过去"之中发现统一性,还要在未来之中确立统一性。早在十余年前,笔者就提出,"建构文化认同只能立足于现代新文化"③。只有以"现代文明"作为目标与框架,回溯与重构过去才能有正确的价值导向。换句话说,中华民族文化认同不仅是对具有亲缘关系的历史文化的认同,还包含着对我们一起走向现代文明的未来文化的认同。恰恰是后者,规定了我们如何制造、重构和发现前者。

　　由于"如何开辟将来",即现代文明与未来文化是我们建构中华民族文化认同与共同体意识的关键,因而,我们既要重视保护非物质文化遗产,还要重视基于非物质文化遗产的文化创意实践。张举文研究发现,影

---

① 高小康:《作为国家发展战略的非遗保护:分形传承与公共化》,江苏行政学院学报,2020(1):25-32.
② 李峻石、郝时亚:《再造异同:人类学视域下的整合模式》,吴秀杰译,社会科学文献出版社,2020 年,第 127 页。
③ 季中扬:《当代文化认同的思维误区》,《学术论坛》2008 年第 8 期,第 155—158 页。

视作品中的非物质文化遗产形象对强化与重构中华民族文化认同起到了积极作用。① 究其原因,首先,这些文化表征、文化阐释或文化创意吸取了诸多民族传统的视觉文化元素,如色彩、图案、器型等,在一定程度上保存了民族的视觉记忆,有利于激发中华民族文化认同与共同体意识。其次,文化创意意味着传统与现代的交融,往往是以现代的思维、理念重新审视传统资源,它实质上就是立足当下对"过去"的再发现与重构。其作品要想得到人们认可,必须暗含着重构的集体记忆。由于文化创意本质上属于现代文化,"过去"只是现代审美意识观照下的素材,因而,它必然指向现代文明认同,能够有效地化解传统主义者容易犯下的"文化自闭症"。事实上,大谈"非遗"保护重要性的人,尤其是坚持"非遗"本真性的人,往往偏向于固守传统与民族性,而缺乏面向未来与当下的开放性视野,笔者认为这是"文化自闭症",其危害有甚于历史虚无主义者。再次,与非物质文化遗产保护不同,文化创意面向的主体不是特定社群,而是面向全国乃至全球,因而,它可以轻松避开民族主义的狭隘视角。事实上,已经有许多国内、国际顶尖艺术设计师与"非遗"传承人合作,再造了"非遗"之美,从而把地方的、民族的文化带到了全国、全球,尤其在海外获得了盛誉,重绘了中国文化形象。当中华民族文化的审美力量征服"他者"时,无形中就强化了内部的认同感。

不管是"非遗"保护,还是基于"非遗"的文化创意,都是重构"过去"与记忆,建立、强化中华民族文化认同与共同体意识的重要实践,二者之间互为依托,相辅相成。没有"非遗"保护,后人就会逐渐远离来自"过去"的直接经验与视觉记忆,文化认同建构终将丧失历史根基;没有文化创意,"非遗"很难重新融入现代日常生活,就会失去现代文化指向与全球视野,就会故步自封,难以与"他者"形成互动关系。

铸牢中华民族共同体意识是一个极其宏大的理论课题,还涉及错综复杂的种种现实考量。但是,文化认同无疑是共同体意识的内核。因而,建构

---

① 张举文:《非物质文化遗产与乡土影视的民族认同情结:浅谈古琴和古埙的运用》,《文化遗产》2013 年第 1 期,第 57—62 页,第 158 页。

中华民族文化认同是铸牢中华民族共同体意识重要路径。以此为理论原点,笔者得出三点结论。

其一,在长期的民族交往交流交融过程中,中华民族积淀了丰富的共通、共享的、令人自豪的历史文化资源,这是建构中华民族文化认同的"集体记忆"。没有可以召唤的、能够激发人们自豪感的"过去",文化建构就会处于流沙之上,缺乏坚实的地基。

其二,相比于"大传统"文化,民族民间文化的"小传统"更具有稳定性与广泛性,而在民族民间文化中,视觉文化遗产尤为重要,色彩、图案与日常之物模塑着人们的视觉经验与视觉记忆,可以直接促进中华民族文化认同感的确立与巩固。

其三,视觉文化的"非遗"保护与基于"非遗"的文化创意,其实是对"过去"与"记忆"的不断重构,是建立中华民族文化认同感的主要文化实践。它可以对外重塑民族文化形象,对内强化认同感。

第三节　非遗保护与区域文化认同①

从哲学家讨论的"同一性"(identity)问题,到心理学家讨论的"自居"(identity)现象,再到晚近人文社会学科都参与讨论的"身份"(identity)问题,认同(identity)问题在不同的学科范畴中都有所关注与讨论,时至今日,围绕此概念的研究仍在继续,可以说是一个常说常新的问题。就语义而言,文化认同(cultural identity)也可以译为文化身份,是身份问题的分支。其实不然,文化认同的要义并不在于个体的身份意识,而是指群体的文化自觉与集体归属感。对于相关问题的讨论,始于亨廷顿 1993 年发表于美国《外交》

---

① 　此节原文题为《"非遗"保护与区域文化认同的建构》,发表于《文化遗产》2021 年第 3 期。

杂志上《文明的冲突》①一文,其随后出版的《文明的冲突与世界秩序的重建》一书在世界各地的学界引发了热烈讨论。在该书中,亨廷顿提出:"冷战的结束并未结束冲突,反而产生了基于文化的新认同以及不同文化集团(在最广的层面上是不同的文明)之间冲突的新模式","全世界的人在更大程度上根据文化界线来区分自己,意味着文化集团之间的冲突越来越重要"②。亨廷顿提出的文化认同问题很快就引起了中国学者的关注,不仅是研究国际政治的学者,乃至于研究文学,尤其是关注后殖民批评的文学研究者③、人类学家④都开始参与到这个问题的讨论中来。高小康较早注意到了"非遗"与文化认同的关联,⑤蒋明智率先讨论了"非遗"龙母传说与粤港澳区域文化认同问题,⑥王利兵关注到南海"非遗"《更路簿》在渔民群体文化认同促进中的积极作用,⑦张举文以唐人街华人抗议石龙造型为案例,分析了"非遗"中龙的形象与海外华人认同的关系。⑧ 张举文还提出,在影视作品中,对"非遗"产品的全新解读可以促进民族的文化认同。⑨ 概而言之,大多学者认为,"非遗"在推动某一群体文化认同方面起到了非常积极的作用,并成为政府部门

① Samuelp, Huntington,"If not civilizations,What? Paradigms of the post-cold dwarf world," *Foreign Afairs*,Vol 72,No5,(December 1993):186 - 194,accessible March 21,2021,doi:102307/20045880.

② [美]塞缪尔·亨廷顿:《文明的冲突与世界秩序的重建》(修订版),周琪等译,新华出版社,2010 年,第 110、108 页。

③ 陶东风:《全球化、文化认同与后殖民批评》,《马克思主义与现实》1998 年第 6 期;杨博华:《全球化、文化认同与文化帝国主义》,《南京社会科学》2000 年第 8 期。

④ 麻国庆:《全球化:文化的生产与文化认同—族群、地方社会与跨国文化圈》,《北京大学学报》(哲学社会科学版)2000 年第 4 期;周大鸣:《澳门人的来源与文化认同》,《广西民族研究》2000 年第 2 期。

⑤ 高小康:《非物质遗产与文学中的文化认同》,《文艺争鸣》2007 年第 3 期。

⑥ 蒋明智:《龙母传说与粤港澳文化认同》,《广西民族大学学报》(哲学社会科学版)2008 年第 6 期。

⑦ 王利兵:《记忆与认同:作为非物质文化遗产的南海〈更路簿〉》,《太平洋学报》2019 年第 3 期。

⑧ 张举文:《龙信仰与海外华人认同符号的构建和重建》,《文化遗产》2015 年第 6 期。

⑨ 张举文:《非物质文化遗产与乡土影视的民族认同情结:浅谈古琴和古坝的运用》,《文化遗产》2013 年第 1 期。

整合社会关系的一种重要话语机制。但值得注意的是,"非遗"作为对"小传统"的现代表征,其复杂性不言而喻,因此,对于"非遗"保护与区域文化认同之间的内在关联尚需在理论层面进一步探讨。

一、文化认同的建构性

关于认同问题,一直有本质主义与建构主义之争,在个体的自我认同方面,前者认为身份之认同与生俱来,与社会建构无关;后者则认为身份认同源于人们与社会的相互建构,个人会根据社会交往中的不同需求进行理性选择、"发现"自己的身份。[1] 王明珂认为,身份认同有"根基论"与"工具论"两种基本观念。"根基论"者强调个体与群体在血缘、语言、宗教、风俗习惯等方面根基性的联系,但并不以生物性特征与客观的文化传承定义群体,"相反,他们相当注意主观的文化因素";工具论者则倾向于以政治、经济资源分配来解释族群的形成、维持与变迁。[2] 就文化认同而言,除了极端原教旨主义者,很少有人主张本质主义,从根本上来说,文化认同就是一种被建构出来的集体意识,这种建构可能是从无到有的"发明",也可能是稍作修改的"挪用"。储冬爱认为,文化认同"有特殊的心理机制,包括文化比较、文化类属、文化区辨和文化定位四个基本过程"[3]。也就是说,文化认同并非"顿悟"性的,而是有着情感的线性发展过程。本文认为,文化认同的建构性涉及到以下三个基本问题。

首先,文化认同意味着文化的自觉,而自觉的前提是对自身文化的存在有所认知,即费孝通所说的生活在一定文化之中的人对其文化的"自知之明"[4],这种认知来自与他者的比较。人类学家认为,"人类生活应被视作一

---

① ［印度］森阿蒂亚·森:《身份与暴力》,李风华等译,中国人民大学出版社,2012 年,第 15—32 页。

② 王明珂:《华夏边缘(增订版)》,浙江人民出版社,2013 年,第 16 页。

③ 储冬爱:《乡村原住民的都市想象与文化认同——以广州"城中村"为例》,《文化遗产》2012年第 3 期。

④ 费孝通:《论人类学与文化自觉》,华夏出版社,2004 年,第 188 页。

个整体——一个由许多方面和许多力量编织而成的结构,所有的一切都是由文化构建而成"①。就此而言,人们活在文化之中,就像鱼在水中一样,"百姓日用而不知",只有当他们离开水的时候,才能意识到水的存在。这种与异文化的相遇通常会为亲历者带来心理上的冲击,甚至于生理上的不适,社会学家将这种现象称为"文化冲击"或"文化震撼"。面对异文化的冲击,人们总会从自身文化中寻求庇护,并以此为工具,推动对自身文化的认知与反思,在进行价值判断的过程中,产生文化自觉,继而形成文化认同。近年来,"只要出过国门就会更爱国"的话语得到了越来越多人的认可与支持,在海外,华人华侨及中国留学生的爱国之情与日俱增,逐渐成为中国展示大国形象的重要力量,而这背后,正是海外群体在与他文化的比较中产生了文化自觉,强化了对"中华民族"这一群体的文化认同。

当然,对于自身文化的自觉并不仅仅限于他者空间,当在本土遭遇他文化时,也有可能意识到自身文化的存在。一般情况下,在与他者文化进行比较后,本土会采取锚定(anchoring)或抵抗两种应对策略。所谓"锚定",就是以固有的观念、话语去解释、命名、接纳不熟悉的事物或文化刺激。也就是说,锚定策略主要是从本土文化中寻找与他者文化中相似的部分,塑造一种"自古以来即有"的认知,以维护本土文化的完美形象。如马列主义刚传入中国时,就曾有人以儒家学说中的"大同"一章来比附,试图证明马列主义并非外来的,而是一种文化的"回归"。这种文化策略看似既抵御了他者文化的冲击,又有效地维护了民族自尊心。其实不然,真正的文化自觉不应该是这种极端的"文化自恋",而应该是自我的理性批判。抵抗策略则更为极端,有文化原教旨主义倾向,对他者文化充满敌意,强调以本土的、传统的文化对抗外来文化。

其次,文化认同是内在需要与外力影响共同塑造的。文化认同是一种归属感需要,但并非每个人都有文化认同的需要。对于个体而言,文化认同并不像性别认同那样必须做出选择,它是一种柔性需求,有时甚至是可有可

---

① [美]詹姆斯·皮科克:《人类学透镜》(第二版),汪丽华译,北京大学出版社,2009年,第1页。

无的。我们发现,个体为了能够更好地融入强势的他者之中,甚至会策略性地改变自己的文化认同。人类学家认为,民族文化认同往往受到政治、经济的强力影响,具有工具性倾向。我们发现,地域文化认同中也存在工具性、策略性选择现象。例如,宜兴紫砂行业中的机车壶匠人大多来自苏北兴化地区,他们常年聚居于苏南宜兴潜洛村一带,在日常生活及兴化人之间的生意来往中,一般都操持兴化方言,而在与宜兴当地紫砂艺人往来中,为了避免被视为"刚波宁"(江北人),提高生意上的谈判成功率,兴化人总是会操着一口不太流利的宜兴方言与其交流,而避免使用兴化方言及普通话,有时还会对自己的籍贯进行叙事改编,从而拉近与对方的地理空间隔阂。在文化认同塑造过程中,外力影响的作用显得更为重要,因为外力在对文化认同的塑造中呈现一种潜移默化的强制性,在不知不觉中影响、改造着人们的社会文化心理。这外力主要表现为社会学家所谓的"社会表征",即特定人群共有的思想、观点、形象与知识结构。在现代社会中,大众传媒就是一种典型的社会表征机制。但是,社会表征本身又具有两面性。即人们一方面会在强势的大众传媒影响下被动地形成文化认同,另一方面,也可能会以某种地方性的"小传统"社会表征抵制大众传媒社会表征的影响、形塑,尤其是借用"非遗"的力量,强化对地方与传统的认同。

最后,文化认同的建构应该基于特定的文化记忆。扬·阿斯曼指出,文化记忆是"传统的形成""对过去的指涉""政治认同或想象"等关键词的上位概念。① 也就是说,需要以文化记忆来解释传统与认同。小到一个家庭在聚会时会回顾斑驳发黄的照片,长辈对晚辈讲述家族的故事,在对过往的回忆中建构属于家庭内部的文化认同;大到国家纪念日里举行的阅兵盛典、文艺晚会、各地对烈士陵园的祭扫、对辉煌岁月的追忆,这些都成为国家建构文化认同的重要手段。由外力引导下的文化认同,如果没有特定的文化记忆支撑,就可能沦为短暂的、虚假的认同,因此加强文化记忆的建设就显得异常重要。阿斯曼在《文化记忆》一书中指出,所谓文化记忆,是集体记忆的一

---

① ［德］扬·阿斯曼:《文化记忆:早期高级文化中的文字、回忆和政治身份》,金寿福等译,北京大学出版社,2015 年,第 15 页。

种类型,在这种"指向群体起源的巩固根基式回忆"中,仪式和节日是其首要的组织形式,与日常生活中的交往记忆不同,文化记忆主要"以文字、图像、舞蹈等进行的传统的、象征性的编码及展演"①。就此而言,方言、习俗、节日、传说等非物质文化遗产在区域性文化认同建构过程中是具有特别意义的。"非遗"从其概念本身而言蕴含着时间的向度,是单向线性与曲线循环的双重复合,前者是指"非遗"的世代传承与持续,后者则可被理解为频繁的重复,乃至"被不断地再创造"②。正是在这种传承与重复中,人们的文化认同被不断地建构与加强,直到为群体内部所有人接受。

二、"非遗"与区域文化认同的"耦合性"

"非遗"是某一区域文化网络中的重要组成部分,是建构区域文化认同的重要资源。物理学中用"耦合"一词对两个及以上实体间的相互影响进行描述,如在电路网络中,某一部分的电压发生变化时,会对其他电路乃至整个网络产生影响,而对关联程度的测量则用"耦合性"来表示。这种电路网络的模型对我们理解"非遗"与区域文化认同之间的关系提供了一种思路。我们发现,"非遗"与区域文化认同之间具有一定的"耦合性",即"非遗"的某些内涵、元素的变化、运用等可以直接影响区域文化认同,甚至转化为区域文化认同的要素。具体可从如下三方面进行考察。

其一是"非遗"所具有的地方性。"非遗"是民众日常生活文化的结晶,而民众日常生活文化具有明显的地方性,包含着特定的风土与人情。俗话说,"一方水土养一方人",能够在当代传承且被纳入代表性"非遗"名录,必定为某一特定群体所特别珍视,必然具有鲜明的地域性。当然,在历史上,由于长期的人员流动与社会交往,很多文化形态都具有超地域性,如七夕传说、春节团聚、清明扫墓等等。即使是这些具有全国性影响力的"非遗",仍

---

① 〔德〕扬·阿斯曼:《文化记忆:早期高级文化中的文字、回忆和政治身份》,第46、51页。
② 《保护非物质文化遗产公约》第一章第二条(一),中国人大网,http://wwwnpcgovcn/wxzl/gongbao/2006 - 05/17/content_5350157htm,访问日期:2021 年 3 月 15 日。

然有着独特的地方性。在福鼎太姥山镇的冷城古堡内,当地百姓虽然也过端午节,但他们的端午节确是五月初四、初五两天,即"双端午"。这一习俗源于当地"端午节前一日出城杀倭寇"的历史记忆。

"非遗"的地方性意味着对其文化记忆总会与特定的地方相联系。正如诺拉在《记忆之场》中指出,"记忆之场首先是些残留物","博物馆、档案馆、墓地和收藏品、节日、周年纪念、契约、会议记录、古迹、庙宇、联想:所有这些就是别的时代和永恒幻觉的见证者"①。"非遗"并非就是无形的,也包括特定的物与空间,而这物与空间就是诺拉所谓的"记忆之场"。随着时间流逝,人的交往记忆会在世代更迭中变化,甚至忘却。特定的地理空间为记忆的传承与保存提供了载体,容易让每一位民众了解到过往的艰辛与不易,进而唤醒其文化记忆。当然,有些"非遗"可能是属于某个家族的、某个族群的,但是,一个人的文化认同可以是多元的,家族、族群的认同并不排斥地域认同,有时还可能因为在当地影响巨大,甚至成为地域认同中的代表。

其二,"非遗"具有审美性。一方面,"非遗"的审美经验具有区域公共性。康德认为,审美并非建立在个人的情感体验基础之上,而是基于人类共通的审美情感。② 在经验层面,我们无法确认人类究竟是否存在共通的审美情感,但是,在一定的文化圈内,人们的审美情感确实是有共通性的,尤其是在民俗文化层面。与精英艺术的审美经验不同,民俗文化的审美经验立足于广大民众的富有人情味的日常生活,它具有显著的地域相通性。所谓"十里不同风",暗含着一种认知,即相对较小的地域内是"同风"的,而"风"即"风尚",就是某种共通的审美经验。"非遗"本质上就是传统民俗文化中被认为具有某种现代价值的部分,因而,"非遗"审美经验必然具有地域共同感。另一方面,"非遗"审美经验不同于剧院、音乐厅、画廊中的审美经验,它是一种并未从日常生活空间剥离出来的,无距离的、融入性的审美。③ "非

① 〔法〕皮埃尔・诺拉主编:《记忆之场:法国国民意识的文化社会史》,黄艳红等译,南京大学出版社,2015年,第10页。
② 〔德〕康德:《判断力批判》,邓晓芒译,人民出版社,2002年,第76页。
③ 季中扬:《民间艺术的审美经验研究》,中国社会科学出版社,2016年,第12—16页。

遗"审美经验往往不是来自辨识审美对象的新异性,而是来自对审美对象的文化认同,也就是从中发现、确认自身固有的某种文化理念或经验。因而,"非遗"审美经验具有共同的价值取向,主要是一种区域文化的认同性审美。

其三,"非遗"具有符号性。理论上来说,"非遗"表现为语言、习俗、技艺等,是无形的,并不具有符号性。其实不然,这些无形的遗产都需要具体的形象和载体来呈现。"非遗"总是呈现为某些可视化的符号,如具体的民间传说、技艺精湛的手工艺品,等等。不仅如此,某种"非遗"名称本身就是一个符号,如云锦,其名称本身就具有符号性,代表着南京文化的一个方面。后者尤为重要,它可以提升为区域文化的象征元素,可以成为建构区域文化认同的重要媒介。事实上,很多地方热衷于举办端午节、七夕节,重视宣传各种"非遗",其潜在意图很明显,就是要塑造地方形象。而着力塑造地方形象,不仅仅是为了对外提高知名度,也是为了强化地域认同感、自豪感,进而将其转化为招商引资的筹码。"非遗"符号化其实是一把"双刃剑"。一方面,"非遗"符号有利于从无形变为有形,令"非遗"本身得以具象化,在传播方面拥有巨大的优势,成为建构区域文化认同的重要推手。比如,中国形象的传播中就非常重视"非遗"符号的使用,古琴、京剧脸谱、茶艺表演、书法篆刻、舞龙舞狮、汉服唐装、青砖黛瓦等等,通过这些符号,塑造出了一种审美化的中国形象,在海内外产生了相当大的影响力。另一方面,"非遗"符号化也会导致形象固化、扁平化、表面化,将"非遗"丰富的文化内涵消解掉,甚而对文化认同的建构起到反作用。如"二人转"广泛传播,对于建构东北地域文化形象就未必总是积极的,它可能诱导人们错误地想象东北人。

三、"非遗"与区域文化认同的矛盾性

文化认同其实是一种集体意识,或者说是一种共同体意识。任何共同体都并不一定是实际存在的,而可能是一种想象。想象的共同体也是有边界的。王明珂提出,人们通常以特征描述或历史追溯来界定一个共同体,其

实,如同决定一个圆的并不是其内部的范围,而是圆圈"边缘"的线条,研究共同体的"边缘"更有助于理解这个共同体。① 问题是,想象的共同体的边界是无形的。而"非遗"是具有地方性的,这就意味着"非遗"的存在有着现实的地理空间边界,某种"非遗"边界与人们所要建构的区域文化认同的边界未必是重合的。为了建构区域文化认同,人们常常会策略性地强制两种边界重合,有时将小地方的"非遗"扩大成整个区域的文化符号,有时也会把大区域内的诸多文化故意精简为某一类"非遗",这样,区域文化认同与"非遗"之间的矛盾其实是很难避免的。这矛盾主要表现为两个方面,一是小地方并不愿意自己的文化被征用;二是大区域并不认可来自小地方的"非遗"可以作为自己的象征文化。在那些非历史长期形成,而是人为建构的文化区域内,这种矛盾尤为突出。比如苏北宿迁市,是 1996 年从淮安地区划出的新的地级市,所辖的三县两区历史上并无隶属关系,因而,不管是流行于沭阳县、泗阳县的淮海戏,还是流行于泗洪的泗州戏,或是流传于宿豫区的柳琴戏,无论其中的哪一戏种,都无法代表所有民众的文化选择,都无法成为代表宿迁市的"非遗",成为建构区域文化认同的符号资源。

　　以"非遗"建构区域文化认同还需考虑一个问题,即"非遗"与文化认同的时间性问题。不管是"非遗",还是文化认同,都不是一朝一夕之事,往往需要数代人时间的、不间断地沉淀与积累,而"建构"往往意味着策略性、短期性,二者之间是有矛盾的。要解决这个矛盾,以"非遗"建构区域文化认同时,应该充分考虑历史性、现实性与未来性。

　　首先,对"非遗"进行创新性阐释与利用时,必须尊重历史。"非遗"本质上是当代社会对于传统价值的再发现,因而,在对其进行保护与传承时既要有历史意识,也要有当代视域。所谓"历史意识",是说要重视"非遗"的历史延续性,尊重"非遗"的历史内涵,保护好"非遗"的核心要素,让其能够得到活态化地传承,而不能根据现实需要随意地对其进行阐释与创新,正如苑利

---

① 　王明珂:《华夏边缘:历史记忆与族群认同》(增订本),浙江人民出版社,2013 年,第 2—4 页。

所言,不能把"现产"当成"遗产"。① 因此在以"非遗"建构区域文化认同过程中,要平衡好短期"策略"与长期"积淀"之间的关系。所谓"当代视域",是说"非遗"的价值不仅仅在于它的历史性,它不是文物,"时间性"不是衡量"非遗"价值高低的主要尺度。事实上,一般对"非遗"所要求的传承时间,只要百年或三代即可,而不是说越是历史悠久,其价值就越高。在某种程度上,无论是创造经济效益、传承历史文化,还是维护社会稳定,"非遗"对现代生活的意义才是衡量其价值更为重要的尺度。

其次,在对"非遗"进行创新性阐释与利用时,要面向未来。所谓遗产,意指前人留给后人的财富,可以对后人未来的生活有所帮助,而非物质文化遗产亦当如此。当我们把某种传统的生活文化视为"非遗"之时,就已经意味着对其当代性与未来性的肯定,认为它对我们未来生活是有积极意义的。一方面,"非遗"中体现"真、善、美",彰显对生命生生不息的追求,对美好生活的憧憬与向往,对家人团圆、亲友欢聚的期待,这些价值取向有着永恒的意义,既是当代的,又是未来的。另一方面,其未来性所内含的价值并不是显而易见的,需要不断阐发、建构;尤其随着社会变迁、进步,不断阐发、建构更为重要。不断阐发与建构终将积淀为历史,进而形成新的文化认同基础与文化圈。这也就是说,历史地看,"非遗"的主体、内涵并非固定不变的,其传承人,尤其是共享"非遗"的群体是不断变化的。就此而言,"非遗"与区域文化认同之间不管是空间上的,还是时间上的潜在矛盾,在面向未来视角下,都有可能被逐渐消解。

四、结语

总而言之,从根本上来说,文化认同关涉主体性与归属感。只有当个体意识到"我是谁""我属于哪个圈子"等问题必须面对和回答的时候,才能真

---

① 苑利:《把"现产"当"遗产":会不会使中国的非遗保护走上不归路?》,《原生态民族文化学刊》2020年第12期。

正建构起自我认同与文化认同。就此而言,任何外力的建构都必须转化为主体的内在需要,否则都将是一场空谈。因此,建构区域文化认同之时,尽可能地利用"非遗"等原本属于民众固有的地域文化资源显然是很好的策略。① 区域文化认同建构过程中征用"非遗"等传统地方资源,这其实是本土意识对全球化的应激反应,这种区域文化认同其实暗含着某种排他性,可能导致"文化自闭症",对此,我们也应该保持警惕。②

第四节　非遗保护与民族文化认同

非遗保护与铸牢中华民族共同体意识之间有着极其重要的关系。《中华人民共和国非物质文化遗产法》第四条明确规定,"保护非物质文化遗产,应当注重其真实性、整体性和传承性,有利于增强中华民族的文化认同,有利于维护国家统一和民族团结,有利于促进社会和谐和可持续发展"③。对此,学术界也进行了深度阐释,认为"非物质文化遗产在多民族交往交流交融中形成互嵌格局,其传承和传播从区域社会到国家共同体,依托多种多样的生活实践得以完成,推动各民族从了解到理解,从认识到共识,进而实现以非物质文化遗产为纽带的共同体建构"④。但是,非遗往往是地方性的、特定社群的小传统文化,维系的是特定区域与社群的文化认同,并非必然对铸牢中华民族共同体意识具有积极意义,过分凸显地方性的、特定社群的文化认同甚而可能对铸牢中华民族共同体意识产生不可预测的负面影响。由于诸种原因,人们忽视了这种潜在的负面影响。对此,本文抛砖引玉,拟从非遗的多主体性与共享性的辩证关系角度展开讨论。

---

① 魏晋时期,江南童谣说:"局缩肉,数横目,中国当败吴当复。"([唐]房玄龄等撰:《晋书》卷二十八,中华书局,1974年,第844页)可见,直到魏晋时期,江南人还把吴与中国并举。
② 联合国教科文组织《保护非物质文化遗产公约》第一章第二条。
③ 《中华人民共和国全国人民代表大会常务委员会公报》2011年4月5日。
④ 王丹:《非物质文化遗产铸牢中华民族共同体意识的价值逻辑与实践路径》,《广西民族大学学报（哲学社会科学版）》2022年第5期。

一、铸牢中华民族共同体意识视角下非遗保护的两面性

"五四"新文化运动以来，中华民族共享的大传统断裂了，但是，在中华民族历史上，各族人民不仅共享着学堂或庙堂培育的大传统，还共享着日常的生活文化，即乡村社区的无知的群众中自发萌发①的小传统，这些活态传承着的小传统如今大多被认定为非遗。也就是说，非遗就是活态传承着的中华文化，就此而言非遗保护理所当然有利于铸牢中华民族共同体意识。正如中办国办文件中所言，"非物质文化遗产是中华优秀传统文化的重要组成部分，是中华文明绵延传承的生动见证，是联结民族情感、维系国家统一的重要基础"②。

非遗是中华文明绵延传承的生动见证，而且各民族丰富多彩的非遗生动地诠释了中华民族交往交流交融的历史过程，形象地说明了中华民族是一个血脉相连的民族大家庭。诸多非遗是在多民族交往交流交融的历史过程中形成、发展起来的，本身就是多民族共同创造的文化成果，而且一直为多民族所共享。非遗的共创、共享性在民族地区尤为突出。比如，西南地区的芦笙舞，是由苗族、彝族、拉祜族、侗族、布依族、壮族、水族、仡佬族等民族共同创造、共同享有的，而且与中原地区的礼乐文化有着一定的历史渊源；西北地区的"花儿"民歌，是由汉族、回族、藏族、蒙古族、东乡族、撒拉族、土族、裕固族、保安族等民族共同创造、共同享有的；格萨尔史诗更是流传区域广阔，为藏族、土族、傈僳族、门巴族、裕固族、珞巴族等多个民族所共享，形成了跨地域、跨民族、跨文化的格萨尔史诗流传带。③ 诸多民族地区的传统

---

① 芮德菲尔德指出，大传统是通过学堂或庙堂培育的，小传统是在乡村社区的无知的群众中自发萌发的。[美]罗伯特·芮德菲尔德：《农民社会与文化：人类学对文明的一种诠释》，王莹译，中国社会科学出版社，2013年，第95页。

② 中办国办印发意见：《进一步加强非物质文化遗产保护工作》，《人民日报》，2021年8月13日，第1版。

③ 赵博文、李克军：《非物质文化遗产共生要素赋能铸牢中华民族共同体意识研究》，《广西民族研究》2022年第6期。

美术、传统技艺类的非遗都带着明显的"三交"烙印,如藏族的拉萨堆绣唐卡,其堆绣技艺显然受到了其他民族刺绣技艺的影响;再如云南丽江地区纳西族的铜器制作技艺,其形成、发展与明代木氏土司统治时期引进中原铜匠密切相关。不仅传统美术、传统技艺类的非遗,诸多传统体育游艺类、民俗类非遗,也往往是多民族共同创造、共同享有的成果。如抬阁、民间社火、元宵灯俗,几乎为全国各个民族所共创、共享。尤为重要的是,一些看似并不相干的民俗类非遗,其实共享着中华民族本源性的价值观念,比如西北地区的"搭被面"习俗与藏族地区的"献哈达"礼仪都源自中原地区的蚕桑信仰与"帛礼"文化。① 事实上,在中华民族形成与发展的漫长历史过程中,非遗作为活态传承的生活文化早已形成一种深度互嵌格局,保护非遗可以进一步促进多民族文化的互嵌、交融,比如青海省西宁市湟中区的社火,不仅已经成为多民族共同参与的民俗活动,而且其中还吸纳了藏族锅庄等其他民族的文化艺术形态。再如藏族的唐卡,近年来往往在下方加上一幅刺绣,而且所绣的大多是龙形图案。

　　非遗作为"活的历史",其传承、传播有利于人们直观地感受到中华文化是多民族共创、共享的文化成果,可以有效地激发人们的中华民族共同体的想象,发挥着联结民族情感、维系国家统一的重要功能。比如传统节日,既有各族人民共享的春节、元宵节、清明节、端午节、七夕节、中秋节、重阳节等全国性节日,又有三月三等区域内多民族共享的节日,还有诸如苗年、羌年、德昂族的泼花节等独具特色的民族节日。这些重要的传统节日大多入选了国家级非物质文化遗产名录,共同构成了中华民族传统节日文化体系。人们在过节的时候,一旦能够自觉地意识到这样一个多元一体的节日文化体系,中华民族共同体就不再是一个抽象的概念了,而是一个有形、有感的生动画面了。

　　非遗的历史内涵之所以具有当代功能,关键在于其历史内涵承载着中华民族的集体记忆,可以不断被重构、想象,以维系中华民族文化认同。

---

① 孙海芳:《被面与哈达:中华民族共同体意识的"帛礼"认同与民俗实践》,《云南民族大学学报(哲学社会科学版)》2022 年第 2 期。

本尼迪克特·安德森认为,民族(nationality)、民族性(nationness)以及民族主义并非直接来自历史并延续至今,而是"一种特殊类型的文化的人造物(cultural artefacts)"①,是对历史想象、再造的结果。也就是说,民族共同体虽然并非直接来自历史,却并不能脱离历史凭空想象。正如麻国庆所言,"中华各民族在长期的交往交流交融过程中形成的中华民族的公共记忆,是理解中华民族共同体认同的重要基础"②。诚然,中华文化是各民族共同创造的,中华民族共同体意识离不开对中华民族"过去"及其"记忆"的不断重构,只有保护好各个民族的文化遗产,才能增强中华文化的影响力、凝聚力。这里的"记忆"不仅是指由大传统文化中的文本、物、空间等媒介支撑的文化记忆,还包括附着在属于非遗范畴的图像、舞蹈、服饰、饮食、仪式、节庆等之上的文化记忆,更为重要的是非遗传承、传播实践中的交际记忆。所谓交际记忆,"通常联系三代人、由口头流传的记忆组成"③。这是鲜活的记忆,可以有效地维系人们的集体情感、激发人们的共同体想象。任何个人记忆都只能在特定的社会框架中,在其社会化过程中才能形成,"即便是最私人的回忆也只能产生于社会团体内部的交流与互动"④。就此而言,非遗保护对于促进中华文化认同,铸牢中华民族共同体意识无疑具有显著的积极意义。早在国家非遗保护制度建设之初,何星亮就指出,"非物质文化遗产具有极强的凝聚力和向心力,是维系民族团结、国家统一的基础"⑤。

　　非遗保护对于铸牢中华民族共同体意识固然具有积极意义,另一方面,非遗概念意味着地方文化的符号性、象征性被凸显,这将深刻影响一个群体的价值观与集体认同,尤其是民族地区通过建设文化生态保护区与实验区

---

① ［美］本尼迪克特·安德森:《想象的共同体:民族主义的起源与散步》,吴叡人译,上海人民出版社,2005年,第4页。

② 麻国庆:《公共记忆与中华民族共同体认同》,《西北民族研究》2022年第1期。

③④ ［德］扬·阿斯曼:《文化记忆:早期高级文化中的文字、回忆和政治身份》,北京大学出版社,2015年,第28页。

⑤ 何星亮:《非物质文化遗产的保护与民族文化现代化》,《中南民族大学学报(人文社会科学版)》2005年第3期。

进行非遗整体性保护,可能会强化特定地域、族群的文化认同感,对铸牢中华民族共同体意识产生某种不可预测的负面影响。早在 2007 年,我国就开始设立"国家级文化生态保护实验区"对非遗进行整体性保护,2011 年,《中华人民共和国非物质文化遗产法》第二十六条明确提出"区域性整体保护"概念,此后 10 余年,"已建成国家级文化生态保护区 7 个、保护实验区 16 个,省级文化生态保护区 200 余个"①。其中 14 个国家级文化生态保护区、实验区与民族地区的非遗整体性保护密切相关。通过建设国家级文化生态保护区与实验区,强化了区域内各族人民非遗保护的参与感与利益获得感,增强了文化认同感,进而增进了中华民族共同体意识。② 但是,对民族地区的非遗进行整体性保护,意味着全面肯定某种特定的生活方式及其价值观念,可能在无形中凸显了民族特性,强化特定民族的文化认同感与民族身份意识,由此可能产生某种离心力。不仅是民族地区非遗整体性保护可能对铸牢中华民族共同体意识带来负面影响,其他形式的非遗保护或多或少也存在这样的问题。因为非遗保护来自保护文化多元性的理念与政策,而"多元文化政策在推行的过程中,难免会出现夸大族群间文化差异性的倾向,如果任由这种倾向发展,统一的国家认同信念就会被淡化,进而使得多元文化主义演变成另外一种形式的种族主义,使族群之间与国家之间出现分离,极大地削弱国家的凝聚力"③。只有从理论与实践层面解决这个问题,我们才能理直气壮地说,非遗保护"有利于增强中华民族的文化认同,有利于维护国家统一和民族团结"。要在理论层面解决这个问题,笔者认为,不妨从非遗的多主体性与共享性特征入手展开讨论。

---

① 宋俊华主编:《中国非物质文化遗产保护发展报告(2022 年)》,社会科学文献出版社 2023 年版,第 15 页。
② 黄孝东、张继焦:《铸牢中华民族共同体意识视角下非物质文化遗产区域性整体保护》,《广西民族研究》2022 年第 3 期。
③ 蒋红、王超品:《多民族国家民族认同与国家认同整合路径探析》,《思想战线》2014 年第 2 期。

二、非遗的多主体性与共享性

与文物不同,非遗来自集体创造的生活文化,任何个人或群体都不能主张非遗的所有权,因而,究竟谁是非遗的主体,就成为一个比较复杂的问题。虽然非遗的所有权很难界定,但是,任何非遗都有其传承人,非遗的传承主体似乎是确定无疑的。正如苑利与顾军在《非物质文化遗产保护干部必读》中所言,非遗的"传承主体不是政府、商界、学界以及新闻媒体,而是那些深深植根于民间社会的非物质文化遗产传承人"[①]。但问题是,所谓非遗传承人是特指国家认定的非遗代表性传承人,还是非遗所在区域、社群的所有人? 作为国家认定的非遗代表性传承人,其权利与义务是比较清晰的,那么,其他人是否有权传承、传播、利用非遗呢?

其实,不仅非遗代表性传承人以及非遗所在区域、社群的人有权传承、传播、利用非遗,任何公民、法人以及社会组织都有权传承、传播、利用非遗。《中华人民共和国非物质文化遗产法》第九条规定,"国家鼓励和支持公民、法人和其他组织参与非物质文化遗产保护工作"。第三十六条规定,"国家鼓励和支持公民、法人和其他组织依法设立非物质文化遗产展示场所和传承场所,展示和传承非物质文化遗产代表性项目。"很显然,从"非遗法"来看,非遗的传承主体并非特定的传承人或社群,任何公民、法人与社会组织都有权参与非遗的保护与传承、传播工作。也就是说,"非遗法"事实上已经从法律层面明确规定非遗并非属于特定个人或族群,而是属于国家的、人类的,其保护与传承的责任主体也并非特定的个人或族群,而是国家与各级政府以及其他相关部门。对此,《中华人民共和国非物质文化遗产法》第七条规定,"国务院文化主管部门负责全国非物质文化遗产的保护、保存工作;县级以上地方人民政府文化主管部门负责本行政区域内非物质文化遗产的保护、保存工作。县级以上人民政府其他有关部门在各自职责范围内,负责有

---

① 苑利、顾军:《非物质文化遗产保护干部必读》,社会科学文献出版社,2013 年,第 221 页。

关非物质文化遗产的保护、保存工作"。

由于"非遗法"明确规定非遗保护与传承的责任主体是国家与各级政府，而非特定的个人或族群，在保护实践中，这种局外人角度难免产生诸多问题，如破坏了非遗的原生社会语境、过度商业化，等等。有学者甚至认为，这导致了非遗"去主体化"[①]，"村民的文化权利被外来的专家、政府工作人员所遮蔽……村民或文化的创造者、继承者、生产者沦为失语状态"[②]。当然，非遗来自特定社群活态传承下来的生活文化，是当地人自己的文化，其申遗的目的是为特定社区和群体提供认同感和持续感，甚至是为了社区、群体或个人经济方面的功利目的，而不是为了成为所有人的遗产。但问题是，遗产的历史价值、科学价值、审美价值都并不是自明的，而是由国家认定的，一旦申请非遗，实质上就是承认这是国家的遗产，是所有国民共享的文化资源，不仅国家与各级政府，任何公民、法人和社会组织都可能是其潜在的主体。这并不是"去主体化"，而是非遗本身就具有多主体性特征。非遗的多主体性特征并非仅仅出于"非遗法"的规定，而是来自非遗本身的可共享性，正如纳日碧力戈与胡展耀所言，"'非遗'是人人之'非遗'，从普遍的精神价值说，它不是某个人的财富和资源，也不是某个群体的财富和资源，而是每个人、每个群体、全人类的财富和资源"[③]。

有些学者之所以主张非遗代表性传承人或其所在社群是非遗的真正主体，强调非遗的民众性、民间性特征，对非遗保护实践中国家主导、商家与学者参与等外力介入持谨慎的或批评的态度，根源在于混淆了生活文化与非遗的界限。其实，与民俗、生活文化等学术概念不同，非物质文化遗产（Intangible Cultural Heritage）是联合国教科文组织给定的概念，是经由国家认可、接受之后才得以广泛传播的概念，"非物质遗产的一个特点无疑是它

---

① 吴俊彪：《从"与民同庆"到"还俗于民"——以京族哈节为例》，《民族艺术》2013 年第 6 期。

② 杨正文：《民族村寨的文化遗产保护与资源开发风险》，见周永明主编《遗产》（第四辑），社会科学文献出版社，2021 年，第 53 页。

③ 纳日碧力戈、胡展耀：《"非遗"中的互为主体与人类学的社会担当》，《中央民族大学学报（哲学社会科学版）》2016 年第 6 期。

已经被诸如一个法律——行政机构定义并正规化"①。因而,这个概念本身就有着官方性,"与一个民族的主要象征意义的历史社会生产有关,在现代社会中扮演着政治和意识形态的角色"②。换句话说,非遗虽然来自特定社群的生活文化,而且还是活态传承着的生活文化,但是,它本质上已经不同于特定社群的生活文化。作为联合国教科文组织与国家文化政策的产物,非物质文化成为遗产意味着它已经变成了人类的、国家的公共文化。正如高丙中所言,"非物质文化成为遗产,或者简单地说,被命名为遗产的程序就是一种公共文化的产生机制。'非物质文化'是一个表示自在状态的概念,只是表示特殊样式的文化的存在;'非物质文化遗产'是一个彰显文化自觉历程的概念,表明特殊样式的文化已经完成了权利主张、价值评估、社会命名的程序而成为公共文化"③。

非遗作为公共文化,其突出的特征就是多主体性与可共享性。所谓多主体性,就是说非遗所有权属于国家,保护与传承的责任主体是各级政府与相关部门,而使用权则属于全体国民。"在很多情况下,非遗的主体实际上是在认知、保护、传承的实践过程中建构形成的。传统的持有人与保护实践中介入、参与的其他文化群体之间往往形成相互影响互动的关系,非遗保护的主体实际上被建构成具有交互性的主体间性关系。"④当然,这并不排斥联合国教科文组织对非遗持有者权益的特别强调,即认为在非遗保护实践中,"相关社区、群体和个人在保护其所持有的非物质文化遗产过程中应发挥主要作用","创造非物质文化遗产的社区、群体或个人应从源于这类遗产的精

---

① ［法］让·达瓦隆:《记忆与遗产:对遗产化制度的研究》,郭倩译,见周永明主编《遗产》(第七辑),社会科学文献出版社,2023年,第12页。

② Jesús Antonio Machuca, Challenges for Anthropological Researchon Intangible Cultural Heritage, *Anthropological Perspectiveson Intangible Cultural Heritage*, edited by Lourdes Arizpe Cristina Amescua, Springer 2013, p.57.

③ 高丙中:《作为公共文化的非物质文化遗产》,《文艺研究》2008年第2期。

④ 高小康:《作为国家发展战略的非遗保护:分形传承与公共化》,《江苏行政学院学报》2020年第1期。

神利益和物质利益的保护中受益"。[1]

　　注重使用权而非所有权,这是共享理念的核心内涵。由于全体国民都拥有对非遗的使用权,都可以参与非遗保护与传播,因而,任何非遗本质上都是全国各族人民的共享文化。另一方面,从特定地域、社群的非物质文化到全国各族人民共享的公共文化,意味着地方的、民间的、特定族群的小传统文化已经上升为国家的大传统文化。非遗作为大传统文化,就可以纳入国民教育体系之中,就会逐渐去除其地域的、族群的特性,逐渐融入中华民族的主体文化之中。就此而言,特定地域的、族群的非物质文化通过申遗机制事实上已经消除了与铸牢中华民族共同体意识之间的张力,各个民族的非遗都是中华民族优秀传统文化的重要组成部分,保护、传承、传播非遗可以有形、有感、有效地激发民族文化自豪感,铸牢中华民族共同体意识。

三、非遗成为各民族共享文化的实践路径

　　消除非遗保护对于铸牢中华民族共同体意识潜在负面影响不仅是一个理论问题,更为重要的是,要在实践中让各族人民切实认识到、感受到非遗是各族人民共享的公共文化。如何在非遗保护实践中让各族人民切实认识到、感受到非遗是各族人民共享的公共文化呢?

　　首先要重视非遗教育,将非遗教育纳入大学与中学思政教育体系,让青少年正确认识到各个民族的非遗都是中华民族优秀传统文化的重要组成部分,它们已经由各个民族的生活文化转化为国家遗产,已经进入了国家公共文化体系之中。在我国非遗保护实践中,国家向来重视非遗进校园工作,但主要侧重于技能教学以及非遗的展陈、展示与体验活动,缺乏深层次的观念教育,[2]尤其对于高中生、大学生,只有深入开展非遗理论教育,才能让其理

---

① 联合国教科文组织:《保护非物质文化遗产伦理原则》,巴莫曲布嫫、张玲译,《民族文学研究》2016 年第 3 期。

② 张娜、季中扬:《观念教育:"非遗"进高校的路径选择——基于南京农业大学的实证研究》,《中国农业教育》2021 年第 2 期。

念层面充分认识到非遗的价值、功能，深刻理解各个民族的非遗经由申遗程序已经从小传统文化上升为大传统文化，成了各族人民共享的国家公共文化。

其次要重视非遗创造性转化，凸显"过去"对当下生活的建设性意义，"推动各民族文化的传承保护和创新交融，树立和突出各民族共享的中华文化符号和中华民族形象，增强各族群众对中华文化的认同"[①]。笔者在云南、贵州等地调研发现，民族地区非遗手工艺品主要消费群体并不是本地人，而是游客或网民。韩震指出，在当代社会，消费已经成为塑造和表征人的文化认同和自我认同的主要因素，成为界定人们的存在、个性、政治立场、价值观和文化定位的标志。[②] 就此而言，民族地区非遗手工艺品消费并非仅仅出于个人趣味，更为重要的是彰显集体认同与归属感。但是，当地人的历史记忆、文化认同等社会心理似乎并没有成为非遗手工艺品的消费动力。事实上，民族地区的非遗手工艺品生产也并不凸显"原汁原味"的民族文化，而是更为重视具有时尚性的创意设计。晚近几年，"新中式审美"与"国潮"风行一时。所谓"新中式审美"与"国潮"其实就是中华传统文化与当代时尚、审美的结合，是集体记忆、民族情感、中华古典美学观念对当代精神生活的渗透，是中华文化认同的表征。民族地区的非遗手工艺品生产一旦面向全国市场，就必须迎合他者的文化想象、新中式审美与中华文化认同等多重消费心理的叠加。这也就是说，在当代消费社会的文化逻辑下，民族地区的非遗手工艺品显然不会仅仅面向区域性的、小族群的文化认同，而会自觉地选择面向中华文化认同，面向当代时尚审美，通过创造性转化与创新性发展，成为全国各族人民共享的文化符号。就此而言，民族地区非遗通过创造性转化与创新性发展事实上已经不再发挥强化族群特性的文化功能，而成为中华民族文化的象征，成为人们想象中华民族的精神纽带，切实地发挥着铸牢中华民族共同体意识的功能。

---

① 习近平：《在全国民族团结进步表彰大会上的讲话》，《人民日报》，2019 年 9 月 28 日，第 2 版。
② 韩震：《全球化、现代消费和人的认同》，《江海学刊》2005 年第 5 期。

　　再次要进一步加强非遗资源利用,通过文旅融合让民族地区的非遗成为全国各族人民共享的文化符号。文化一直是民族地区发展旅游业的重要资源,作为国家级非遗的民族传统节日几乎都已成为旅游项目,如京族哈节、傣族泼水节、彝族火把节、黎族三月三节、瑶族盘王节、苗族鼓藏节、傈僳族刀杆节等,而民族的歌舞、戏剧等非遗,则往往融入在这些节日之中,是节日的重要组成部分。在有些人类学家与文化学者看来,民族传统节日及其歌舞、戏剧表演本来是民众的生活文化,根植于民众的信仰与生活方式,一旦脱离具体的日常生活场域,成为表演性的旅游项目,就损害了非遗的原真性,①对其传承与保护会带来一定的负面影响。② 还有学者强调,民族节庆旅游虽然具有全球普遍性,但国内民族节庆的旅游化则带有强烈的行政运作色彩,③由于国家力量的强势介入,传统的主体则成为被动的参与者,被纳入政府的官方行动中,④政府主导办节虽然可以全面动员社会力量、整合各方资源,提高节庆的档次和规模,但民族传统节日内核却在悄然发生着变化。⑤ 其实,非遗作为国家公共文化,从国家立场出发保护非遗本身就无可厚非,尤其在民族地区,非遗保护应该以铸牢中华民族共同体意识为根本宗旨,"巧妙地转化为构建民族和国家认同、文化自觉、爱国主义的政治实践工具"⑥。从铸牢中华民族共同体意识角度来看,恰恰是政府参与使得地方的、族群的民间仪式演变为一种国家仪式,各族人民在休闲娱乐语境中真切地看到了民族大家庭欢乐祥和的图景。民族非遗旅游所塑造的这种国家文化

---

① 冯永泰:《民族地区非物质文化遗产的原真性保护与旅游开发》,《黑龙江民族丛刊》2011年第6期。

② 朱凌飞:《仪式·娱乐·展演——对民族民间艺术舞台化呈现的文化批评》,《思想战线》2009年第1期。

③ 李靖:《印象"泼水节":交织于国家、地方、民间仪式中的少数民族节庆旅游》,《民俗研究》2014年第1期。

④ 光映炯、张晓萍:《基于旅游人类学视角的民族节日传承与发展——以西双版纳傣族"泼水节"为例》,《中南民族大学学报(人文社会科学版)》2010年第1期。

⑤ 邱云美:《旅游经济影响下传统民族节庆变迁研究——以浙江景宁畲族"三月三"为例》,《黑龙江民族丛刊》2014年第5期。

⑥ 马强:《服务于政治需求的俄罗斯非物质文化遗产保护》,《云南师范大学学报(哲学社会科学版)》2015年第5期。

形象，不仅仅是一种有形、有感、有效的视觉性表达，更为重要的是，节日的身心融入性可以拉近人们的心理距离，正如拉伯雷所言，在节日中，"人仿佛为了新型的、纯粹的人类关系而再生。暂时不再相互疏远"①。当然，政府主导的非遗旅游所造成的问题也并非无解，关键路径是立足于民族文化本身及持有者，即于新文化语境中发掘民族传统文化的当代价值和存续意义，并获得文化持有者的认同和特定社会文化环境的认可，在开发、变迁中持续获得自我创生不断延续的激活力量。②

四、结语

非遗保护应该审慎接受多元文化主义观念，"多元文化主义本质上是文化相对主义，即通过非价值化的平等主张固化文化差异，从而导致对共同文化价值和世界文化可持续发展前景的否定"③。国家统一、民族团结、人民群众对美好生活的追求，等等，在价值观念层面都高于非遗保护本身。就此而言，民族地区的非遗保护应该以铸牢中华民族共同体意识为根本宗旨。非遗是来自地方的、族群的小传统文化，其延续、维持的往往是特定社群的文化认同，就此而言，民族地区的非遗保护，尤其是建设文化生态保护区与实验区进行非遗整体性保护，不仅未必有利于铸牢中华民族共同体意识，相反，还有可能沦为地方主义、民族主义的工具，对铸牢中华民族共同体意识造成潜在的负面影响。各民族的非遗固然是中华民族优秀传统文化的重要组成部分，但此理论认知必须建立在对各个民族的非物质文化与遗产的明确区分的基础之上。作为生活文化的各个民族的非物质文化，有的是文明的，对于民族团结进步是有积极意义的，有的可能是落后的，会随着社会发展而被逐渐摒弃。而我们需要保护与活态传承的非遗不仅是经由国家评

---

① ［俄］巴赫金：《拉伯雷研究》，李兆林、夏忠宪等译，河北教育出版社，1998年，第12页。
② 何明：《当下民族文化保护与开发的复调逻辑——基于少数民族村寨旅游与艺术展演实践的分析》，《云南师范大学学报（哲学社会科学版）》2008年第1期。
③ 高小康：《非遗美学：传承、创意与互享》，《社会科学辑刊》2019年第1期。

审、认定，具有高度的文化价值，更为重要的是，通过申遗程序，各个民族的非物质文化已经转化为国家的公共文化，不再是特定社群的文化认同对象。很显然，民族地区的非物质文化从小传统到大传统的价值与功能的转换过程并不是显而易见的，这需要深入开展非遗理论教育，需要在实践中推动非遗的创造性转化与创新性发展，需要通过文旅融合，让各族人民在休闲娱乐语境中真切地感受到各个民族的非遗都是中华优秀传统文化，都是可以共享的国家公共文化。

第五章
个案与田野：非遗的当代性

第一节　现代性的两面性与湖州
石淙蚕花的当代传承①

　　"所谓'民俗艺术'，系指依存于民俗生活的各种艺术形态，作为传承性的下层艺术现象，它又指民间艺术中能融入传统风俗的部分。"②早在 20 世纪 20 年代，日本学界就开展了民俗艺术研究。③ 20 世纪 40 年代，国内学者常任侠④、岑家梧⑤等也提出了民俗艺术范畴，但并未做系统研究。20 世纪 90 年代，尤其是 21 世纪以来，民俗艺术研究得到了学界重视，出现了一些

---

① 　此节原文题为《现代性的两面性与民俗艺术的传承困境、机遇及其应对》，发表于《民俗研究》2018 年 5 期。
② 　陶思炎：《民俗艺术学》，南京出版社，2013 年，第 1 页。
③ 　约在 1926 年的年中，数十名日本民俗学者、文艺家、美术家、建筑家、音乐家共同发起、成立了一个小型学术团体，取名为"民俗艺术之会"。该会于 1927 年 1 月创办了自己的学术刊物《民俗艺术》。此后，"民俗艺术"的概念得到了广泛传播和接受。
④ 　常任侠：《民俗艺术考古论集》，重庆正中书局，1943 年。
⑤ 　岑家梧：《中国民俗艺术概说》（1944 年），《中国丛书》选印：《中国艺术论集》（影印本），上海书店，1991 年。

系统性的理论著述。[①] 晚近十来年，在非物质文化遗产保护工程的影响下，民俗艺术的活态传承问题成为民俗艺术研究领域的焦点问题，如黄静华、陶思炎讨论了民俗艺术作为非物质文化遗产活态传承的要素，[②]王伟、卢爱华提出了民俗艺术产业化问题，[③]赵跃、朱冠楠、杨旺生等分别基于韩国四物游戏、苏州胜浦宣卷的个案研究，讨论了民俗艺术的现代功能转换与价值转向等问题。[④] 诚然，在社会现代化过程中，民俗艺术所依存的社会根基坍塌了，民俗艺术成了"文化遗产"，从"生活文化"变成了"民俗艺术"，问题是，究竟是怎样的文化逻辑与意识形态促成了民俗艺术成为"文化遗产"与"艺术"的？民俗艺术自身又是如何应对社会文化现代变迁的？这是一个需要进一步追问的问题。

一、现代性的两面性

民俗艺术由"百姓日用而不知"的日常生活文化变成了"民俗艺术""文化遗产"，从思想意识层面来看，这与现代性观念密不可分。

现代性作为一种思想观念，源于社会的现代化进程。吉登斯就认为，现代性是一种"后传统的秩序"，"意指在后封建的欧洲所建立而在 20 世纪日益成为具有世界历史性影响的行为制度与模式"，"大略地等同于工业化的世界"。[⑤] 整个社会由农耕社会进入到工业社会，民俗艺术赖以存在的社会

---

① 如张士闪、耿波：《中国艺术民俗学》，山东人民出版社，2008 年；陶思炎：《民俗艺术学》，南京出版社，2013 年。

② 黄静华：《民俗艺术传承人的界说》，《民俗研究》2010 年第 1 期；陶思炎：《论民俗艺术传承的要素》，《民族艺术》2012 年第 2 期、2013 年第 1 期。

③ 王伟：《民俗艺术产业化的路径研究》，《学术论坛》2010 年第 8 期；卢爱华：《民俗艺术产业化发展探析》，《东南大学学报（哲学社会科学版）》2011 年第 4 期。

④ 赵跃：《文化传播视角下民俗艺术的传承与再生产——以韩国四物游戏为例》，《民俗研究》2017 年第 3 期；朱冠楠、杨旺生：《民俗艺术的现代性遭遇——以苏州胜浦宣卷为例》，《江苏社会科学》2017 年第 4 期。

⑤ ［英］安东尼·吉登斯：《现代性与自我认同》，赵旭东、方文译，生活·读书·新知三联书店，1998 年，第 3、16 页。

基础彻底改变了,在人们观念变革之前,民俗艺术事实上就已经被历史否定、抛弃了。不仅是农耕社会中使用的竹编、草编、藤编、麻编、线编、棕编、柳编的各种日常生活用具,纺织、印染、刺绣的各种服饰,精心雕饰的木器、竹器、陶器、瓷器等,已然被工业制品取代;诸如年画、剪纸、傩戏、傩舞、农谚,以及完全从日常生活中分离出来的、具有高度审美性的地方戏、木偶戏、皮影戏、评书、快板、鼓词、琴书等,由于离不开农耕社会的文化结构与文化空间,也大都从日常生活中消失了。在社会历史的滚滚车轮下,民俗艺术似乎只能有一种命运,然而,由于现代性意识,我们看到了民俗艺术历史命运的转机。

现代性作为社会现代化的产物,它是社会现代变革在思想意识层面的反映,因而它首先表现为一种对过去与传统的否定意识。正如唐文明所言,"现代性首先是一种时代意识,通过这种时代意识,该时代将自身规定为一个根本不同于过去的时代"①。现代意识是通过否定"过去"确立起来的,"现代"成为一种观念,其本身就意味着这是一个断裂的时刻,即现在与此前是不一样的。在现代意识中,过去习见的各种事物往往成了历史陈迹、奇风异俗。正如约翰·费斯克所言,在现代文化空间中,只有大众文化是"我们的",民间文化则是"他们的",有着一种原初的陌生性,"郊区家室中'农民的'篮子或是'土产的'陶器,总带着某些异国情调"②。也就是说,在现代意识中,人们不会再相信传统民俗艺术携带着某种特殊的"灵韵",能够沟通日常生活世界与神圣世界,相反,"祛魅"之后的民俗艺术却显露出了一身不合时宜的土气。在这样一种现代性意识中,我们显然看不到民俗艺术历史命运的转机。

其实,现代性是有着两面性的,它在否定过去、传统之时,又可能"发现"或"发明"过去、传递新的价值,因为现代性是一种新的价值观念,一切传统事物都面临着"价值重估"。在这种现代性意识中,人们首先看到了民俗艺

---

① 唐文明:《何谓现代性?》,《哲学研究》2000 年第 8 期。
② [美]约翰·费斯克:《理解大众文化》,王晓珏、宋伟杰译,中央编译出版社,2001 年,第179 页。

术作为过去时代"遗留物"的历史价值，进而赋予其"文化遗产"的新身份。只有"发现"或"发明"这种新价值，人们才会乐于购买、收藏这些不合时宜的东西。虽然过去的东西总是有一定历史价值的，但是由于民俗文化的历史叙事大多是模糊、错乱的，人们向来不太看重民间遗留物的历史价值，更遑论当代民间艺人的制作了。这也就是说，现代性意识虽然赋予了民俗艺术"文化遗产"价值，但却难以高估其遗产价值。其次，只有在现代性意识中，人们才可能主要从艺术、审美角度看待民俗艺术，民俗艺术才有可能获得"艺术"身份。在传统社会中，民俗艺术也是具有一定审美价值的，但这种审美价值是依附、从属于某种实用价值的，只有现代性意识才能生发出纯粹的审美观念，才会将"对象"从语境中完全剥离出来，仅仅作为一种"表象"来观照，在这种"分离式""对象化"的审美方式中，民俗艺术才可能脱离日常生活文化，成为独立的审美观照对象，进而成为"艺术"。事实上，我们看到苏绣、剪纸、年画被装裱、放置在画框中，成为一种镜框艺术，就是这种审美现代性的产物。但是，需要指出的是，由于审美现代性是以学院的、精英的艺术观念看待民俗艺术的，又难免贬低民俗艺术的审美理想与艺术价值。

明了了现代性的社会基础及其两面性，就很容易理解民俗艺术在现代社会中的传承困境及其机遇了。在社会现代化过程中，民俗艺术失去了其依存的社会基础，大多数民俗艺术都丧失了其固有的社会与文化功能，很难依靠自力传承与发展下去。其固有功能丧失同时意味着这些民俗艺术失去了接受群体，即使投入大量人力、物力将其保护起来，延长其生命，也很难融为现代文化要素。正如马凌诺斯基所言，一切文化要素"一定都是在活动着，发生作用，而且是有效的"[①]。如果在新的文化框架中旧的文化形态不是活动着的、有效的，而是生硬地附着在新文化之上，即使在一定时间内保持着所谓的"活态"，也终究很难融入到新文化的血肉、肌理之中。因而，民俗

---

① ［英］马凌诺斯基：《文化论》，费孝通译，华夏出版社，2001年，第15页。

艺术作为非物质文化遗产保护之关键是解决其现代功能与价值问题,现代性的两面性恰恰为解决民俗艺术的现代功能与价值问题提供了思想基础。正是由于现代性意识,民俗艺术才成为非物质文化遗产,成为民俗艺术,具有了某种现代功能与价值。因而,如何在遗产价值与艺术价值之间找到结合点与平衡点,可能是民俗艺术在现代社会中应对困境、实现活态传承的关键。下文将通过考察浙江湖州石淙蚕花的当代状况,来具体讨论民俗艺术在现代社会中的困境、机遇及其应对。

二、民俗艺术石淙蚕花的"前世今生"

据农史专家王利华所言,北宋时期,江南蚕业就已发展成熟并逐渐雄踞全国之首,当时两浙路每年向朝廷上供的丝绵占全国总数的 2/3。① 湖州,明清时期蚕桑产业尤为兴盛,顾炎武曾说:"湖塘业已半为桑田"②;同治年间的《湖州府志》称:"尺寸之堤,必树之桑;环堵之隙,必课以蔬。富者田连阡陌,桑麻万顷"③。蚕桑产业兴盛是蚕桑文化发展的基础,最迟至明清时期,湖州地区就已经形成了丰富多彩的蚕桑民俗文化,包括马头娘娘、蚕姑、蚕花五圣的传说,种桑养蚕的农谚、禁忌,因蚕神崇拜而兴起的庙会,与种桑养蚕相关的岁时节日习俗与人生礼仪习俗等。在这些蚕桑民俗文化中,湖州的石淙蚕花就是比较独特的一种。

所谓石淙蚕花,是一种民间手工艺,就是用彩色的皱纸,做成仿真的花朵。其制作手艺并不复杂,先将皱纸染色,剪成花瓣状,用柴须做成花梗,从花蕊开始,由内而外依次扎制,最后用棉线或丝线扎紧。蚕花的民俗用途主要有三类:一是蚕事期间绑在蚕架、插在蚕门上,或放置在蚕室里、蚕匾上;

---

① 王利华:《古代江南蚕俗述略》,《中国农史》1992 年第 4 期。
② [明]顾炎武:《天下郡国利病书·浙江下》,严佐之等校点,上海古籍出版社,2012 年,第 2416 页。
③ 同治《湖州府志》卷二十九《舆地略·风俗》。

二是用于婚丧嫁娶等人生礼仪方面；①三是作为妇女的头饰，蚕事期间或庙会活动中戴在头上。民俗文化影响力的核心指标是"讲究"，民众对某种习俗越是讲究，意味着对这种习俗越是看重。过去蚕花的使用是很讲究的，不同场合需使用不同类型的蚕花。根据蚕花用途的不同，传统的蚕花可以分为五种类型：一支单花加一片叶，称"小蚕花"，主要用于蚕妇掸蚕、插于蚕事用具上驱邪、婚丧嫁娶时讨吉利等；由两朵花合成一支，花瓣或叶片上攀附一个蚕宝宝，称"双蕊花"或"蚕宝花"，主要用于庙会、节日插于蚕妇鬓角；花型较大的一种，称"护心花"，庙会时蚕妇佩戴于胸口；四五朵蚕花扎于一枝，称"埭头花"，旧时流行用作妇女的发簪；两朵花形较大的锯齿状蚕花上下排列，周边绕有小型花片，称"蝴蝶蚕花"，庙会时持在手中。

关于石淙蚕花的起源，在民间叙事中，有两个传说。一是蚕花娘娘的传说。据说，蚕花娘娘在清明节化作村姑踏遍了含山②每寸土地，留下了蚕花喜气，此后谁来脚踏含山，谁就会把蚕花喜气带回去，得个蚕花廿四分③，因而，在含山庙会期间，不仅桐乡县、德清县境内的乡民，乃至嘉兴、吴江等地的蚕农也前来"轧蚕花"④。前来"轧蚕花"的蚕妇们纷纷争购石淙人出售的彩纸蚕花，簪戴在头上，以祈求吉祥如意。二是西施的传说。相传，西施从越国前往吴国，途经杭嘉湖蚕乡时，把美丽的花朵分送给蚕妇，预祝蚕花丰收，那一年，果然是家家蚕花廿四分，从此相沿成习，杭嘉湖蚕乡的蚕妇们就有了簪戴蚕花的习俗。

民间叙事大多渺不可考。从文献资料来看，至少在明代就已有蚕花买卖。明末清初湖州人董说在《村居述》一诗中说："耆旧集中看故国，田家谶

---

① 石淙当地人结婚的时候会为新娘置办一个蚕花匾，称为"嫁蚕花"。蚕花匾内除了放着寓意吉祥的花生红枣之类，还放置"小蚕花"，几支小蚕花配上几支桃形果实，称作"开花结果"。此外，新娘头上要戴蚕花，胸前也要佩戴蚕花。石淙之外，杭州一带家有老人是石淙太君庙香客的，儿女结婚时也会来购买"护心花"一类的蚕花。

② 含山在湖州善琏镇，被视为蚕桑圣地，石淙镇与其毗邻。

③ 蚕花有三种意涵，一是仿真花朵，二是蚁蚕，三是指蚕茧。"蚕花廿四分"是指蚕茧双倍好收成。

④ "轧"为吴方言，是"挤"的意思。"轧蚕花"这个俗称突出了庙会期间人多、热闹的特点。可能出于弗雷泽所谓的"相似律"原理，在民俗文化心理中，往往认为越热闹，事业越红火。

里证残经；卖花人到话新事，除却看山总厌听。"①乡村所卖的花，大概不是真花，而是纸扎的蚕花。清代留下的相关记述尤为多，如朱恒《武原竹枝词》："小年朝过便焚香，礼拜潮音渡海航。剪得纸花双鬟插，满头春色压蚕娘。"其后注释曰："正月三日为小年朝，习俗以是日航海至普陀烧香。戴纸花，号蚕花。"②又如光绪《石门县志》："春时，妇女烧香，鱼贯于路……归时率买纸花攒髻，曰：买蚕花。"③清代崇尚蚕花习俗影响很深，甚至僧界也不免此俗。据湖州人汪日桢《湖蚕述》所言，"俗于腊月十二日、二月十二日礼拜经忏，谓之蚕花忏。僧人亦以五色纸花施送，谓之送蚕花"④。石淙蚕花艺人回忆说，20世纪50年代前，一些石淙村人带着蚕花外出到富阳、绍兴、嘉兴、无锡、塘栖等地"送蚕花"，换取一些粮食、衣物来补给家用。由此可见，由于民俗文化的巨大影响力，石淙蚕花曾经是乡村经济中一种有影响力的手工业。

20世纪80年代之后，中断多年的石淙蚕花又逐渐复兴起来，尤其是2005年国家启动非物质文化遗产保护工程以来，石淙蚕花得到了地方政府的高度重视，不仅给予传承人生活补贴，还建立了石淙蚕花文化馆，中小学开设了蚕花校本文化课程，每周邀请蚕花传承人前来授课。此外，蚕花文化馆还成立了"缤纷小蚕花社团"，每月邀请蚕花传承人前来为社团成员授课两次。石淙蚕花与众多民俗艺术的处境不同，并非仅仅在"保护圈"内完全依靠"输液"而活着，它仍然保有一定的消费市场，主要依靠自力保持着良性的活态传承。当下石淙蚕花制作主要分布在石淙镇的集镇、南坝村、花园湾村、羊河坝村、银子桥村、姚家坝村、镇西村、石淙村等地。"据石淙村党总支书记李彬彬介绍，蚕花制作已成为该村一个不小的产业，300多户人家有一半以上都在做，有的人家一个清明节就可收入四五千元。像北街自然村，家家都在做。"⑤石淙蚕花的销售遍布杭嘉湖地区，每年清明节前，蚕娘们纷纷

① ［明］董说：《丰草庵诗集·卷七》，清初刻本影印版。
② ［清］朱恒：《武原竹枝词》，清刻本。浙江省嘉兴市嘉善县图书馆藏。
③ 嘉庆《石门县志》卷二十四《补遗》。
④ ［清］汪日桢：《湖蚕述》卷二"浴种瀚种"，蒋猷龙注释，农业出版社，1987年，第35页。
⑤ 冯旭文：《石淙蚕花：年年花开盛》，《浙江日报》，2015年1月6日。

带着精心扎制的蚕花，前往含山、桐乡等地销售，更有蚕娘将蚕花带至杭州灵隐寺、余杭、萧山等地庙会上售卖。每年农历正月十一、清明节、九月十六均有来自苏州、嘉兴、嘉善、德清等地数以万计的香客慕名前来"石淙太君庙"进香朝拜，购买石淙蚕花。据说，石淙镇目前还有20家左右从事蚕花销售的门店，我们在调研中看到了五家，问了一下经营情况，普遍都说一年下来毛收入20万元左右，纯利润高的可达五六万元，低一些的也有三四万元。也就是说，时至今日，石淙蚕花还保持着一种比较良好的活态传承状态。

三、石淙蚕花对现代社会变迁的应对

由上文叙述可见，石淙蚕花这种民俗艺术根源于杭嘉湖地区的蚕桑业。在蚕桑业发达时，为了祈求吉祥，蚕事中大量使用这种民俗艺术，蚕农对其也格外虔敬，在蚕室中摆放蚕花时甚至要举行隆重的祈禳仪式，当地人称之为"请蚕花"。在庙会、节日、人生礼仪中使用蚕花也是为了祈求养蚕顺利、蚕茧丰收，而不是为了审美性的装饰。据蚕花艺人回忆，旧时，石淙镇举行太君庙会活动的时候，不戴蚕花的人或祭品是不允许进出太君庙的，认为这是对三位亲姆①和镇海潮王的不恭敬。含山庙会时，见蚕花娘娘也要戴蚕花，表示对蚕花娘娘的尊敬和信诚。然而，在现代社会，湖州地区已经很少有人从事蚕桑业了，②蚕桑民俗文化的影响力已经衰微，在这种情形下，石淙

---

① 据当地民间口头所传，太君庙始建于南宋咸淳十年(1274)，原名协顺庙，为祭祀北宋安徽泗州县兵马都监陆圭而建。陆圭开盐船至石淙，在姚家入赘，生显济、通济、永济三女。宣和年间，石淙发生严重灾荒，陆圭开仓放粮，救活了无数饥民。后来，陆圭率军队在浙江桐庐的七里滩打败了方腊率领的农民起义军，但在率师返回钱塘江时，因船沉而被淹死。陆圭死后，朝廷封他为广陵侯，后又被封为"南堂太君镇海潮王"，在石淙的石淙荡东岸建庙并赐庙号"协顺"，其妻姚氏被封为锦花夫人，三个女儿分别被封为显济、通济、永济夫人，人称大太君、二太君、三太君。因此，民间称"协顺庙"为"太君庙"。民间相传，陆圭夫妇和三个女儿是婴幼儿童的保护神，亲昵地称呼显济、通济、永济夫人为太君亲姆，认为三亲姆尤其灵验。据说，农历正月十一和九月十六是陆圭及其三女儿生日，因此，每年这两天都要举行盛大的庙会。
② 当代湖州地区蚕丝加工业仍然比较兴盛，但其蚕茧、生丝等原料大多不是本地所出，而是来自广西、贵州、云南等地。

蚕花还有一定的消费市场，还能保持良性的活态传承，这是为何呢？

我们发现，这首先与石淙蚕花所处的文化空间密切相关。石淙镇周边有诸多庙会，而且这些庙会在历史上大都与蚕神信仰密切相关，尤其是石淙镇的太君庙会与邻镇的含山庙会。这些庙会成了当下石淙蚕花的重要销售市场。南京艺术学院李立新教授在考察含山蚕花节/庙会后写道："站在含山塔顶远眺，只见从蚕花路到古运河两岸，五彩缤纷的蚕花将整个含山地区妆扮成一个花的海洋，歇波亭、之字道、蚕花地、石孔桥以及商贩、蚕民、村姑、孩童、游客……全被淹没在蚕花之中了。"①据石淙当地人说，石淙镇太君庙会也是石淙蚕花主要销售场所之一，每一个前来的善男信女都会在进庙前买一朵蚕花，男性信众一般将蚕花插在帽子上，女性信众将"小蚕花"插在发髻上，离开庙会前还会买一些蚕花，用来放在船舷、家门、床沿等处，祈求平安、吉祥。庙会向来是各种民俗艺术汇聚的公共文化空间，庙会期间不仅集中上演小戏、秧歌、傩舞等民俗表演艺术，同时也是剪纸、泥塑、面塑、纸扎等民俗造型艺术的交易场合。在庙会这种即圣即俗的特殊文化空间中，潜藏于人们内心深处的传统民俗意识不自觉地就被激活了，消费传统民俗文化符号成为文化认同的一种易于采用的表征。因而，保护庙会这种民俗，就是非物质文化遗产的空间保护，实质上是在现代文化空间中嵌入了一个特殊的文化"生态壁龛"②，为传统民俗文化活态传承建构了一个小环境。

其次，石淙蚕花的良性传承也与其不断调适、能够应对社会文化变迁有关。一是功能方面的调适。当下蚕花在保佑蚕桑生产方面的民间信仰功能已经大为弱化，很少有蚕农因蚕桑生产的民俗活动需要前来购买蚕花了，但

① 李立新:《蚕月祭典——湖州含山蚕花节考察记行》,《艺术百家》2010 年第 1 期。笔者于 2018 年 4 月 5 日考察含山庙会时发现，李立新教授 10 年前看到的"花的海洋"已经消失了，虽然还有十来个出售蚕花的摊位，却已很少有人购买。究其原因，可能与含山庙会收取门票，导致当地民众不愿购票上山参拜蚕花娘娘有关。
② "生态壁龛"(ecological niche)一词在生物学和生态学中经常使用，是指一个种群在生态系统中，时间和空间上占据的位置及其与相关种群之间的功能关系与作用。贡布里希最早使用这个概念来分析艺术与社会文化系统之间的关系。参见高尚学:《"艺术生态壁龛"：贡布里希的一种独特艺术文化史观》,《社会科学家》2014 年第 5 期。

是，由于民俗文化影响力的惯性，人们仍然认同蚕花是吉祥的，因而在婚丧嫁娶中，清明节祭祖、扫墓时以及庙会上，还在习惯性地将蚕花作为一种吉祥物，尤其是清明祭祖，已经成为蚕花消费的重要事由。人们不仅把蚕花视为婚礼上的吉祥物，而且将其看作爱情的象征物。据说，受到李商隐的"春蚕到死丝方尽，蜡炬成灰泪始干"诗句的影响，在含山蚕花节上，不少年轻人也争相购买蚕花赠送情人，以示对爱情的忠贞不渝。① 此说究竟是否确实，很难验证，但是，这无疑是石淙蚕花的一种新的民间叙事，这可能进一步推动了石淙蚕花文化功能的现代转换。二是价值取向方面的调适。随着石淙蚕花民间信仰价值的弱化，其娱乐与审美价值愈发得到重视。当下庙会上人们争相购买蚕花，与其说是为了祈求吉祥如意，不如说是为了与众人一起娱乐。这些游人中，除了虔敬的香客，很少有人愿意出高价购买传统手工制作的蚕花，适应此需求，市面上销售的蚕花大多是从义乌购买成形的花片和各种零件，然后在石淙组装的"塑料布蚕花"。手工制作的蚕花也并不完全恪守传统，普遍采用丝绸或塑料纸代替皱纸，用铅丝代替柴须梗，这样制作的蚕花不易褪色，花梗质地比较坚硬，不易折断，搬运也比较方便。此外，不少当地人开始购买石淙蚕花作为家中日常装饰，蚕花艺人适应此需要，不仅在材料上大胆变革，而且开始重视艺术设计与创新，推出了满束多枝多叶的"满堂灿"、大朵荷花形状的"莲荷蚕神"，以及单只或一束仿真的玫瑰花等新类型蚕花。很显然，美观、实用，而不是恪守传统，是当代石淙蚕花的主要价值取向。

值得注意的是，当下石淙蚕花一方面在价值取向上讲究美观、实用，开始重视艺术设计与创新，另一方面仍然主要用于婚丧嫁娶等民俗活动与日常装饰，这与完全脱离日常生活、认同"纯艺术"的苏绣等民俗艺术不同。这为我们思考民俗艺术"在日常生活中传承传统"与"审美转向"②之间能否并行不悖这个理论问题提供了一个典型案例。当地文化站负责人曾对我们

① 冯旭文：《石淙蚕花：年年花开盛》，《浙江日报》2015年1月6日。
② 关于民俗艺术的审美转向问题，可参阅季中扬：《"遗产化"过程中民间艺术的审美转向及其困境》，《民族艺术》2018年第2期。

说,石淙蚕花材料普通,工艺简单,很难像苏绣、木雕那样成为一种现代工艺美术,因而活态传承的困难较大。其实,用于日常生活的民俗艺术大多材料普通,工艺简单,但这并不妨碍它们成为具有高附加值的现代手工艺术。比如在日本,许多曾是日常生活中使用的民俗艺术都成了珍贵的现代手工艺术。这些日常生活中的民俗艺术之所以能成为现代手工艺术,一方面在于传承人有文化传承意识,另一方面还在于他们有现代艺术理念,能够真正审美地对待自己的手艺。也就是说,能够自觉地在"日常生活中传承传统"与"审美转向"之间找到结合点。这种自觉意识非常重要,而且这种自觉性唯有现代性意识中才能生成。社会文化总是处于不断变迁之中的,并非只有在现代社会民俗艺术才需要不断调适来应对变迁,但唯有现代性意识才能使其调适与应对由不自觉而自觉。

总而言之,正是在现代性意识中,民俗艺术具有了文化遗产价值与独立的审美价值,只有人们自觉地将这两种价值取向统一起来,在传统传承与审美转向之间找到一个结合点,才能更好地解决民俗艺术在日常生活中的活态传承问题,而不是将民俗艺术变成博物馆艺术或画廊中的"纯艺术"。

四、余论

石淙蚕花与诸多民俗艺术不同,在现代社会中,由于它实现了功能转换,调适了价值取向,因此仍然能够不依靠外力保护而活态传承。但是我们也看到了其中隐藏的问题。一是蚕花已经不再主要与蚕事相关,还叫蚕花吗?当地非物质文化遗产管理人员就认为,只有庙会上的蚕花才是真正的蚕花,清明祭祖以及家庭装饰用的蚕花并非真正的蚕花,充其量只是一种纸扎艺术而已。其实,任何一种民俗艺术,其功能与形态都不是变动不居的,"老辈传下来的""向来如此"等话语,不过是一种民间叙事,一种文化幻觉。事实上,江南地区簪戴纸花、绢花习俗远比"蚕花"这个名称要久远得多,只是到了明清时期由于蚕桑文化强大的影响力,人们才称各种纸花、绢花为蚕花。其时,很多场合使用的纸花、绢花也与蚕事活动无关,但人们仍称这些花为蚕花，可见"正名"在民间并非什么要紧事。二是当下市场上几乎没有传统的纸扎蚕花，大多是从义乌购进花片组装的，这还叫非物质文化遗产的活态传承吗？其实，一旦民俗艺术所依附的民间信仰力量弱化，就不会那么讲究传统，其用材、工艺等就会随着社会生活发展而不断变化。我们在调研南京"秦淮灯彩"时发现，现代花灯制作的工艺、用材也没有恪守传统，传承人甚至以不断创新为能事。① 从非物质文化遗产保护角度来看，这是符合联合国教科文组织《保护非物质文化遗产国际公约》提出的非物质文化遗产"在各社区和群体适应周围环境以及与自然和历史的互动中，被不断地再创造"这个原则的。因而，现代蚕花制作是否使用传统的材料、工艺、花型，这并非关键问题。关键问题在于，不管是传承人，还是一般从业人员，仅仅依靠社会需求，而不是外力保护让蚕花艺术活态传承下去。我们在调研中发现，当地人在日常生活中会购买蚕花用于家庭装饰，这就意味着人们已经开始主要从审美方面看待蚕花艺术了，蚕花艺人能否抓住这个契机，手工制作出具有高度审美价值的蚕花，真正实现蚕花艺术功能与价值的现代转型，这是值得石淙蚕花传承人与当地非物质文化遗产保护管理人员认真关注的问题。现代性的文化逻辑已经在理论上担保了这种文化自觉，但文化自觉成为现实还需要多种社会力量的不断努力。

第二节　传统节日的公共性与闽东端午节的当代传承②

节日内在地要求群体聚集，正如伽达默尔所言："假如有什么东西同所

---

① 被访谈人：曹真荣、戴玉兰；访谈人：赵天羽，南京农业大学民俗学专业 2016 级硕士研究生；访谈时间：2017 年 11 月 17 日下午；访谈地点：南京市秦淮区大油坊巷 75 号南京东艺彩灯厂。
② 此节原文题为《传统节日公共性的现代传承——以福建瀲城村端午节为例》，发表于《华东师范大学学报（哲学社会科学版）》2023 年第 2 期。

有的节日经验紧密相连的话,那就是拒绝人与人之间的隔绝状态。"①从葛兰言等人的研究来看,中国上古时期的节日不是以家庭为主要活动空间的,甚至不限于村落社区,而是更为广大区域的人们"集合到一起重新构造他们与之休戚相关的共同体"②。汉代以降,节日对家庭伦理的确认与再生产虽然越来越突出,但节日在社区交流与团结中仍然扮演着重要角色,尤其是元宵节、社日、端午节等。简而言之,不论是从节日起源的社会心理层面,还是从节日的历史发展来看,聚集性与公共性都是传统节日的基本属性。在现代社会,城里人越来越"宅",生活在乡村里的人也出现了"原子化"倾向,现代性强化了社会交往的工具理性,主体性的彰显弱化了人们的公共性诉求。因此,重新发掘传统节日的公共性,对消除个体与社会之间的隔膜具有重要意义。不仅于此,这种公共性可以有效地建构集体认同,增进社会网络稠密性,提升社会资本存量,对于乡村团结与发展还有着重要意义。

一、传统节日的公共性

"公共性"是一个来自西方哲学、政治学的范畴。汉娜·阿伦特最早明确将其作为一个重要"问题"提出,并进行了系统论述。汉娜·阿伦特认为,公共性是人的本质规定,她说:"由于我们的存在感完全依赖于一种展现,因而也就依赖于公共领域的存在,在这一领域中,事物可以从被掩盖的存在的阴影中走出并一展其风貌,因此,甚至是照亮了我们的私人生活的微光,最终也从公共领域中获得了更为耀眼的光芒。"③然而,在现代社会,就连极其重视公共生活的法国人,其伟大而荣耀的公共领域也衰落了,他们成了在"微不足道的事物"中寻求快乐的艺术大师,"他们在自己

① 〔德〕伽达默尔:《美的现实性一作为游戏、象征、节日的艺术》,张志扬等译,北京:生活·读书·新知三联书店,1991 年,第 65 页。
② 〔法〕葛兰言:《古代中国的节庆与歌谣》,赵丙祥、张宏明译,广西师范大学出版社,2005 年,第 161 页。
③ 〔美〕阿伦特:《人的条件》,王世雄等译,上海人民出版社,1999 年,第 39 页;第 39—40 页。

的四堵墙围起来的空间里，在柜子与卧床之间，桌椅之间，猫狗与花盆之间，给予这些事物一种照料和关爱，这种照料和关爱在一个快速的工业化不断地抹杀旧事物、创造新事物的世界里甚至可能成为这一世界最后的、纯人道的角落"①。

公共性不仅与私密性相对，更为重要的是，它还与"国家"范畴相对应，意味着"民众"与"社会"的自我组织和整合程度。正如中井检裕所说，"公共性不是行政的独占物，作为新的公共性应着眼于长期被行政轻视及压抑的地域社会中所孕育出的身边的'小的公共性'，并以此为基础促进地域的再生"②。我们正是在这个意义上发现，基于村落语境与地方"小传统"，传统节日的公共性及其传承机制对促进区域团结与发展，具有重要意义。

在当代社会，春节、清明节、中秋节等以家庭伦理关系确认与再生产为主题的传统节日并没有被民众轻视，所谓传统节日现代危机主要体现在其公共性的衰微。民俗学界很早就关注到了传统节日的公共性问题。早在十多年前，高丙中等人就讨论过传统节日的公共性问题。③ 节日的公共性与人们在公共空间中的社会交往密切相关，因而，民俗学者对节日公共性问题的讨论主要围绕节日公共文化空间问题展开。王霄冰发现，节日营造了一种特殊的公共文化空间。④ 宋颖指出，"如果节日失去了空间上的呈现，而仅存有时间上的节期标识，不得不说，这时的节日已经是个死亡的节日了，'它消失了'，像寒食节"⑤。诚然，节日的公共性不断再生产着公共文化空间，公共文化空间是节日公共性的主要表征，就此而言，文化空间确实可以作为研究节日公共性的重要视角。但是，节日的公共性不仅仅表现在公共文化空间的营造与呈现方面，它还涉及社会交往方式等问题。王加华较早认识到了

① ［美］阿伦特：《人的条件》，王世雄等译，上海人民出版社，1999年，第39—40页。
② ［日］中井検裕：《都市計画と公共性》，转引自郑南：《东北草根组织的发展与地域社会建设——以日本"新公共性理论"为参照》，《学习与探索》2015年第9期，第30—34页。
③ 关昕：《"文化空间：节日与社会生活的公共性"国际学术研讨会综述》，《民俗研究》2007年第2期，第265—272页。
④ 王霄冰：《节日：一种特殊的公共文化空间》，《河南社会科学》2007年第4期，第5—8页。
⑤ 宋颖：《论节日空间的生成机制》，《民俗研究》2017年第5期，第15—20页。

这个问题,他提出,节日是一种重要的人群聚合与社会交往方式,表现出明显的"公共性"特征,具有动员民众、凝聚人心、加强亲情与友情,增强群体、社区与地域认同感的积极价值与作用,是家庭、家族、社区、地域认同的重要体现与载体,对于当下基层社会建构与治理具有重要意义。① 其实,即使是处于家庭空间的诸多仪式与庆祝,参与者所建构的社会空间,覆盖了家族、姻亲、邻里等多重社会关系,也具有一定的公共性。②

"公共性不是自生的,而是要创造、要维持的。"③传统节日的公共性也不例外,也需要创造、维持。在当代传统节日振兴实践中,国家与民众正在协同致力于节日公共性的创造与维持,这样的案例很多。本文选择闽东福鼎市潋城村端午节作为研究对象,不仅想"深描"这个村落传统节日,更为重要的是,想从其节日传说、现代转型、传统组织民俗资源利用三个维度,探究传统节日公共性传承与再创造的社会机制。

潋城村,又称冷城、潋村、蓝溪村,位于福建省福鼎市太姥山东麓,隶属太姥山镇(又称秦屿)管辖,三山环抱,一面临海,有蓝溪、吉溪两条河流经村落,下辖六个自然村。④ 2021 年 12 月,潋城村被列入第一批中国传统村落名录。考古发现,从商周时期开始,潋城村一带就有人类活动痕迹。⑤ 据杨氏族谱记载,唐武宗会昌年间因"蛮夷猾夏",杨氏一族由淮西举家入闽,先至浦城,唐咸通间,由浦城徙居长溪潋村(今潋城)。⑥ 其后,叶、王、刘等姓氏族人相继迁徙至潋城一带。明代嘉靖年间,为抵御倭寇侵扰,以四姓为主的

---

① 王加华:《作为人群聚合与社会交往方式的节日——兼论节日对基层社会建构与治理的价值》,《东南学术》2020 年第 2 期,第 100—109 页。

② 郑莉:《私人宗教仪式与社区关系——莆田东华"谢恩"仪式的田野考察》,《开放时代》2009 年第 6 期,第 117—128 页。

③ [日]斋藤纯一:《现代日本的公共性话语》,载于[日]佐佐木毅、[韩]金泰昌主编:《公共哲学·第三卷·日本的公与私》,刘雨珍、韩立红、种健译,人民出版社,2009 年,第125 页。

④ 6 个自然村包括城内、缸窑、小窑、西门外、南山、横塘。

⑤ 秦屿冷城大段山、小兜山及周围外才堡九帅斧宫山、彭坑村后门山,均有新石器时代石器、陶片等文物出土。(参见福鼎县地方志编纂委员会编:《福鼎县志》,福州:海风出版社,2003 年,第 743 页。)

⑥ 大明成化二十三年岁次丁未仲秋月杨氏二十二世孙撰《重修族谱序》,见《杨氏宗谱》,该书暂未出版。

滋城村民合力修筑潋城城堡。[①] 村内分四境，均建有宫庙。[②]

2021 年以来，我们多次在该村进行田野调研，发现该村传统文化存续状况较好，一些地方信仰还在影响着村民的价值观念、行为方式，如初一、十五点香；每逢佛诞之日，常有村民前往寺庙拜忏。尤其是当地的端午节，是春节之外最被看重的传统节日，每逢端午节假日，大量外出务工的村民会自发回到潋城，庆祝端午。端午节已经成为该村与外部世界联结的重要机制，一定程度上减缓了村落因城市化、人员外流导致的村庄"空心化"危机。

二、节日传说：传统公共性的维系

传统节日往往借助传说讲述传统、重构传统，以维系集体记忆与文化认同。如介子推传说之于寒食节、屈原传说之于端午节、牛郎织女故事之于七夕节。潋城村端午节有一个具有地方性的起源传说，而且形成了一个"传说圈"[③]，成为传统节日公共性传承的重要装置。

潋城村的端午节习俗比较特别——五月初四晚，村民会在家里设酒席款待姻亲，初五家人聚餐庆祝节日，当地人称为"双端午"[④]。据村民说，一般

---

① [清]黄鼎翰总纂：《福鼎县乡土志·地理》，载于周瑞光汇编：《福鼎旧志汇编》，厦门大学出版社 2012 年，第 584 页。

② 堡中划为四境：东麓境、庆云境、金鳌境、东牙境。东麓境设宋代建成的泗州文佛石屋、七圣庙（后迁至城外村委会楼附近）；庆云境分布有道光九年建成顺懿庙；金鳌境处设杨八宫庙；城北东牙境，因风水问题不设城门，俗称"衙门里"，齐天大圣宫建在此处。除此以外，由潋城杨氏捐资建成的灵峰寺及供比丘尼修行的莲花寺均建在西门外附近，附近山中还零星分布有几处大小宫庙。

③ 杨察院传说广泛流传于福鼎民间，2012 年被列入福鼎市级非物质文化遗产。以潋城村为中心，该传说广泛流传于屯头、礼澳、日澳、官村、佳垮、斗门、三佛塔、岚亭、清溪、安福等周边村落。

④ 端午节又名女儿节，很多地方都有婚嫁不久的女儿回娘家躲端午的习俗，但是，这个习俗主要流传于北方，南方地区很少见，而且即使是北方，也没有"双端午"节俗。福鼎居民很多是来自北方的移民，"双端午"节俗很可能是北方躲端午节俗的变异形态。

在初四当晚,男性长辈会给家中儿童讲述"双端午"的来历。① 传说内容大致如下:

> 南宋绍熙年间,太姥山激城村,出了个杨察院,本名杨国显。
>
> 这一年,杨国显返乡探亲,来到草堂山凭吊了林嵩草堂后,就到芭蕉寺游玩,想不到碰到当年同窗好友蒋仁山,在这个寺做当家,仁山法号善本,热情留宿,并派两个小和尚伺候他。
>
> 第二天,杨国显自己一人在大雄宝殿玩,见殿里挂的大钟特别大,很感兴趣,随手拔下一个钟棰撞钟三下,钟声未歇,见殿角壁上忽然开出两扇门,国显一看,原来是个暗室,里面有许多妇女,国显一问,妇女们大哭说:"芭蕉寺当家善本,明做和尚、暗中在草堂山结寨,私设草皇埕,拦守东溪,抢劫民财;并在大殿设下机关,我们这些妇女到这里烧香,一跪拜就落下陷阱,关在这个暗室,受尽奸淫。"国显一听大惊,想转身回客房,就被追来的两个和尚捆住,关押在厨房楼上的一个暗间。
>
> 在受害妇女帮助下,杨国显得以逃离。逃到半山一炭窑,又得到七个炭夫的帮助,方回到激城。几天后,杨国显就回住所,带领兵马到激城,并召集起激城数百村民带路,古历五月初四这天,就杀羊宰猪提前做端午节,于五月初五日攻打芭蕉寺。②

该传说解释了激城村"双端午"节日的地方性起源。杨氏后人认为,传说的主人公"杨察院"就是他们的先人杨惇礼。③ 传说发生地旧名灵山,唐林

---

① "小孩子六七岁的时候,会讲给他听。一般在初四晚上,饭吃完坐下来就聊这些事情。"(访谈对象:王某平,原激城村村主任;访谈人:王静;访谈时间:2022 年 5 月 9 日。)"没有特意去讲过,一般在端午节吃饭时候,随便说说。小孩太小,说了他们也不太懂。长大了就自然知道了。"(访谈对象:王某元,激城村人;访谈人:王静;访谈时间:2022 年 5 月 9 日。)
② 福鼎县民间文学集成编委会:《中国民间故事集成·福建卷·福鼎县分卷》,内部发行,1989 年,第 120—122 页。
③ 杨氏后人杨有希认为,从族谱上看,杨惇礼同一代中有族人姓名为国字辈,因此推测杨惇礼可能在族中也称"杨国显"。

嵩结茅山中,由此更名为草堂山。^①　传说另一个文本《白云寺与摩霄庵》中,主人公称作"杨国显",地点也改成了国兴寺,演化出更为奇幻的故事。^②　这个文本中提到的摩霄庵、白云禅师、国兴寺等,在嘉庆年间的《福鼎县志》中均有记载。^③　该传说通过与真实的历史人物、地点相关联,不仅建构了地方认同,而且圈定了地方性知识的共享边界。谭清华指出,"公共性一般就是指人与人之间的相互共享性。……是指人的一种存在状况,比如同一个社会群体中的人总是相互共享着某种文化、语言习惯、思维方式等"^④。另一方面,传说也是活的历史记忆。^⑤　该传说不仅解释了端午节的地方性起源,建构了地方认同,还通过"空间、人际交往、身体等文化要素的合谋下加固对于某种时间的切身感受,并不断将时间再现于自己的实际生活"^⑥。传说作为"历史的多层黏合体"^⑦,形成对整个村落历史的时空整合,它动态地影响着乡村内部网络和村际关系。^⑧　换句话说,传说文本内部的地方性知识及其历

---

① ［清］黄鼎翰总纂:《福鼎县乡土志·六都分编》,转引自周瑞光汇编:《福鼎旧志汇编》,厦门大学出版社,2012 年,第 590 页。

② 其中提到:鲮鲤精与国兴寺妖僧狼狈为奸,白云禅师显圣协助杨国显大获全胜,鲮鲤精被降服后,化作太姥山一景——"鲮鲤出洞",魔消庵更名为"有烧庵"。薛宗碧整理:《白云寺与摩霄庵》,转引自中国民间文艺研究会福建分会主编:《太姥山民间传说》,福建人民出版社,1982 年,第 47 页。

③ 摩霄庵:"一名白云寺,在太姥巅"。国兴寺:"在八都。一名兴国寺。《州志》:'在太姥山东。唐乾符四年,僧师待建,今废。石柱、石塔、石池尚存。'《三山志》'国兴院,宋大中祥符四年置'。误"。白云禅师:"修行于摩霄庵。庵多魅,现形叵测,师住月余,魅遂灭"。可参见［清］谭抡纂:《(嘉庆)福鼎县志·卷七》,转引自周瑞光汇编:《福鼎旧志汇编》,厦门大学出版社,2012 年,第 268、271 页。

④ 谭清华:《从人的公共性到公共性的人——论人的公共性及其发展》,中国社会科学出版社,2015 年,第 10 页。

⑤ 赵世瑜:《传说·历史·历史记忆——从 20 世纪的新史学到后现代史学》,《中国社会科学》2003 年第 2 期,第 175—188 页。

⑥ 马光亭:《赶集与聚会:再现于乡村生活的两种时间指向》,载于中国民俗学会、北京民俗博物馆编:《传统节日与文化空间:"东岳论坛"国际学术研讨会》,学苑出版社,2007 年,第 103 页。

⑦ 万建中:《民间传说的虚构与真实》,《民族艺术》2005 年第 3 期,第 71—75 页。

⑧ 陈春声、陈树良:《乡村故事与社区历史的建构——以东风村陈氏为例兼论传统乡村社会的"历史记忆"》,《历史研究》2003 年第 5 期,第 115—126 页。

史记忆,明确了公共性的范围与边界;而传说的动态讲述过程与叙述行为,又不断地塑造着村落公共性。其实,节日传说,即使不被时刻口头讲述,也能成为民众默会知识,潜在地产生影响。

民间传说与官方历史叙事不同,它不是为了鉴往知今,也无意于建构谱系,它只强调特定的时间点,以此强化民众的集体记忆,进而为当下日常生活提供应对事件的一种经验模式。就杨察院传说而言,它叙述了村庄集体自卫事件,其再生产的公共性为应对类似事件提供了一种经验框架。

《福鼎县志》记载:"福鼎地处闽北,与浙洋交界,最要口岸有三:曰南镇,曰滋城,曰秦屿,逼近外洋……前代(指明朝)屡遭倭警。"[1]除此以外,还有"山贼蔓延"[2],各种武装屠戮,如"洪武二年,温州叛贼叶丁香由桐山寇州,屠戮甚惨"[3];清咸丰十一年十月十八日,浙江平阳金钱会匪由分水关进入,攻陷福鼎县城,焚毁城内外三千余家;[4]民国十九年,屏南匪首何金标率领数百人由霞浦柘洋至白琳,经管阳、浮柳、仁山、石床等乡时,各乡悉遭劫掠。[5]

福鼎及周边地区为抵御倭寇、山贼、浙匪,各乡各村往往合力修筑城堡。[6] 嘉靖年间,激城村叶、杨、王、刘等姓分段兴筑乡堡。村民不仅修筑防御工事,还以民间叙事方式进行心理建设,他们不断讲述杨察院带领村民智取草堂山(国兴寺)的传说,其实是有意识地延续、传递抵抗暴力的地方经验。在日常讲述过程中,人们不断根据现实需要增减故事情节。为了突显

---

① [清]谭抡纂:《(嘉庆)福鼎县志·卷五·海防》,载于周瑞光汇编:《福鼎旧志汇编》,厦门大学出版社,2012年,第159页。

② [民国]高穰修,周梦虞、周梦庄纂:《(民国)福鼎县志·卷三·大事志》,载于周瑞光汇编:《福鼎旧志汇编》,厦门大学出版社,2012年,第354页;第355页;第358页。

③④⑤ [清]谭抡纂:《(嘉庆)福鼎县志·卷七·杂记》,载于周瑞光汇编:《福鼎旧志汇编》,厦门:厦门大学出版社,2012年,第274页。

⑥ 嘉庆版《福鼎县志·卷一·城池》记载了包括激城、前岐堡、古城堡、蔡澳堡、窑口堡等在内的共29处古堡,参见[清]谭抡纂:《(嘉庆)福鼎县志·卷一·城池》,载于周瑞光汇编:《福鼎旧志汇编》,厦门大学出版社,2012年,第38—40页。

福温古道"潋城支路"①的重要性，人们增加了山寨拦路抢劫情节。为了凸显村际联系，有的讲述强调，除潋城外，还有屯头、才堡等共四个村联合参与。为了凸显经验的模式意义，有的讲述不再深究"杨察院"指涉的具体历史人物，常使用"村里一个姓杨的"，或直接省略主人公，着重强调村民集体反抗及胜利归来后的端午节庆祝的情节要素。以 2000 年出生的村中青年的讲述为例：

> 带头的人我不清楚，我听到的双端午，是以前山贼到我们村把少女、儿童掳到山上去了，因为第二天就是端午节，然后村里年轻人就想把那些人救回来，让他们过端午。村里的人说，怕他们回不来，就提前一天给他们过个端午节。后来把人救回来了，所以我们提前一天是为了纪念他们，之后就提前一天过端午节了。②
>
> 具体的我也不清楚，就是打倭寇，怕回不来，就提前吃饭。③

由此可见，与文本化的民间传说不同，在日常的民间叙事中，人们侧重于解释"双端午"节日起源。一方面，随着人们不再面临村庄自卫压力后，集体反抗暴力的情节在日常叙述中就逐渐淡化了，在有些讲述中，甚至遗失了杨察院深入贼窝探查敌情等故事情节。另一方面，即使不太了解这个传说的村民，也都知道这个传说与"双端午"节日集体庆祝与聚集之间的渊源关系。在有些讲述中，甚至出现了情节倒置的情况——原本得胜回来再次庆祝端午，变为怕影响过端午，提前至初四集体庆祝。这说明传说的公共性面

① 调研中，有村民提到一个传说："我们对面有一个山寨，以前去福州必须要经过那条路，担着大米、茶叶到那里都要被劫掉。"（被访谈人：王某传；访谈人：王静；访谈时间：2021 年 2 月 5 日）。"那条路"指的是过去连接闽浙的"福温古道"。《福鼎县乡土志》中记载福温古道"潋城支路"具体线路："自八尺门左上到瓦窑岗，（十里）。越车头山，（十里）。下纪坑，（十里）。过佳阳，抵潋城（十里）。"（参见［清］黄鼎翰总纂：《福鼎县乡土志·地理·道里》转引自周瑞光汇编：《福鼎旧志汇编》，厦门大学出版社，2012 年，第 605 页。）
② 访谈对象：潘某雅，22 岁，潋城村人；访谈人：王静；访谈时间：2022 年 5 月 9 日。
③ 访谈对象：杜某，22 岁，潋城村人；访谈人：王静；访谈时间：2022 年 5 月 9 日。

向在当代发生了重要转变——动员村落防卫转向了强调节日庆祝。

三、办会:传统节日公共活动组织方式的现代转型

在现代社会,办会已经成为村落传统节日资源转化的重要形式。如海南五指山市黎族、苗族"三月三"①、凉山彝族国际火把节②、云南西双版纳景洪市泼水节③、恩施土家女儿会④,等等。正如诸多研究者所见,传统节日转型为面向游客的办会,往往并非民间自发、自为的,而是政府引导,甚而有外来资本介入。政府与资本等强势力量在扩大地方文化影响力,推动地方发展方面确实功不可没,但是其资源挖掘、重新编码等操作方式也容易破坏地方文化脉络及其文化生态,损害文化主体的基本权益。另外,我们也得承认,从节日公共性传承角度来看,办会作为一种现代组织方式,它不仅能够成为村落与外部链接的重要纽带,为乡村发展带来资源,还能够有效动员、组织村民积极参与传统节日活动,拓展节日的公共性。正如有学者所言,"民俗节日在尚未'遗产化'前,就已经具有了广泛的公共性,此时是一种日常生活意义上的公众认同、公共享有;当其被纳入公共话语体系,渐趋演化为一种重要的政治文化工具之时,便具有了'日常生活之外、超越地方社会'的公共性"⑤。

从2019年开始,漖城村端午节就从家庭活动转变为村落的公共庆祝活动。2019年,村委策划举行了大型双端午民俗文化活动,2020年因疫情停

---

① 毛巧晖:《非物质文化遗产视域下的民族传统文化的保护与发展——以海南黎族苗族"三月三"节为例》,《文化遗产》2012年第4期,第46—52页。

② 李玉臻:《从边缘到中心:旅游背景下民族传统节日转型研究——以四川凉山彝族火把节为例》,《学术论坛》2009年第2期,第90—93+135页。

③ 李靖:《印象"泼水节":交织于国家、地方、民间仪式中的少数民族节庆旅游》,《民俗研究》2014年第1期,第45—57页。

④ 桂胜、谌骁:《共谋与协力:节日类非物质文化遗产保护的资源化实践——以恩施土家女儿会为例》,《民俗研究》2021年第3期,105—114页。

⑤ 毛巧晖:《乡村振兴战略背景下民俗节日的传承发展》,《中国非物质文化遗产》2021年第2期,48—53页。

办一年,2021年举办了第二届"漱城双端午民俗文化旅游节兼太姥山镇第三届乡村旅游文化节"。办会延续并拓展了"双端午"节日庆祝的公共性传统:家庭聚餐转为集体性的百家宴,同时创造性地融入了民俗文艺演出、民俗文化景观设置等诸多新形式。

漱城村端午节与众不同之处是,五月初四这一天,村民往往在家中设酒席款待姻亲。晚近几年,由于旅游开发,漱城村将私家招待姻亲转化为百家宴,以村落为单位集体招待各家亲戚,2019年有100多桌,2021年有300多桌。各家姻亲是村落办会的主要来宾。我们看到,百家宴将传统的血缘联结嵌套在当下村落节日办会的组织结构之中,一定程度上延续了节日传统,得到了村民的广泛支持。村民徐某说:

> 村里办比较热闹,大家也比较喜欢。家里办没那么多人,也不是很热闹。村里面办,还会布置一下,办得那么热闹。肯定大家一起办好。①

她甚至认为,村里办会是接续了历史传统:

> 以前打倭寇的时候,大家都是一起办的。打山贼的时候大家也是一起办的,大家一起吃完了晚上去打山贼。打赢了,第二天初五,大家又庆祝一下,补办一下端午节嘛。后来才分开了大家自己做自己的。前年,村里把大家组织起来一起办,就热闹嘛。②

另一位陈姓村民补充说:

> 听村里九十几岁的老人家说,他做小孩子时候,端午节就是全村集

---

① 访谈对象:徐某,40岁,漱城村人;访谈人:王静;访谈时间:2020年6月20日。
② 访谈对象:陈某,漱城村人;访谈人:王静;访谈时间:2022年6月19日。

中起来吃晚饭。说是因为过去要去打山寨,全村一起吃,方便统一走。否则,有的人早,有的人晚,没法统一行动。①

　　面向旅游的节日办会,大都重视以地方文化符号再造文化景观,潋城村也不例外。如为了彰显潋城村种蓝、染蓝的悠久历史,村落空间中到处悬挂着"蓝印花布";为了叙述明清时期潋城村集体抗倭的历史,古堡城顶的炮台悬挂着抗倭战旗,等等。在办会模式中,潋城村不仅挖掘、借鉴了百家宴形式,再造富有地方性的各种文化景观,还积极吸纳、整编民间游艺、民间美术等各种文化资源,对外加强节日庆典的文化形象塑造,对内激发村落文化认同,拓展村落传统节日的公共性。在节庆期间,主要民间游艺节目有打拾锦、肩膀戏、木偶戏等。肩膀戏也称肩头棚、平讲戏,在鼓、板、丝弦、笛子等乐器伴奏下,儿童着戏服立于成年人肩膀上扮演故事人物,整体队伍或直线行进,或是交叉回旋,有打四门、穿五门、鲤鱼跳龙门等多种队形。②打拾锦以昆曲为蓝本,吸收民间曲调而成,演出时以横笛为主,辅以板胡、二胡、中胡、高胡、三弦、月琴、琵琶、撞铃、木鱼、夹板、鼓、大锣、小锣、大钹、小钹,主要表演曲目有《想当初》《赶渡》《醉酒》《锦衣玉食》等。③20世纪八九十年代之前,福鼎大部分乡镇凡有节日、庙会、祭祀等活动,都少不了木偶戏表演。福鼎木偶戏主要有两种,一是提线木偶戏,二是布袋木偶戏。打拾锦、肩膀戏、木偶戏等,原本都是正月十五临水宫巡游时才展演的,挪用到端午节演出,不仅丰富了办会内容,而且促进了村民对村落其他公共活动的参与度。一位村干部对我们说:

　　　　我们"双端午"能够一年比一年办得更热闹、更好,是因为村民们觉得有意思,很喜欢,参与度高,认可度高。这个活动成功了,村民更团结

---

① 毛维书:《冷城村史》,2002年,内部资料,第52页。
②③ 季中扬、梁建恕:《传统节日传承机制与当代实践研究》,南京大学出版社,2022年,第190—191页。

了,就会积极参与村里其他公共活动,比如选举等。我们村委会选举,如果没有村民广泛认可的话,是干不长久的。[1]

节日办会一方面拓展了传统节日的公共性,促进了村落共同体意识的凝聚,另一方面也产生了诸多新的问题。其一,村落集体节日庆典作为一种强势文化形式,影响了以家庭为单位的传统节日文化传承。我们在调研中发现,五月初四私人家庭招待姻亲的文化传统正在淡化。其二,面向旅游的文化展示深度影响了村民的文化心理,一方面激发了他们的地方文化自豪感,另一方面,村民潜意识地将自己客体化,成为游客观赏的"他者",面临丧失文化主体意识的风险。其三,面向旅游的节日办会作为一种新的文化形式,能否真正在村落文化中扎根,成为当代节日新传统,还有待时间检验。我们认为,办会想要真正在村落文化中形成新传统,不仅要充分利用固有的村落文化资源,还要逐渐由外部介入转向内部组织,让村民真正成为办会主体。

四、"拟民俗"动员机制:传统节日公共性组织机制的现代传承

如何使村落办会由外部介入转向内部组织?就滋城村"双端午"办会而言,虽然有太姥山镇政府、太姥山风景名胜区管委会等多主体介入,但主要是由村委操办,大多文艺表演人员也是村民,看起来本身就是村落内部组织的,似乎不存在"转向"问题。其实,我们所谓"内部组织",强调的是民众的自组织,而村委会并非严格意义上的村落自组织。我们发现,潋城村"双端午"办会其实并非完全是村委会一手操办的,具体工作主要依赖村落中传统的组织机制——福头轮值制度。

---

[1]　访谈对象:周某,潋城村村委委员;访谈人:王静;访谈时间:2022 年 6 月 19 日。

作为民俗活动组织机制的轮值制度,在皖南地区①、广东地区②都广泛存在。尤其是民间信仰氛围浓厚的地区,往往有各种各样的香会组织,这些民间组织的负责人大都是轮值的。在激城村,陈靖姑信仰有着深厚的群众基础,不仅有陈靖姑庙,而且有香会组织。激城村的香会组织是以自然村为单位建立的,③一共5个"福头小组",依照轮值制度,每年正月十五陈靖姑诞辰做福时抽签换届,选定福头。④ 福头主要负责村落中与民间俗信有关的公共事务,如神诞等神圣时间⑤"做福"、宫庙修缮等。

在民俗活动中,民间组织主要利用"情感性关系"动员村民,这不同于行政动员所依赖的"工具性关系",而福头往往还能够通过面子等"混合性关系"⑥有效地动员村民。以基于村落俗信的、固有的民间组织来动员村民参与办会,这种"拟民俗"动员机制⑦可以充分激发民众的主体意识、参与意识。我们访问过的村民一致表示,他们是主动报名参加端午节百家宴等活动的,认为全村人一起聚餐很热闹。一位从外地打工归来的村民说,除了疫情等特殊原因,大家都会赶回来参与办会的。李海云在考察鲁中东永安村"烧大

---

① 季中扬:《传统节日文化传承与乡村发展——以皖南绩溪县伏岭村春节为例》,《中原文化研究》2020年第1期,第53—59页。

② 王维娜:《诞会组织与轮值制度:广东诞会传承的核心民俗要素》,《节日研究》2019年第1期,第157—171页。

③ 也有例外,如缸窑自然村虽隶属于激城行政村,但每年福头抬陈靖姑巡境之时,神像并不进入缸窑自然村境内。

④ 村民每家各派1—2位代表,午饭时到宫中吃福酒。饭桌上,做过福头的人,将写有"福"字的红纸条与空白纸条团成纸团,混在碗之中,由村民抽取,抽中者即为当年福头。

⑤ 每年神圣时间有农历正月十五、正月十八、二月初二、五月十八、六月十六、七月廿五、九月九、十月十五、十二月二十四等。

⑥ "情感性的关系"主要包括家庭、密友、朋侪团体等社会团体,关系长久稳定;"工具性的关系"与"情感性的关系"相对,关系短暂而不稳定,强调普遍的公平法则;"混合性关系",通过面子和人群影响他人,具有一定程度情感关系,但又未达到"情感性的关系",主要适用于亲戚、邻居、同学、同乡等关系中。(参见黄光国、胡先缙等:《人情与面子:中国人的权力游戏》,中国人民大学出版社,2010年,第7—12页。)

⑦ 这种动员机制表面看来是基于村落俗信的、固有的民间组织,却不同于传统民间组织的动员机制,它是在村两委行政工作框架下进行的,支配于一种现代性的规划逻辑,显然不再是自在自为的民俗文化现象了,因而姑且称之为"拟民俗"动员机制。

牛"民俗活动时发现，"烧大牛"代表着村落生活的一个特殊时段，从腊月十六开始的组织扎制、启动到"游大牛""烧大牛"等仪式程序的展开，村民不仅广泛参与，而且众议沸腾，以大牛为话题而形成的情感交流与生活交际，已在村落生活中搭建起一种特别的公共空间。[①] 同样，在端午节办会期间，在福头组织下，潋城村村民广泛参与，具有丰富的情感交流与生活交际，也产生了一种特别的村落公共性。

尤为值得注意的是，滋城村围绕陈靖姑信仰而形成的民间组织，其负责人是轮值的，理论上说来，每个人都可能成为组织者，至少村庄中的精英都有机会成为领导者，这无疑可以激发村庄精英积极主动地参与办会活动。事实上，该村一共6个生产小队，每个生产小队选择了3—4个福头，每次办会，有20余人有机会成为组织者。这些福头不仅有动员、组织村民的丰富经验，而且大都非常热心参与办会活动。办会期间，他们会认真做好方案，进行细致的组织分工。潋城村一位福头说："一般说来，大家选择的福头都有能力带动村民。村民对福头也挺相信的，因为大家毕竟都信陈靖姑。"[②]

潋城村村委会怎么想到让福头去动员、组织村民参与端午节办会呢？村民们解释说，一方面，办会是新事物，村委会心中没底，怕担责任，让福头们组织村民，名义上就可以说是民间自己组织的；另一方面，过去村里很多习俗性的公共事务确实是由福头们带领村民去做的，福头们有处理村落公共事务的经验，深得村民信任；再则，村委会人手也不够，需要福头们帮忙。那么，潋城村的村委会是否放手让福头们自己去办会呢？事实上，在双端午节日庆典活动中，村委会与福头的分工是非常明晰的：村委会主要负责组织策划，福头则主要负责协商联络，包括统计村民参与人数、资金收款、食材采买、桌椅租赁等具体事宜。[③] 也就是说，村委会是办会的真正领导者。我们曾问过一些村民，究竟是福头威望高，还是村委会威望高？村民一致认为，

---

① 李海云：《信仰与艺术：村落仪式中的公共性诉求及其实现——鲁中东永安村"烧大牛"活动考察》，《思想战线》2014年第5期，36—41页。

② 访谈对象：王某，潋城村福头；访谈人：王静；访谈时间：2022年5月10日。

③ 访谈对象：周某，潋城村村委委员；访谈人：王静；访谈时间：2022年6月19日。

办会是村干部发动的,只是委托福头来办理而已,归根结底还得听村干部的。一位福头向我们解释说:

> 福头要服从村里面,村里指示要怎么做,福头就怎么做。村里没说要办双端午节,我们福头就没有权力做这个了。庙里要干什么,福头是可以决定的,这是福头权力。①

有些村民认为,即使村委会不组织,只要福头出面,他们仍会积极参与办会的。但是,也有村民认为,村委会必须牵头,他们不牵头,会有人捣乱,治安问题不好解决。②

对于乡村社会的民间组织,赵世瑜认为,"在一定程度上弥补着,也可能在一定程度上对抗着国家设置的基层行政系统"③。但是,从濑城村端午节办会经验来看,基层行政系统与民间组织主要表现为一种互补关系,村委会主办赋予了活动的合法性、权威性,福头负责具体的组织、落实工作,可以充分利用民间传统的社会资源。这种互补关系让我们看到了乡村社会传统的公共性资源现代转型的一种有效路径。

五、结语

在现代社会,传统节日的公共性仍然有着一定的现实意义。但是,随着社会流动性不断增强,人与人之间越来越疏离、陌生化,即使是传承已久的村落传统节日活动,其公共性也在萎缩,甚至完全消失。濑城村端午节习俗的传承及其活动方式的现代转型,让我们看到了另一种可能,发现了值得进一步思考的几点启示。

---

① 访谈对象:林某,濑城村福头;访谈人:王静;访谈时间:2022 年 5 月 27 日。
② 访谈对象:陈某,濑城村人;访谈人:王静;访谈时间:2022 年 6 月 19 日。
③ 赵世瑜:《狂欢与日常——明清以来的庙会与民间社会》,生活·读书·新知三联书店,2002 年,第 246—247 页。

其一，乡村社会不仅有着丰富的公共文化资源，而且村民内心深处都有着对公共活动的热切期待。所以，即使是面向乡村旅游的办会，其公共活动意味着是在他者面前的展演，激城村的村民们仍然热情地参与其中，自得其乐。

其二，面向乡村旅游的办会有着明显的"工具性关系"诉求，关键就在于办会活动不完全依赖于行政动员，而是主要依靠民间组织，这让村民们觉得这是"自己的事"，由此获得了一种主体自豪感。由此可见，民俗活动组织机制的现代传承不仅可以维系村民的公共精神，还能弥补基层行政组织工具理性在处理村落公共性事务时的情感欠缺。

其三，民俗活动的传承需要民间叙事的维系。激城村"双端午"传说曾经是村民面对外来横暴团结自卫的动力机制，现在则发挥着对"双端午"这种独特村落节日习俗的解释功能。激城村村民通过民间叙事，自觉或不自觉地建构着与众不同的村落自我形象，进而将其转化成一种旅游资源。村民们一再强调，周围村庄都没有做"双端午"的，只有激城村有。村委委员周某直言不讳地说："我们办了一场活动以后，就有更多的人去宣传，更多的人了解我们双端午习俗，就会对我们村有一种深刻印象。影响大了，就有越来越多的人参与进来。我们第一年才办了100多桌，第二年就办了300多桌。这就是一种宣传的力量。"[①]

总而言之，激城村的"双端午"意味着村民们不满足于节日庆祝只限于小家庭，就发明"双端午"形式，将其拓展到姻亲之间的联络，而办会形态则将传统的村落民俗文化重组，使得节庆活动突破了村落范围，进一步拓展了传统节日的公共性。汉娜·阿伦特说，"正是公共领域的公共性，才能在绵绵几百年的时间里，将人类想从时间的自然流逝中保全的东西都融入其中，并使其熠熠生辉"[②]。激城村端午节公共性的现代传承与转型，尤其是村民广泛参与的精彩的民俗表演，让我们看到了民众深度参与的公共活动的确把"人类想从时间的自然流逝中保全的任何东西都融入其中，并使其熠熠生辉"。

---

① 访谈对象：周某，激城村村委委员；访谈人：王静；访谈时间：2022年6月19日。
② ［美］汉娜·阿伦特：《人的条件》，竺乾威等译，上海人民出版社，1999年，第42页。

第三节　歌谣、谚语与二十四节气的活态传承①

　　2016 年 11 月 30 日，"二十四节气——中国人通过观察太阳周年运动而形成的时间知识体系及其实践"被列入人类非物质文化遗产代表作名录，这是中国继中医针灸、珠算后的第三项"有关自然界和宇宙的知识和实践"类的"非遗"。与中医针灸、珠算不同，"二十四节气"是一种知识，没有某种具体的技艺可操练，也没有特定的传承人，那么如何在当代社会对其活态传承呢？笔者认为，"二十四节气"首先是一种传统的时间经验框架，是一种纯形式，农耕社会丰富的地方性知识填补在这框架中，构成其具体的内容，各种歌谣、谚语是其存在的具体形态，因而，"二十四节气"活态传承应该重视节气歌谣、谚语的当代传承与发展。

一、二十四节气作为时间经验的框架

　　康德在《纯粹理性批判》的"先验感性论"中指出，时间并非事物本身的客观属性，而是主体的先验直观形式，他说："时间不过是内感官的形式，即我们自己的直观活动和我们内部状态的形式。因为时间不可能是外部现象的任何规定；它既不属于形状，又不属于位置等等，相反，它规定着我们内部状态中诸表象的关系。"②这也就是说，时间并不是客观存在的，而是一种主体经验，但这主体经验又有一定客观性，因为它是人类共同的先验直观。既然是一种主体经验，这先验直观就不可能绝对超脱人类的历史经验，事实上，不同的文化形态中人们的时间经验框架、模式也是不同的，"二十四节

---

① 此节原文题为《从节气歌谣、谚语看二十四节气的活态传承》，发表于《南京师大学报》（社会科学版）2018 年第 2 期。
② 康德：《纯粹理性批判》，邓晓芒译，杨祖陶校，人民出版社，2004 年，第 36—37 页。

气"就是一种特殊的人类时间经验框架。

我们先人的时间知识主要来自对谷物成熟、四季变化的直观体验与对太阳、月亮、星星等天体运行规律的认识。人们基于对寒暑的直观体验，可以产生冬夏的观念，但不容易区分四季；人们基于对谷物生长、成熟等物候的长期经验观察，可以产生"年"的观念，但不容易区分"年"为十二月。"四季""十二月""二十四节气"等传统时间知识主要来自古人长期的天文观测。在陶寺遗址中，考古学者发现了带有刻度的圭尺，这说明古人早在4000多年前就已经掌握了圭表测日的方法。人们用圭表测日的方法较早把握了冬至、夏至，从《尚书·尧典》的记载来看，古人用观察太阳变化的方法很早就发现了冬至、夏至、春分、秋分。[①] 两分、两至的发现，已经初步理论性地建构起了一年四季的时间经验框架。春秋时期，人们又确定了立春、立夏、立秋、立冬，进一步明晰了一年四季的时间经验框架。"分至启闭"[②]知识体系的形成，就对一年四季的理论认识需要而言，已经完备了，后世的二十四节气也罢，三十节气[③]也好，其他节气不过是对"分至启闭"框架的细化而已。从名称上来看，"分至启闭"八个节气是根据四季时序来命名的，而"雨水、惊蛰、清明、谷雨、小满、芒种、大暑、小暑、处暑、白露、寒露、霜降、小雪、大雪、小寒、大寒"等十六个节气则主要根据气象、物候来命名，可见另外十六个节气与"分至启闭"八个节气是不可同日而语的。事实上，"分至启闭"八个节气后世大都成了重要节日，而其他十六个节气，除了清明取代寒食成了节日，民间大都不甚看重。

既然二十四节气只是对"分至启闭"时间框架的细化，不过是一种数学分割，而并非像"分至启闭"那样是为了准确把握一年四季时间，那么，后世为什么接受了二十四节气，而不是将"分至启闭"二分为十六节气或四分为

---

① 《尚书·尧典》："日中星鸟，以殷仲春……日永星火，以正仲夏……宵中星虚，以殷仲秋……日短星昴，以正仲冬。"
② 《左传·僖公五年》："凡分、至、启、闭，必书云物，为备故也。"杜预注："分，春秋分也；至，冬夏至也；启，立春立夏；闭，立秋立冬。"
③ 管子提出了三十个节气的划分方案。参见李零：《〈管子〉三十时节与二十四节气——再谈〈玄宫〉和〈玄宫图〉》，《管子学刊》1988年第2期。

三十二节气呢?对此,刘晓峰的解释比较合理,他认为,"在二十四节气出现之前,依靠月象观察确定时间并划分一年为四季十二月和划分一年为三百六十五日的传统时间框架早已经根深蒂固。划分节气很难无视这一巨大的现存传统时间框架。今天的二十四节气所取的二十四这个数字,实际上是八与十二的最小公倍数,节气定在这个数字上并非出于偶然。这一组合变化的结果,是在一年为十二个月这一基数上,中分一月为二,一为节气、一为中气,最后形成的就是由十二个节气和十二个中气结构而成的二十四节气"①。概而言之,二十四节气其实是关于太阳周年运动的时间知识体系与以月亮阴晴圆缺来划分一年四季十二月的阴历时间框架的统一。众所周知,传统的农历是"阴阳合历",虽然以十九年七闰月的方法保持了农历年与太阳回归年大体一致,但每一年、每一季节的时数并不固定,而二十四节气和太阳回归年是基本一致的,是纯粹的阳历,它弥补了农历的缺陷,完善了中国古代时间知识体系。

就其本质而言,二十四节气与一年四季十二月的划分一样只是一种时间经验框架,是一种抽象的历法知识,是一种可以不断填充内容的形式。陈连山发现,《淮南子》中的二十四节气的物候主要是风雷雨雪等事物,跟《夏小正》相比是很模糊的,《夏小正》中每月都有极为详细而具体的物候描述,如:"正月:启蛰。雁北乡。雉鸡响。鱼陟负冰。……囿有见韭。时有俊风。……田鼠出。……獭祭鱼。鹰则为鸠。"他进而指出,正是因为二十四节气的物候描述比较抽象,就容易适应不同地区的实际气候状况,这为后世不同地区民众根据本地区的实际情况对之加以再创造预留了相当广阔的发挥空间。② 陈连山这个发现很重要,他其实是看到了二十四节气并非一个固定不变的民俗文化事象,而是一个可以填充不同地方性知识的框架形式。这个框架形式不能太粗疏,也不能太具体而微。早在《逸周书·时训解》中就已经有了"七十二候"一说,但"七十二候"在后世社会生活中的影响远不

---

① 刘晓峰:《二十四节气的形成过程》,《文化遗产》2017 年第 2 期。
② 陈连山:《二十四节气:精英与民众共同创造的简明物候历》,《文化遗产》2017 年第 2 期。

及二十四节气，①主要原因就是"七十二候"太过具体而微，不利于填充不同的地方性知识。二十四节气作为一种框架形式，地方性知识作为其具体内容，内容与形式之间的自由结合关系，使其传播有着超空间性，传承具有超时间性，不同地域、不同历史时期的人们都可以创造性地填充、阐释、利用这个框架结构。

二、歌谣、谚语与"二十四节气"遗产的存在形态

二十四节气本身只是一种历法知识，一个抽象的框架形式，内容与形式的结合才形成了具体的存在形态。那么，二十四节气作为一种遗产，是以怎样的形态存在的呢？大体而言，有两种主要形态，一是节日文化形态，"分至启闭"与清明在古代都是重要节日，尤其是"二分""两至"，不仅官方有隆重的祭礼，而且民间节日习俗也很丰富；二是歌谣、谚语形态，除了流传甚广的二十四节气歌，各地与二十四节气相关的丰富多彩的农耕知识也大都以歌谣、谚语形态流传着。时至今日，二十四节气的节日习俗在有些地方还被看重，②但传统节日文化整个系统已经严重衰微，在此背景下如何保护、传承二十四节气的节日文化形态，是一个值得关注的问题。笔者认为，在一定意义上可以说，农耕社会的生产、生活知识是二十四节气文化的核心内容，而歌谣、谚语的口头传承则是二十四节气文化遗产的最主要传承方式，因此，本文着重讨论二十四节气的歌谣、谚语形态。

与同样作为"有关自然界和宇宙的知识和实践"类的"非遗"中医针灸和珠算相比，二十四节气最为突出的特征就是其既有统一性，又有多样的地方性，这个特征突出地表现在其歌谣、谚语形态中。

众所周知，《二十四节气歌》在全国各地有个通行的版本，即"春雨惊春

---

① 刘晓峰认为这是因为具体到五日一候，实际上已经超出了时间划分体系应有的边界，其准确性已经大有问题。参见刘晓峰：《二十四节气的形成过程》，《文化遗产》2017年第2期。
② 如湖南的安仁赶风社，被称为传统历法节气和传统民俗节日融为一体的"活化石"，其热闹程度甚至超过春节。参见周作明：《浅谈安仁赶分社》，《艺海》2015年第1期。

清谷天,夏满芒夏暑相连;秋处露秋寒霜降,冬雪雪冬小大寒"。这表明作为历法知识的二十四节气,具有通约性的知识,虽有"变文""异文",但相差不大。二十四节作为民间歌谣的叙述框架,其具体形态可就千差万别了。

先看东北地区的《二十四节气歌》:

> 打春阳气转,雨水沿河边,惊蛰乌鸦叫,春分地皮干,清明忙种麦,谷雨种大田,哎唻哎嗨哎嗨哟,春呀吗春天;立夏鹅毛住,小满雀来全,芒种开了铲,夏至不拿棉,小暑不算热,大暑三伏天,哎唻哎嗨哎嗨哟,夏呀吗夏天;立秋忙打靛,处暑动刀镰,白露割蜜薯,秋分不生田,寒露不算冷,霜降变了天,哎唻哎嗨哎嗨哟,秋呀吗秋天;立冬交十月,小雪地封严,大雪河汊牢,冬至不行船,小寒大寒冰如铁,迎来又一年,盼望冰消雪化艳阳天,哎唻哎嗨嗯哎哎嗨哟。

在这首民歌中,东北的二十四节气有着显著的地方性特色,如清明才开始种麦子,立夏才不再下雪,夏至才不穿棉衣。到了长江流域,则是另外一番景象了,在江苏常熟白茆山歌《十二条手巾》(其实也是二十四节气歌)中,立春已经梅花开,惊蛰杏花开,春分就已天气回暖、百草碧绿了:

> 第一条手巾是白绫,正月里梅花初立春,那初交雨水正月半,家家人家门前结彩挂红灯。挂红灯来吊红灯,梁山泊聚义宋江是首领,那结成弟兄是一百零八将,李逵独自闹东京。//第二条手巾燕子青,初交惊蛰杏花青,交了春分是天气暖,百草回芽碧里青。碧里青来蛇转身,唐伯虎丘山浪山前山后碰着一位秋香女,那三笑姻缘是结成亲。//第三条手巾是红纱,三月里桃红柳绿开好花,风吹杨柳是沿村景,清明谷雨赶山茶,赶山茶来发三年,沿河卖花到街前,许郎勿见贤妻面,五月端阳白娘娘吃仔雄黄酒原形现。……

到了海南,立春雨水时节就已经泡种子,放水入田,准备栽稻谷了,如临高县的《二十四节气歌》：

> 要有水入田，百姓才打圈秧。放谷种入泡，等到立春雨水。啊燕来筑巢，(在)二月惊蛰春分。百姓(地)"打虎"，(是)三月清明谷雨。百姓耙谷种，(在)四月立夏小满。芒种和夏至，(地)过五月初五。小暑大暑在六月，百姓下田收割。百姓(地)送"寒衣"，(是)七月立秋处暑。稻嗲(地)挂孕，(在)八月白露秋分。大雁(地)过海，(在)九月霜降寒露。立冬和小雪，十月百姓收割。大雪和冬至，百姓做糟舂稞。小寒大寒(在)十二月，年完夜也暗。父母愁钱银债，儿女喜新衣。讲也讲不完，数也数不透，按二十四个节气，简单唱至此。

在这些节气歌中，二十四节气是文本的结构，同时又是叙述的逻辑线索，地方性知识按二十四节气时间变化填充在其中，因而，节气歌既有稳定的结构，又是开放的，是民间对二十四节气知识体系的一种创造性阐释与应用。

以四季、十二月、二十四节气作为叙事框架，是中国传统文化中的一种叙事原型，从诗经《豳风·七月》到《清院本十二月令图轴》，再到民间年画、剪纸中的《男十忙》《女十忙》，以及民歌《十二月花名》等，我们看到这种叙事原型是广泛存在、深入人心的。正是有了这种社会文化心理基础，二十四节气歌从东北到黄河流域，再到长江流域，甚至到海南，都广泛流传着。二十四节气作为"时间知识体系及其实践"，民间早就创造了最契合其特点的传承方式，这也是二十四节气知识体系能够在民间长久不衰、广泛流传的主要因素，如今将其作为"非遗"来传承、保护，也应该总结、学习传统社会的传承方式，才能找到最佳保护方式。

二十四节气歌其实是一种民间艺术，相对而言，它与特定地域农业生产、生活结合度不如谚语形态那么紧密。谚语是民众对生产、生活经验的总结，不仅内容极其丰富，而且地域特色非常鲜明。二十四节气谚语大体可以分为三种主要类型，一是与物候相关的谚语，如"春打三日，百草萌芽"，"清明断雪，谷雨断霜"，"芒种逢壬便入梅，夏至逢庚便出梅"；二是总结生产经验的谚语,如"立春早,收成好","打春一百,磨镰割麦";三是总结生活经验的谚语,如"立春雨水到,早起晚睡觉","年内立春春勿冷,年后立春三月冷","春分有余寒,藏衣勿宜早","小暑热头头,大暑凉飕飕","立了夏,把扇拿,立了秋,把扇丢"。[①] 由于谚语是特定地域生产、生活经验的凝练,其地域差异很明显,比如东北地区的农谚说"谷雨前后,种瓜点豆",河南农谚则说"清明前后,种瓜点豆",而在海南则是"三月惊蛰又春分,薯芋瓜豆种及春"。种瓜点豆从东北到海南,整整差了两个节气。

三、二十四节气歌谣、谚语的当代传承

基于上文考察可见,二十四节气歌谣、谚语虽然形式相对单一,但包含的内容极其丰富,凝聚着不同地域、不同历史时期民众对生产和生活经验的总结与积累。在城市化与"三农"现代转型语境中,这些歌谣、谚语还有活态传承的价值与可能性吗?

随着科技进步,靠经验从事农业生产的时代已经过去了,尤其是大棚栽种等"设施农业"的快速发展,传统农业知识似乎不再适用了。其实,据笔者调研,大多数农民仍然按照传统农历安排生产生活,他们还在应用着农业生产方面的节气知识。2017 年 8 月初,我在苏北农村调研时听到一位农民说要去买点菜籽种白菜,另一位农民就说太早了,并随口说了一句农谚"处暑萝卜白露菜",8 月初才立秋,到白露还有一个月,确实太早了些。如上文所述,二十四节气歌谣与谚语不仅仅是农业生产方面的,更多的是日常生活方面的,如"春分有余寒,藏衣勿宜早","立了夏,把扇拿,立了秋,把扇丢"等,这些生活方面节气知识在任何时候也许都不会过时。

二十四节气作为传统的时间知识体系虽然有着活态传承价值,在广大农村地区也还在实践着这些传统知识,但是,其当代传承与保护确实遭遇了前所未有的困境。一是城市化与人口流动,造成传承主体的不稳定性。与

---

① 以上谚语见《中国谚语集成·上海卷》,北京:中国 ISBN 中心,1999 年,第 647—653 页。

学校中通过间接学习或实验所获得的知识不同，民俗文化知识大都是在特定空间、社群中相互影响习得的，个体经验、传统知识与实践是三位一体的，这就要求文化主体要长期生活在特定空间与社群中，而快速流动的现代社会是不利于民俗文化知识习得与传承的。二是传统的节气歌大多依托于民歌、说唱、地方小戏等民间表演艺术传播，随着民间表演艺术的衰落，形态丰富的节气歌大多不再流传了。三是谚语所包含的经验、知识地域性很强，不太适宜通过学校教育与现代传播等手段来保护。其实，这些困境非独二十四节气歌谣、谚语遭遇，绝大多数"非遗"都面临着同样的问题。能否突破这困境，如何突破这困境，这是需要长期实践、观察、讨论的问题。

　　一方面，传统的节气歌和谚语的传承与保护面临着很难破解的困境；另一方面，我们却又发现了大量新编的节气歌。这些新编节气歌涉及面很广，有种植方面的，如《蘑菇生产节气歌》《桑蚕生产二十四节气歌》《果树生产二十四节气歌》等；有养殖方面的，如《养猪二十四节气歌》《养鱼节气歌》《养蜂节气歌》等；有养生方面的，比较著名的如《杨建宇二十四节气养生歌》。以上所列，仅是报纸、杂志刊登过的，此外还可能有大量不曾在媒体上公开发表的新编节气歌。由这些内容丰富的新编节气歌可见，二十四节气作为"时间知识体系"在现代社会仍然被广泛实践着，这是其作为"非遗"活态传承的一个重要表征。为什么说新编二十四节气歌也是"非遗"活态传承呢？联合国教科文组织《保护非物质文化遗产公约》第二条提出，"这种非物质文化遗产世代相传，在各社区和群体适应周围环境以及与自然和历史的互动中，被不断地再创造，为这些社区和群体提供认同感和持续感，从而增强对文化多样性和人类创造力的尊重。在本公约中，只考虑符合现有的国际人权文件，各社区、群体和个人之间相互尊重的需要和顺应可持续发展的非物质文化遗产"。这也就是说，可持续发展是"非遗"的核心指标之一，而且"非遗"是"可以被不断地再创造"的。笔者在上文已经指出，二十四节气作为"时间知识体系"只是一个框架结构，可以填充不同地域、不同历史时期的生产、生活内容，创造性地填充这个框架结构就是对二十四节气"非遗"的"活态传承"。

　　有必要指出的是，与传统的节气歌相比，新编节气歌很少关注地方性的

物候,而是借助节气歌这个传统框架来传播生产、生活经验。且看《蘑菇生产节气歌》:

　　小寒备牛粪,干燥又黄亮。大寒想菇床,石灰小土壤。立春轻调水,视温定水量。雨水温微升,换气使温上。惊蛰始春管,逐步增水量。春分菌萌发,寒冷仍需防。清明菇上市,调水要适量。谷雨产菇旺,务把病虫防。立夏温转高,用足菇水量。小满清床架,消毒切莫忘。芒种拆床架,竹木浸水中。夏至修菇房,病虫需灭光。小暑天转热,搭好蘑菇床。大暑忙堆料,预堆不可少。立秋忙翻料,视料定水量。处暑忙进房,后酵周期长。白露前播种,兼顾温湿氧。秋分忙覆土,促使菌粗壮。寒露产菇旺,水准菇才壮。霜降菇更旺,分级交售忙。立冬天气好,科管要加强。小雪温下降,减少用水量。大雪天气寒,调水要适当。冬至已见无菇,保温管菇房。①

再如《杨建宇二十四节气养生歌》:

　　小寒慢跑跳踢毽,畅达乐观防肾寒,三九温补食药疗,参芪首乌归阿胶,滋阴潜阳肝血养,固肾养心羊肉尝。……②

尤为有意思的是《供电所二十四节气歌》:

　　惊蛰——惊雷一鸣万物醒,避雷检查不能等;合理配备保险丝,防止大风刮断线。春分——春分时节正植树,电力通道要维护;巡视检查走几遍,防护区内没有树。……

---

① 张华庆:《蘑菇生产节气歌》,《中国食用菌》1988年第1期。
② 参见王志华等:《杨建宇二十四节气养生歌赏析》,连载于《中国中医药现代远程教育》2012年第1—21期。

由于新编节气歌意在推广、传播，因而其内容大都凸显其通约性，淡化其地方性。从上述《蘑菇生产节气歌》《杨建宇二十四节气养生歌》来看，其实只是把蘑菇生产、养生等知识填充在二十四节气叙述框架中，借用二十四节气的时间结构来完成其叙述而已。当然，二十四节气其实是有较强地域性的，传统节气歌、谚语都是在特定地域口耳相传的，而新编节气歌在媒体上公开发表，漠视了节气的地域性，其传播效用有待检验。

四、结语

二十四节气原本只是历法知识，但民众将其作为表达生产、生活经验的叙述框架，容纳了不同历史时期、不同地域的生产、生活内容，以节气歌、谚语等形态不断创造出内容丰富的二十四节气文化。在现代社会中，由于城市化、人口流动、村庄拆迁、农业生产的机械化以及农业科技的发展，传统的节气歌、谚语丧失了固有的传承空间与传承主体，二十四节气作为"非遗"，其活态传承面临着前所未有的困境。但是从各种新编节气歌来看，二十四节气的节气歌、谚语等文化形态在民间仍然有着较为深厚的社会心理基础，二十四节气作为"时间知识体系"在现代社会中还有一定的实用功能，一是可以继续为各种种植、养殖业提供时间节点；二是可以为日常生活中的养生保健确立时间节点。新编节气歌其实是民众在现代社会变迁过程中，不断调适与外在环境的关系，在与自然和历史的互动过程中，对传统二十四节气文化的再创造，是对二十四节气"非遗"的活态传承。

第六章
个案与田野：非遗的历史变迁

第一节　地方戏的"再民间化"[①]

明清以来，地方戏在中国民间文化生活中一直占据着绝对重要的位置，几乎无处不有，无人不会哼唱几句。这种状况一直延续至 20 世纪 50 年代。50 年代中期至 70 年代末，由于政治原因，地方戏一度发生大规模"非正常死亡"现象。80 年代初大有勃然复兴的征兆，但到了 90 年代之后，随着社会文化、生活方式的急剧改变，人们有了新的文化理念、审美趣味与风尚，有了更为丰富的现代休闲娱乐方式，地方戏几乎完全失去了城市市场，正规剧团大都生存维艰。然而，晚近十来年，有些地方戏又焕发出新的生机，职业的或半职业的民间剧团、班社增多了。尤其在乡村，开业庆典、红白喜事、人生礼仪等活动中，又出现了民间戏班的身影。对此，本文提出"再民间化"概念，尝试对这种文化现象予以阐释。

一、地方戏的"去民间化"

地方戏向来就是民间文化形态，何须"再民间化"？这是因为地方戏曾

---

① 此节原文题为《论地方戏的再民间化》，发表于《文艺争鸣》2017 年第 1 期。

因 20 世纪 50 年代初实行的"剧团登记制度"以及 50 年代中后期大规模的"民营剧团改制"而产生了"去民间化"问题。

傅谨认为，"剧团登记制度"看似很平常，其实影响极其深远。"登记表要求剧团写明演出的'剧种'，它造成了我国现有 300 多个剧种的格局，以行政区划分剧种的现象由此开端。此前剧团经常流动，登记制度特别要求剧团须有固定演出地点，由此建立了剧团和剧场的联系，同时也彻底改变了剧团流动演出的惯例。登记制度要求剧团在艺术上必须达到一定的水平，导致多个戏班的好角不得不拢聚一起，否则无法通过登记。"①我们看到，由于"剧团登记制度"的实施，地方戏不得不一刀斩断与民间相连的"脐带"，服从于剧场化的、以审美为唯一取向的现代文化逻辑。更为严重的问题是，那些没有通过登记的剧团、草台班子、个体艺人就丧失了存在的合法性，经常被打压、限制，甚至被禁止。"剧团登记制度"可以说彻底改变了地方戏的生存方式与文化逻辑，地方戏被纳入体制，规范化了，也由此走上了"去民间化"的道路。

"民营剧团改制"对地方戏的影响更大。早在 1951 年，政务院就提出要建立示范性的剧团、剧场来推进戏曲改革工作。② 自 1953 年起，随着社会主义三大改造的开展，民营剧团、班社也开始了公有制改造。1956 年 1 月 22 日，天津 15 个民间职业剧团、9 个小型的民间曲艺组织全部成为国营剧团，③上海也宣布 69 个民间职业剧团改为国营，④以此为标志，全国范围内的民营剧团、班社改制工作掀起了一波波浪潮。剧团改制无疑大大提升了民间艺人的社会地位，一定程度上保障了他们的生活水准，甚至在短时期内促进了地方戏的繁荣。但是，剧团改制也产生了一些新的问题。一是为了体现国营剧团的优越性、示范性，国营剧团组建过程中往往借助行政手段从

---

① 傅谨：《剧团体制改革的背景、目标与路径》，《福建艺术》2010 年第 3 期。
② 周恩来：《关于戏曲改革工作的指示》，《人民音乐》1951 年第 4 期。
③ 阮文涛：《天津市戏曲剧团全部国营》，《戏剧报》1956 年第 2 期。
④ 《上海市 69 个剧团改为国营》，《戏剧报》1956 年第 2 期。

各民间剧团抽调优秀的编、导、演人才,大大削弱了民营剧团的力量。① 毫无疑问,行政力量的介入打破了戏曲观演市场的公平、合理,违背了文化市场的发展规律。二是剧团改制波及乡村,打破了乡村民间演戏的固有传统与规则,削弱了地方戏的群众基础。皖南绩溪县伏岭村的遭遇就是一个典型案例。据当地人邵茂深记述,伏岭村春节演戏传统形成于清朝道光十年(1830 年),所有演员、编导、乐队人员悉由村民组成,每年元宵节前后演出四天。由于参与面广,村民演戏积极性非常高,每年农历十月中旬就开始排练,外出经商的村民还自愿购置戏衣、道具,带回新剧本等。据邵茂深所说,光绪年间,伏岭村的村民就已经能够排演《四郎探母》《凤凰山》《八阵图》等大戏,1926 年甚至与徽班新阳春对台演唱,赢得数以万计的观众向其一边倒叫好。然而,由于 1959 年组织了"伏岭徽剧团",破坏了固有的传承与组织规则,伏岭村演戏传统逐渐式微了。

剧团改制带来的深层次问题是地方戏的"去民间化"问题。"去民间化"首先表现在演员开始"离土""脱域""去民间"。在剧团改制过程中,北京抽调省城优秀人才,省城抽调地区优秀人才,地区抽调县城优秀人才,县城选拔乡村戏班优秀人才,这直接造成乡村民间艺人离开乡土,地方演员脱离其艺术滋生的特定地域,拉开了演员与观众之间的距离。当时就有学者指出,"国营戏曲剧院(团)现在被视为一般演员的人都是当初民营职业剧团的台柱子,过去差不多每天和群众见面,但进到剧院就不常演出了"②。由于优秀的民间艺人被国营剧团"养"了起来,一般老百姓很难再见到他们所喜爱的名角,甚至北京都出现看戏难问题。早在 1955 年,《戏剧报》就刊登了一篇人民来信,责问"为什么没戏看和看不到戏"③。北京尚且如此,更遑论一般城市与乡村了。尤其是成立县级国营剧团,对乡村演戏市场负面影响更深。由于"台柱子"被抽走了,私营剧团政治地位又低,很多民间班社因此解散了,而乡民又极少会去县城剧院买票看戏,长此以往,地方戏逐渐丧失了其

---

① 管尔东:《论新中国剧团体制改革》,《戏剧文学》2013 年第 6 期。
② 张梦庚:《国营剧团和民营剧团谁"优越"》,《戏剧报》1957 年第 11 期。
③ 金兆:《读者来信:为什么没戏看和看不到戏?》,《戏剧报》1955 年 5 期。

主要接受群体。失去了赖以生长的广袤的民间土壤，剧团、戏校培育的种子自然很难根深叶茂。

其次，"去民间化"还表现为演员的身份认同问题。地方戏的民间艺人原本是活跃在民间日常生活空间中的，无论是群体性的节庆、祭祀活动，还是私家的红白喜事、老人寿诞等，都可以请得到他们，但是，进了国营剧团后，就成了"国家干部"，尤其是 20 世纪 80 年代之后，国营剧团由文化企业逐渐变成"事业单位"，他们就不再认同其原有的民间艺人身份了，自然也就不愿放下身段去服务民间日常民俗活动的演出了。殊不知恰恰是民间日常生活需要，而不是纯粹的艺术追求，是地方戏繁荣兴盛的主要原因。

最后，"去民间化"还表现为地方戏开始走专业化、精英化的道路，在提升艺术水准的名义下，逐渐清洗民间的泥土气。地方戏作为一种艺术形态，无疑是有一定审美诉求的，但是，作为一种民间文化形态，它在本质上是有别于精英文化中的"美的艺术"的。一方面，其艺术上的生动活泼、趣味天成离不开民间日常生活语境，在剧院中看地方戏总不若在村头广场、农家厅堂看得有味；另一方面，地方戏文化内涵的接受以及意义的生成离不开地方性的文化小传统，一旦脱离民间语境，一些经典剧目的思想内涵都会显得荒诞不经、不合时宜。国营剧团为了出精品，往往不计成本进行所谓的大制作，虽然人才荟萃，舞台精美，但是离地方戏固有的民间趣味却越来越远。这种专业化、精英化观念影响很深，是造成地方戏脱离民间、缺乏生机的主要原因之一。有学者分析当前黄梅戏为什么不如豫剧有那么广泛的群众基础时就认为，"安徽黄梅戏的发展一直在走着与民间普及发展相背离的专业化路子，这种路子虽然有助于黄梅戏在很大程度上向精英化、高雅化发展，但黄梅戏整体发展最终会因为缺少民间传承发展的强大基础支撑而难以繁荣"[①]。

廖奔指出，"中国戏曲史上的一切声腔剧种最初都是典型的地方艺术"，"地方戏所具有的文化特性与审美特征，就在当地人耳濡目染的过程中浸润

---

① 洪卫中：《从民间传播看黄梅戏的发展与传承——与豫剧传播发展相比较》，《戏剧文学》2012 年第 2 期。

渗透为其心理结构中的文化沉淀,成为其精神家园的珍藏"①。因此,地方戏一旦离开特定的"地方","去民间化"就不再成为人们珍藏的精神家园,就会沦为现代艺术世界中无根的漂泊者。

二、地方戏"再民间化"表征

"剧团登记制度"与"民营剧团改制"造成了地方戏的"去民间化"问题,这是一个很难解决的难题。解决这个难题一方面需要体制改革,推动国营剧团"再民间化";另一方面更有待于民间演戏市场的自我修复。

所谓国营剧团"再民间化"主要是指通过体制改革,改变国营剧团性质,促其彻底回归民间社会,成为参与演艺市场公平竞争的主体。由于体制改革涉及人们的"饭碗"与身份,其阻力可想而知。不管是 20 世纪 90 年代初的人员分流改革,还是 2012 年的"转企"改制,改革都并不彻底。以晚近的"转企"改制为例,虽然财政拨款改成了政府资助,但是,由于被资助的大剧团脱离了地方戏接受的主力市场——乡村社会,他们的演出往往沦为任务性质的演出,或为了比赛,或为了某些大型活动,平时几乎没什么演出。尤其是以保护非物质文化遗产名义提供的政府资助,以为资助的目的在于社会效益,大多不计市场回报。殊不知"非遗"保护的要义就是要让特定社群的文化在社群内活态传承,若没有演出与受众,这样的保护又何来社会效益。当然,通过改革,确实使一部分优秀演员又回到了演艺市场,尤其是市县的剧团,由于福利不好,一大批演员选择了"停薪留职",去组建民营剧团、班社。如董永珍,她原是山西太谷秧歌剧团演员,1994 年停薪留职参加民营剧团演出,由于技艺精湛,声名大振,1997 年索性自己办起了太谷永红秧歌剧团,自任团长,常年跑台口演出;与董永珍一样,太谷秧歌剧团的有名旦角杨占桃也在 90 年代成立了自己的秧歌剧团,担任团长,据说台口也很多;甚至一些大剧团的名演员也选择自己经营剧团,如太原市某晋剧团的花旦

① 廖奔:《论地方戏》,《戏剧艺术》2011 年第 4 期。

演员米志涛,2000年回到家乡文水县与家人一起办了剧团,常年在外跑台口,据说收入要比在国营剧团时多好几倍。[1] 笔者在苏北的泗阳县、沭阳县等地调研时也发现,这两地农村的淮海戏民营戏班有的演员就是来自县淮海剧团。国营剧团演员重新回归民间,对培育地方戏的接受群体、繁荣演艺市场无疑具有很大的促进作用。

虽然有些国营剧团演员自发选择重新回归民间,但就整体而言,现有的国营剧团很难完全实现"再民间化"。事实上,活跃在民营剧团的演艺人员绝大多数是来自民间的业余艺人。因而,地方戏的"再民间化"主要有赖于民间演戏市场自身不断培育出优秀的民间艺人,实现自我修复与健康发展。事实上,由于20世纪80年代以来,民间剧团、班社不再被"收编",民营剧团的力量经过30余年的不断积蓄、壮大,在一定程度上已经修复了民间演戏市场,实现了地方戏重新回归民间。比如山西,这是地方戏大省,戏曲文化积淀深厚,民间演戏市场一直比较繁荣,尤其是2003年到2012年,民营剧团与民间班社发展势头非常好,在统计在册的266个剧团中,"国有(全民和集体)剧团124个,民营剧团105个,民间班社37个,国有、民营、民间班社分别占比46.6%、39.5%、13.9%"[2]。再如皖北地区,"民间职业或业余豫剧团数量庞大,演出活跃,据不完全统计,仅阜阳市与亳州市12个县(区)境内的农村演出市场,活跃的民间职业或半职业豫剧团数量就有数百个之多"[3]。在东部沿海地区,如江苏,民营地方戏剧团也发展良好,"演出活动如火如荼,几乎是无日不演戏,无处不演戏,镇镇有舞台,村村闻锣鼓","一个剧团一般每年的演出场数在300至500之间,多数剧团能够达到350场左右"[4]。再如浙江省,早在90年代末,民营剧团就有了长足的发展,其时,台州市只有3个能正常演出的国营剧团,在文化部门注册的民营剧团却有67个;温

---

[1] 韩晓莉:《被改造的民间戏曲——以20世纪山西秧歌小戏为中心的社会史考察》,北京大学出版社,2012年,第270—273页。

[2] 张艳琴、谢玉辉:《2012年山西省戏曲剧种剧团现状调查与分析》,《山西档案》2013年第5期。

[3] 吴亚明:《豫剧在全国的流布与发展现状》,《中国戏剧》2011年第5期。

[4] 朱国芳:《江苏民营戏曲剧团当前发展的现实问题》,《艺术百家》2011年第1期。

州市有 7 个能正常演出的国营剧团,民营剧团也有 60 个,这些民营剧团每年演出场次平均达到 300 场左右,观众总数高达 3000 余万人次,按人口比例,台州、温州两市人均每年看戏可达 3 场以上,而其中 90％以上是由民营剧团演出的。① 还有福建省,据中国艺术研究院戏曲研究所 2002 年的调研,泉州市有民间职业剧团 168 个,莆田县有民间职业剧团 99 个,每年演出 8 万多场。②

地方戏的"再民间化"不仅表现在民间演戏市场正在逐渐恢复与繁荣,还表现在非营业性的、依附于民俗活动的民间演戏习俗重新获得了人们认同。如南通的童子戏、泗洪的洪泽湖渔鼓,原是苏北香火戏的遗存,20 世纪 90 年代以后就行将销声匿迹了,然而,由于先后被列为省级、国家级"非遗"项目,人们不再视其为封建迷信活动,而将其看作本地独特的文化传统,在节庆时又纷纷请艺人上门演出。再如,皖南的伏岭村春节演戏习俗,早在 2001 年就已经中断了,也是因为徽剧被列为省级、国家级"非遗"项目,触发当地村民开始重新认识自己的传统习俗,晚近几年又恢复了。陈勤建基于对浙江象山东门岛及泰顺地域地方戏复兴情况调研后指出,当代中国的非物质文化遗产保护的积极推进与乡村地方神庙及相应民间俗信的适度恢复,这是地方戏重获生机最主要因素。③ 我们在调研中发现,以村落或民间艺人为保护主体的地方戏类"非遗",虽然也面临后继乏人等困境,但在民众中仍有较高的认同度,上演情况较好,而以县市级剧团为保护主体的地方戏类"非遗",虽然传统剧目都可以上演,看似保护得很好,但上演率与上座率都相当低,其实已经背离了"非遗"活态传承的要义。一位剧团的演职人员就告诉调研者,"只是在春节联欢晚会、重要会议,县里面让我们去演,我就

① 傅谨:《文化市场发展与剧团体制改革》,《文艺研究》1998 年第 4 期。
② 刘文峰:《戏曲的生存现状和应对措施——〈全国剧种剧团现状调查〉综述》,《中国戏剧》2006 年第 1 期。
③ 陈勤建:《现有乡村戏剧生存空间与功能探析——以中国浙江象山东门岛及泰顺地域为例》,《文化遗产》2014 年第 5 期。

认真准备一下，平时他们几乎没有演出，练习只是在家中"①。

地方戏"再民间化"最为突出的表征，是开始回归庙会、节庆、婚丧嫁娶、寿诞生日等民俗文化空间。在戏曲文化积淀深厚的地方，喜庆时请戏班演戏再度成为一种习俗，不仅节日中演戏，老人做寿、小孩"满月"或"百日"、结婚等人生礼仪中，甚至开业庆典时也会请戏班或民间艺人去表演。不仅民营剧团、班社、个体艺人参与民俗演出，一些国营剧团也主动放下身段，积极回归乡村礼俗演出市场。如河南信阳的宛梆剧团，自 20 世纪 90 年代中期起，就主动接下民间的庙会、还愿、祝寿、白事、立碑、周年以及店庆、开业等活动中的演出业务，在 2006 年上半年，全团共计 368 场演出，有 345 场演出服务于民间的各种乡村礼俗，其中庙会演出 140 场、周年 34 场、立碑 68 场、白事 68 场、祝寿 25 场、神戏 4 场。② 地方戏产生于农耕文化土壤，与民俗文化有着内在的共生关系，只有回归乡村礼俗演出市场，才能重获生机，这在地方戏业已失去城市市场的当下显得尤为重要。

综上所述，21 世纪以来，随着国营剧团改制与"非遗"保护观念深入人心，以及民俗活动中演戏习俗的恢复，地方戏在民间已经出现复兴的迹象。但是，我们也看到，地方戏"再民间化"主要是在乡村，城里人仍然基本上不看戏。根据 2010 年度《山西文化统计年鉴》，山西"162 个戏曲剧团一年演出 33040 场，其中在城市演出 4320 余场，约占总场数的 13%，农村演出 28720 余场，约占 87%"③。很显然，农村是山西地方戏演出的主要市场。据笔者在江浙皖等地调研情况来看，大体也是如此。而在明清时期以及民国年间，农村只是地方小戏主要演出地，而流传于特定地域的声腔大戏主要演出市场是在城镇，即使是地方小戏，也主要成熟于城市，如江苏的淮剧就成熟于上海。此外，作为地方戏"再民间化"主力的民营剧团、班社大多力量较

① 丁炎：《"戏曲活化石"——河南民间乡村罗戏的抢救与传承研究》，《农业考古》2011 年第 1 期。
② 赵倩：《乡村礼俗与官方语境——内乡县宛梆剧团的生存空间及其恩主》，《中国音乐学》2007 年第 3 期。
③ 张艳琴、谢玉辉：《2012 年山西省戏曲剧种剧团现状调查与分析》，《山西档案》2013 年第 5 期。

弱,往往只能排演十来个剧目,有的甚至还处于"二小戏""三小戏"水平,其总体演出水准与 1949 年之前的民间班社相比差距很明显。

三、地方戏"再民间化"的意义

目前地方戏虽然只在部分地区有复兴的迹象,而且民间演出市场乱象较多,总体演出水准也不高,[①]但其"再民间化"的意义却不容忽视。

首先,地方戏的"再民间化"说明戏曲表演仍然有良好的群众基础。利玛窦曾经感叹道:"这个民族是太爱好戏曲表演了,至少他们在这方面肯定是超过我们。"[②]尤其在清代以后,戏曲表演几成全民文化生活的中心,城市有戏园,乡村有戏台,"无地不有戏,无人不知戏……人无男妇,年无老稚,闻将演剧,无不踊跃欢呼"[③]。20 世纪 90 年代之后,随着影视、网络、手机等现代传媒文化形态的普及,人们文化生活日趋丰富,传统的戏曲表演被现代大众文化所取代似乎是历史之必然。其实,热爱戏曲早已成为民族的集体无意识,戏曲表演一直有良好的群众基础。如山东东营市东营区,是吕剧的发源地,直到今天仍有大量的吕剧迷,他们自发组织了 60 多个庄户剧团。[④] 另一方面,群体参与的表演艺术与个体独享的电子文化是两种不同的文化形态,它们之间可以形成良性互补关系,而非必然是取代与被取代的关系。事实上,无论是在欧美国家,还是亚洲的邻国,每年人均欣赏 3 场以上演出非常普遍,而目前中国人均每年只看 1/3 场演出,这是极其罕见的现象,"如果不是由于体制的束缚,这一现象本无可能出现"[⑤]。

其次,地方戏的"再民间化"有利于促进戏曲表演市场繁荣。20 世纪 50 年代开始的"民营剧团改制"以及由此而产生的地方戏"去民间化"问题,是

---

① 丁炎:《"戏曲活化石"——河南民间乡村罗戏的抢救与传承研究》,《农业考古》2011 年第 1 期。
② [意]利玛窦、[比]金尼阁:《利玛窦中国札记》,中华书局,1983 年版,第 24 页。
③ 王梦生:《梨园佳话》(文艺丛刊甲集),商务印书馆,1915 年版,第 1 页。
④ 张慧:《山东地方戏演艺市场状况调查》,《东岳论丛》2015 年第 7 期。
⑤ 傅谨:《剧团体制改革的背景、目标与路径》,《福建艺术》2010 年第 3 期。

戏曲表演市场急剧萎缩的主要原因。以上海为例，1950年，上海有108个剧场可以经常演出，从20世纪50年代中期开始逐渐减少，如今已经不足20个剧场了。① 而"国有剧团改制"以及伴生的地方戏"再民间化"现象则促进了戏曲表演市场的繁荣。比如，河北定县1988年5月由县政府决定正式解散了秧歌剧团，各村随即成立了秧歌个体户。② 有人认为，民间剧团、班社艺术水准低，要价低，严重挤压了国有剧团的生存空间，破坏了地方戏的演出市场。③ 殊不知正是这些民间剧团、班社培育了戏曲接受群体，拓展了地方戏的演出市场。森林中自然会长出参天大树，一枝独秀则难以持久，这个道理同样适用于地方戏演出市场。

最后，最为重要的一点是，地方戏的"再民间化"可以切实地丰富乡村文化生活。晚近十来年，绝大多数农村地区都通了有线电视与网络，农民也用上了智能手机，但是，农民的精神生活仍然很贫乏。以笔者多年调研情况来看，绝大多数中老年农民对看电视、上网、玩手机都不感兴趣，除了热衷于打麻将，在戏曲文化积淀深厚的地方，农民对看戏倒是一直保持着较为浓厚的兴趣，这也是戏曲演出为什么往往80%以上的场次都在农村的原因。笔者在苏北调研时看到，政府送电影下乡往往只有十来人观看，而一些草台班子的表演，多则有近千人去观看；农村基督教堂元旦演出时，居然也请一些民间艺人去表演地方戏。很显然，仅仅靠市县大剧团送戏下乡是很难满足农民需要的。自明清以来，农民就通过把演戏与民俗紧密结合在一起，把庙会、祭祀祈禳、年节社火、盖房开业、贺生祝寿、婚丧嫁娶等民俗文化活动都作为地方戏的载体，建构了需求旺盛的民间演出市场，从而充分满足了自己的文化生活需要。有些地方甚至因为热爱戏曲而"发明"一种新的习俗。如皖南伏岭村，演戏习俗延续170余年，其关键就是当地有一种独特的习

---

① 傅谨：《剧团体制改革的背景、目标与路径》，《福建艺术》2010年第3期。

② ［美］欧达伟：《乡村戏曲表演与中国现代民众》，董晓萍译，北京师范大学出版社，2000年版。

③ 丁炎：《"戏曲活化石"——河南民间乡村罗戏的抢救与传承研究》，《农业考古》2011年第1期。

俗——"做三十",即年满三十岁的人负责当年演戏活动的组织以及戏衣、道具的保管。20世纪50年代开始的"戏改"改变了乡村的文化生态,破坏了乡村文化的内在机制,此后,政府虽然一直希望通过"送文化下乡"来改善、丰富农民的文化生活,却一直不尽如人意。我们看到,地方戏"再民间化"的关键其实就是地方戏演出与民俗文化活动之间重新建起了广泛而紧密的联系,农民由此可以自主地去选择属于自己的文化,而不是被动地接受别人送来的文化。地方戏"再民间化"是一个重要的契机,也许由此能够实现乡村文化生态的逐渐修复与内在机制的重建。

第二节　陕北秧歌的现代命运[①]

秧歌作为一种民间文化形态,明清以来,一直自发自在地活跃在北方的乡村,形成了陕北秧歌、东北秧歌、河北秧歌、山东鼓子秧歌四大秧歌体系。由于特殊的历史际遇,陕北成为新秧歌运动的策源地,陕北秧歌由此从诸多北方秧歌中脱颖而出,进到万众瞩目的历史舞台。鉴于陕北秧歌历史遭遇的典型性,本文将通过考察百年来陕北秧歌在社会变革中文化身份的更迭,以及文化功能的转换,以此透视现代化进程中民间艺术的历史命运,揭示其命运背后支配性的文化理念的偏至。

一、陕北秧歌作为自发自在的民间艺术

在延安文艺工作者没有"发现"陕北秧歌以前,陕北秧歌早就活跃在陕北乡村。明清以降,"陕北城乡,村村社社都有秧歌队,男女老幼,一齐参加。每遇春节,他们走村串户,四处演出。村社之间互相比赛,红火之极,当地称

---

① 此节原文题为《陕北秧歌的百年遭遇与民间艺术的现代命运》,发表于《艺术百家》2014年第1期。

为'闹秧歌'。"①陕北秧歌作为自发自在的民间文化形态，尚未从整体性的日常生活中分化出来，它不是审美的对象，而是百姓日常生活不可或缺的有机组成部分，在社会生活中发挥着极其重要的文化功能。

首先，陕北秧歌是一种民俗活动，是民间信仰的集体表征。袁禾认为："秧歌最初是农民们在插秧和耕田时所唱的歌，后来发展为歌舞结合或装扮人物的队伍表演。"②清人李调元《南越笔记》也云："农者每春时，妇子以数十计，往田插秧。一老槌大鼓，鼓声一通，群歌竞作，弥日不绝，谓之秧歌。"但陕北秧歌却并非劳动者的"插秧之歌"，就其起源来看，是由祭祀活动发展演变而来的。据《靖边县志》记载："上元灯节前后数夜，街市遍张灯火，村民亦各鼓乐为傩装扮歌舞，俗名社火，义取逐瘟。"《米脂县志》也记有："春闹社伙（火），俗名闹秧歌，村众合伙于神庙立会……由会长率领排门逐户跳舞唱歌，悉中节奏，有古乡人傩遗意。"就流传到现代的陕北秧歌活动程序来看，仍然与祭祀活动基本相同：每年闹秧歌之前，首先由会长率领大家去"谒庙"，即敬神烧香，祈求神灵保佑，消灾免难；然后由伞头率秧歌队在村内"排门子"，即挨门逐户拜年，再到邻村搭彩门表演，最后是元宵之夜开始"大场秧歌"表演，大场结束时，秧歌队排成"太阳圈"图形收场——这可能是古老的太阳崇拜的遗留，秧歌又名阳歌，也许就得名于此。

在启蒙叙事话语中，民间信仰意味着迷信、无知，是科学的对立面，是现代文明需要克服的对象。其实，民间信仰是极其"深刻"的，它扎根于最为古老的集体无意识，现代文明无法克服它，也无需克服它，因为人类本能地需要一些形而上的"意义"，而且需要一再地通过某些活动去确认这些"意义"，由此产生了传统社会中纷繁复杂的民俗活动。一旦民间信仰瓦解了，丰富的民俗活动也就会随之消失，人类的生活也许不是变得更为文明，而是更为贫乏了，尤其是依附于民俗活动的那些民间艺术，将面临着无法拯救的必死的命运。在现代化进程中，陕北秧歌恰恰一直面临着这样的命运，因为现代

---

① 中国戏曲志编辑委员会《中国戏曲志·陕西卷》，中国 ISBN 中心，1995 年。
② 袁禾：《中国古代舞蹈史教程》，上海音乐出版社，2004 年，第 247—248 页。

文化的理性意识一直积极地试图清除其落后的、迷信的"糟粕",尤其是表征民间信仰的那些成分。另一方面,在传统社会中,民间信仰还是动员、组织农民的一种极其重要的力量,那些需要群体参与的民间艺术,只有借助民间信仰,才能行之有效地将人们组织起来。在新秧歌运动中,意识形态一度取代了民间信仰成为一种强大的动员、组织力量,开创了陕北秧歌红火的新时代,问题是,一旦意识形态丧失其力量,结果又会如何呢? 稍稍了解一下当下乡村的文化活动状况就知道答案了——民间艺术活动全面衰落、群体性文化活动的组织机制彻底瘫痪、群众的艺术创造力几乎丧失殆尽。这不是危言耸听,这是我们需要正面的现实。

其次,闹秧歌是一种自娱性的民间文化活动,通过群体参与,人们切身体验到了节庆的快感,从而建构了形成鲜明对比的两种生活:一种是灰色的、辛苦的日常生活,另一种是狂欢式的节庆生活。节庆生活既是日常生活的有机组成部分,又是日常生活的最高理想与意义所在。对于陕北秧歌在传统乡村生活中的意义,路遥在《平凡的世界》第一部第 54 章中写道:"一旦进入正月,双水村的人就像着了魔似的,卷入到这欢乐的浪潮中去了。有的秧歌迷甚至娃娃发烧都丢下不管,只顾自己红火热闹。人们牛马般劳动一年,似乎就是为了能快乐这么几天的。"陕北秧歌的娱乐性,一是来自亲身参与其中的广场性表演与淹没一切的节庆感,二是表演内容与形式的"粗俗"。想一想那些"粗俗"的表演,都让人忍俊不禁想开心地大笑:男女之间对白与唱词往往极其巧妙地指涉着性,尤其是丑角,穿着白衣红裤,脸上一边画着乌龟,一边写着"此处不可大小便",耳朵上挂着硕大的红辣椒,手里拿把破扫帚当扇子,或者提一个油葫芦,扭扭捏捏地走来,还做着各种丑态百出的动作。这是民间文化的喜剧性,它不是通过嘲笑来否定、批判,而是刻意表现夸张、诙谐、丑陋、滑稽这些不同寻常的形态,如宋元以来的"鲍老""大头和尚"等滑稽形象,人们在这些形象中获得了不同于日常生活的"陌生化"的审美体验,即一种狂欢式的节庆感。但是,如此"粗俗"的形象只能出现在乡间村头的广场上,与坐着一排排文明人的礼堂或剧场无疑是有些不协调的。因此,这些民间形象如果想登入大雅之堂,似乎确实应该让专业的艺术家对其做一番"改造"工作，予以"提高"的。殊不知这种现代审美主义的艺术理念恰恰是对民间艺术的误解，所谓的"提高"往往带来彻头彻尾的破坏。

再次，秧歌作为民间文化形态，还有一种隐性的文化功能，即下层社会借以巧妙地对抗，甚至颠覆官方意识形态。在威严的官方权力面前，下层社会往往噤若寒蝉，只有在节日里，在狂欢的气氛里，丑角借着暂时的自由，以一种心照不宣的隐晦话语，于嬉笑怒骂中尖刻地嘲讽、批评上层社会与现存秩序，让老百姓听到自己的声音，发出快意的大笑。另一方面，秧歌的"粗俗"所造成的狂欢式效果，与严肃的官方话语形成了鲜明对比，使得官方的严肃变得滑稽可笑。此外，约翰·费斯克认为，广场性的狂欢式的快感本身就具有颠覆性，能够"令上层觉得恐慌，却使下层人民感到解放"[1]。

二、陕北秧歌作为新秧歌运动的民间资源

轰轰烈烈的新秧歌运动发轫于 1943 年元旦，在此之前，一些文艺工作者已经开始关注陕北秧歌，并尝试着利用其艺术形式编创一些新型的歌舞与戏剧，"如 1936 年人民抗日剧社就采用民间秧歌小调编排过小型歌舞剧《上前线》和《亡国恨》，1937 年西北战地服务团也把民间流行的秧歌改为《打倒日本升平舞》在广场和舞台上演出；而被誉为'群众新秧歌运动的先驱与模范'的刘志仁和南仓村社火，从 1937 年起即把秧歌的形式同革命的内容结合起来，闹起了新秧歌，连续几年相继演出了《张九才造反》（1937 年）、《新开荒》（1939 年）、《新十绣》（1940 年）、《反对摩擦》（1941 年）、《百团大战》（1942 年）等一系列新节目"[2]。但是，在新秧歌运动发起之前，这些零星的新秧歌创作与演出并没有太大影响，就其性质而言，不过是民间采风而已。

毫无疑问，新秧歌运动不是纯粹文艺领域的民间采风活动，而是一场有指导纲领的轰轰烈烈的文化革命。作为一场文化革命，新秧歌运动不仅彻底改变了解放区的文艺创作方向，而且最终创造出了民族的新歌剧，其影响

---

① ［美］约翰·费斯克：《理解大众文化》，中央编译出版社，2001 年，第 56 页。
② 陈晨：《延安时期的新秧歌运动》，《文史精华》2003 年第 1 期，第 56 页。

与历史意义是极其深远的。在这场文化运动中,传统的陕北秧歌兼具民间与大众的双重身份,它不仅是艺术创新的资源,更是价值转换的介质。具体而言,通过新秧歌运动,不仅知识分子转变了文化观念以及价值取向,新秧歌剧的观众,尤其是陕北农民也改变了对秧歌的认识,爱上了这种来自民间的新文艺。据当年亲历者回忆,"百姓看一场还不够,有的自己拿着干粮和水,跟着我们后头,我们演出多少场,他们就看多少场,然后再跟着我们回来,都称我们是鲁艺家的秧歌"①。老百姓自己则说:"你们的秧歌好,都是新世事,乡里闹的都是古时的。""你们的秧歌有故事,一般是讲生产,年青人都爱看,旧秧歌没意思!"②就新秧歌运动初衷而言,本无意取代旧秧歌,但究其实际影响而言,则大有取代旧秧歌之趋势。

新秧歌运动一方面有效地利用了传统秧歌特殊的文化政治身份,塑造了民族的、民间的、大众的新文艺形象;另一方面则在内容与形式两方面予以积极改造,以适应其启蒙与革命的文化逻辑。在新秧歌运动中,所有新秧歌剧都有着鲜明的革命主题,比如太行地区秧歌剧本评选后总结发现,在275个参评剧本中,"反映战争的二十三题,生产四十七题,拥军、优抗、参军六十三题,文武学习、民主、减租、开荒、打蝗、提倡卫生、反对迷信的有七十六题,介绍时事、传达任务是三十九题,而歌颂自己所爱戴的英雄人物竟多至二十五题。"③这些主题都是农民以及来自农民的士兵能够理解而且乐于接受的。新秧歌运动在艺术形式上也对陕北的传统秧歌进行了革命性的改造。安荣银发现,"到延安时期,出场的秧歌队最突出的变化是,取消了丑角这一民间艺术中不可缺少的角色"④。其主要理由是,丑角是对民众的"侮辱"。其实,新秧歌对丑角的排斥暗含对传统民间艺术文化功能中不合时宜因素的警惕。因为丑角固然很讨喜,但是,丑角的"戏谑和反话常常是对于

---

① 王海平等主编:《回想延安·1942》,江苏文艺出版社,2002年,第50页。
② 周扬:《表现新的群众的时代——看了春节秧歌以后》,《周扬文集》第一卷,人民文学出版社,1984年,第440页。
③ 赵树理:《赵树理全集》第四卷,北岳文艺出版社,2000年,第153页。
④ [韩]安荣银:《对旧秧歌的改造与利用》,《中国现代文学研究丛刊》2005年第3期,第35页。

上层人物和现存秩序的一种隐讳而尖刻的批判"，在新社会中，"还要有用来嘲弄上层人物和现存秩序的话，这反而变成为新社会的破坏者。"①这种官方的警惕不仅暗含着一种强大的权力操控意识，即提前清除一切不可控制的因素，还表明了官方与民间在美学上的分野。即使这里的官方宣称自己的文化是民间的、大众的，但是，它终究无法接受民间艺术缺乏深刻内涵，甚至一味胡闹、"言不及义"，以及缺乏和谐统一的艺术形式等"缺点"，仍然不自觉地接受着现代美学的成见，认为民间艺术是"低级"的艺术形态，需要专业艺术家对其改造与提高。

延安时期的新秧歌运动虽然积极地改造传统秧歌的内容与形式，不断扩大新秧歌的影响，有了比较强大的群众基础，但是，它一直与传统秧歌相安无事，个别文艺工作者甚至还"看到"了传统秧歌的好处。时至20世纪50年代初，随着全国解放，文艺工作者的雄心更为高涨了。哈华明确地指出："封建文艺在群众中，仍占优势。特别新解放的地区，北方的旧秧歌、皮影戏、自乐班、大小戏班、瞎子说书、吆号子等，南方的昆曲、南词、念佛句、山歌、弹词、评话、花鼓灯、秧歌等，数量之大，深入群众的程度，远超过新文艺和新秧歌，新的还赶不上旧的，有计划有组织地发展新秧歌，改造旧秧歌，是向封建文艺夺取阵地工作之一，是一个艰巨长期的战斗。"②哈华的观点不仅代表了20世纪下半叶的官方意识形态，其实也表述了"五四"以来知识分子所认同的启蒙现代性话语，在这种话语体系中，传统的民间艺术被定性为"封建文艺"，需要"旧瓶装新酒"，即适度保留其形式，改造其内容。在这种表述中，我们看到了官方所代表的现代文化理念的操控意识的进一步加强，也看到了现代性的诉求再次凌驾于民间取向之上。

延安时期新秧歌运动的成功冲昏了一些理论家的头脑，他们以为对民间艺术的改造与提高是官方、民间的文化共识，一声令下、自上而下的文化运动是一种百试不爽的成功范式。但是，他们忽略了一点，即延安时期是一个非常特殊的历史语境。一方面延安边区政府既是官方，又有非官方性的

---

① 周扬：《表现新的群众的时代》，《解放日报》，1944年3月21日。
② 哈华：《秧歌杂谈》，华东人民出版社，1951年，第17页。

特殊性质,知识精英与普通民众容易对其产生认同;另一方面日本侵华战争使得整个中华民族面临着共同的敌人,意识形态相对容易对各种力量进行整合,建构高度整一的文化形态,形成一股巨大的历史合力。一旦时过境迁,这种自上而下改造、提高民间艺术形态的群众运动就未必能够获得成功。回顾20世纪后半叶的中国文化史,我们非常遗憾地看到,"改造""提高"民间艺术的行为往往违背了文化变迁的规律,破坏了形态多样、意义丰富的民间文化生态。

三、陕北秧歌作为非物质文化遗产

把旧秧歌作为改造与提高的对象,此间可见启蒙与革命的现代文化理念在对待民间艺术这个问题上的一贯逻辑。进而言之,中国的"红色"革命不是中断了对现代性的诉求,而是继承了"五四"新文化运动的精神,以更为极端的方式对待中国传统文化,而"文化大革命"中提出的"破四旧"可以说是这种诉求的极端表现。在"文化大革命"中,陕北传统秧歌也被列入"四旧"之列,被废除、禁止长达十余年。20世纪70年代末,随着"文化大革命"的结束,陕北传统秧歌又在乡间复兴起来,在80年代中期达到新的高潮。然而,由于改革开放,经济持续高速发展,进而导致社会文化的急剧变革,陕北秧歌自20世纪90年代起逐渐衰落,"春节时村民的娱乐不再是扭大秧歌、搞社火活动,被麻将、扑克牌和电视替代了"[①]。有些区域虽然还保持着闹秧歌的习俗,但已经逐渐失去乡土气了。方李莉的课题组考察发现,陕北秧歌"转九曲"的"彩门搭得绚丽多彩,再配上现时代的灯光,游转的人群身着时装,青年男女结伴而行,山头燃放着现代化的烟火,一派都市文化充斥其中"[②]。

21世纪以来,随着非物质文化遗产保护理念逐渐被人们接受,陕北秧歌再度得到了政府与学者的关注,成为文化保护的对象。2006年5月,陕

---

① 吕青、吴妍妍:《浅析陕北民间艺术的文化生态》,《福建论坛(社科教育版)》2008年第10期,第79页。

② 方李莉:《从遗产到资源——西部人文资源研究报告》,学苑出版社,2010年,第166页。

北秧歌成功入选第一批国家级非物质文化遗产名录。陕北秧歌作为非物质文化遗产，确实获得了诸多不同以往的优待。首先，它不再是改造、提高的对象，终于因其主体性价值而被人们认可，传承与保护被列为第一要义；其次，传承人得到了政府的经济资助，而且秧歌教学进入了中小学教育体系，似乎有望能够很好地传承、发展下去；再次，地方政府一直积极地引导相关文化产业的发展，希望陕北秧歌能在经济开发与利用过程中得到传承与保护。当然，政府部门的态度是非常积极的，其成效也很好，比如在绥德县，各个乡镇、中学都有自己的秧歌队，每年正月十五，则在县里举办一场盛大、红火的秧歌会。

　　然而，细察之则会发现一些深层次的问题。非物质文化遗产保护工程并没有激发村民闹秧歌的激情，自发的闹秧歌似乎越来越罕见了，各类秧歌活动大都是表演性的，也就是说，陕北秧歌事实上已经丧失了民间性，它不再是老百姓内在需要的一种民间文化形态了。就非物质文化遗产保护本义而言，其主体应该是对自己的文化有着一定自觉意识的传承人，然而，我国的非物质文化遗产保护却给人一种错觉，即这是政府行为，无关乎文化主体现实的文化需要。事实上，面对现代都市文化的诱惑，已经很少有村民自发地热爱民间文化了，确实很难生发自觉的文化保护意识。就此而言，文化遗产保护并不是"我们"要保护"我们的"文化，而是政府希望保护"他们的"文化而已。政府之所以大力保护"他们的"文化，并非因为"他们"需要这些文化，而是因为"他们的"文化在现代文化空间中有重要意义，一方面，在文化全球化背景下，借此可以重构本土文化的识别符号，有助于塑造文化身份；另一方面，作为地域文化的符号具有一种展示价值，可以吸引游客，成为文化消费的对象，从而获得经济收益。

　　人类学家指出，文化并非就是礼节、仪式、语言、艺术等具体文化形态，它是一种"沉默的语言"①，是人们"在行为中展现出的共有的理解或看法"②，因

---

① Edward Hall, *The Silent Language*, New York: Doubleday, 1959.
② ［美］詹姆斯·皮科克：《人类学透镜（第 2 版）》，汪丽华译，北京大学出版社，2009 年，第 4 页。

此,文化的传承必须是发自文化主体自身,很难由外力操控。这并不是说非物质文化遗产保护作为政府行为毫无意义,而是说应该转换保护的立足点以及保护方式。具体而言,比如像陕北秧歌这样群众性的民间艺术活动,与其资助传承人,就不如鼓励村民积极参与,资助他们的闹秧歌活动本身;与其保护具体的艺术形态,就不如努力激发民众的创造力,让他们自己在社会变革中不断调适自身的文化,只有这样才符合《保护非物质文化遗产公约》的精神,即非物质文化遗产"在各社区和群体适应周围环境以及与自然和历史的互动中,被不断地再创造,为这些社区和群体提供认同感和持续感,从而增强对文化多样性和人类创造力的尊重"。事实上,陕北人民虽然很少像过去一样充满激情地闹秧歌,但是,他们并没有彻底抛弃"自己的"文化,他们以同样的激情跳起了健身秧歌,在陕北的大街小巷,随时可见他们以扇子、伞头为道具,以流行歌曲为背景音乐,快活地扭着、跳着。也许,这才是真正意义上的非物质文化遗产保护。

总而言之,政府把陕北秧歌作为国家级非物质文化遗产予以保护,可谓是非常重视的,但令人失望的是,并没有出现延安时期新秧歌运动中那种一呼百应、红火热闹的场面。我们发现,虽然随着社会发展,政府的文化观念、文化政策在不断调整,但是,其基于官方立场的操控意识并没有改变,仍然坚持着自上而下的群众运动的范式。在当下消费社会中,意识形态的整合力量显然大不如从前了,群众很难发动起来,而失去广大群众的积极参与,所谓的非物质文化遗产保护工程就会空有其名。此外,在这种文化操控意识之中,审美主义的艺术理念一直影响着人们的价值判断,阻碍了人们真正理解民间艺术的功能与价值。与发端于现代社会的"美的艺术"相比,民间艺术是日常生活中的艺术,它总是依附于某种生活需要,不能从具体的生活中抽取出来,成为纯粹非功利的静观的审美对象,否则,传承与保护下来的不是活生生的民间艺术,而是一具僵硬的"木乃伊"。在陕北秧歌的"非遗"保护实践中,只资助个别技艺高超的传承人,而不是把陕北秧歌作为一种根植于传统民俗的民间文化活动进行整体性的保护,这典型地体现了审美主义的艺术理念,即从民间艺术中抽取出高明的、值得欣赏的东西作为遗产来保护，而丢弃那些所谓低级形态的东西。由此，我们惊讶地发现，由新秧歌运动到非物质文化遗产保护运动看似是文化理念的显著变革，其实，最核心的东西却一直被极其顽固地抱守着。

四、结语

百年来，陕北秧歌由自发自在的民间艺术被纳入到现代文化启蒙与革命的叙事之中，文化身份不断变更，此间浓缩了现代化进程中民间艺术的历史命运，折射了现代文化精神的偏至。现代文化标榜文明、发展、进步，重视逻辑性、规律性、形式统一性。如同现代化大都市无法容忍城中村一样，现代文化无法容忍非理性的、混沌的前现代文化的遗存，正如哈华所言，对旧文化改造、提升，乃至清除，是一场严肃的"战斗"，此间容不得半点含糊、通融。其实，文化从来不曾绝对同质化，文化如同生态系统，保持多样性是其核心法则，容纳民间文化与小传统也许是保持、激发现代文化创造力的一个有效途径。另一方面，在文化急剧变革，甚至发生断裂的百年中，民间文化与小传统一直依循着固有的文化逻辑，并不屈从于外力的操控，即使在新秧歌红遍全国的时候，老百姓在过节的时候仍然闹着旧秧歌，当陕北秧歌成为国家级非物质文化遗产时，他们却热衷于在广场上跳健身秧歌。

在美学方面，现代文化精神的偏至主要表现为一种审美主义的艺术观念，即认为艺术内在地要求内涵深刻、形式统一、风格创新，却没有意识到这只是一种现代人的"趣味"。以这样一种审美趣味来考量，民间艺术无疑是低级的、粗俗的，需要加以改造与提高的。其实，正如布迪厄所言，"对低级的、粗鄙的、庸俗的、腐化的、卑下的——一言以蔽之，自然的——快乐的否定，建构了文化的神圣空间（sphere），这一否定意味着确认某些人的优越性，这些人能够满足于永远将粗俗拒之门外的升华的、精致的、非功利的、无偿的、高贵的快感"，这种美学区分的功能是"实现让社会差异合法化"[①]，也

---

① ［法］布迪厄著：《纯粹美学的社会条件——〈区隔:趣味判断的社会批判〉引言》，朱国华译，《民族艺术》2002 年第 3 期，第 21 页。

就是说,这种区分其实并非纯粹美学的区分,而是社会权力关系的体现。在审美主义的艺术观中,艺术是主体的对象,需要非功利的纯粹的凝视,通过"纯粹的凝视"从而脱离日常生活,否定杂乱的日常生活。民间艺术恰恰相反,它把一切都拉回到日常生活层面,有意取消审美距离,比如闹秧歌中的丑角扭到孩子们面前时常常故意去追逐这些孩子,拉近表演者与观众的距离;它从不否定日常生活,而是祝福日常生活;它不追求优美、崇高,而是沉浸于节庆的快感中;严格地说,它不是审美的对象,而是集体情感认同的介质。民间艺术的美学是另一种美学,只有包容了这种美学,现代文化精神以及艺术精神才能达到圆融的境界。

第三节　龙母传说与"秃尾巴老李"故事[①]

"秃尾巴老李"故事广泛流传于山东与东北地区,研究者甚多,目前已有一篇硕士学位论文[②]、一篇博士学位论文[③]对其进行专门研究。在诸多相关研究中,"秃尾巴老李"故事与岭南龙母传说的关系问题,由于涉及故事的来源,因而备受关注。早在 1937 年,艾伯华在《中国民间故事类型》一书中就将岭南龙母传说与浙江、江苏的白龙传说、山东的黑龙传说归入"龙的母亲"母题索引条目中,[④]已经看到了这些传说的关联性。20 世纪 90 年代末,刘守华先生指出,袁枚《子不语》中所写的山东文登县的"秃尾龙"故事为南方龙母传说的流传与变异。[⑤] 但是,刘先生对此说并没有详加考

---

① 此节原文题为《龙母传说的北向传播与"秃尾巴老李"故事的来源》,发表于《文化遗产》2019 年第 2 期。

② 王东芝:《秃尾巴老李传说的现代建构——以黑龙江省兴东村的调查为例》,辽宁大学2013 年硕士学位论文。

③ 李然:《山东秃尾巴老李传说与信仰研究》,山东大学 2010 年博士学位论文。

④ 〔德〕艾伯华:《中国民间故事类型》,王燕生、周祖生译,商务印书馆,1999 年,第113 页。

⑤ 刘守华:《关于"龙母"故事的演变及其文化内涵》,《荆州师专学报》1998 年第 3 期。

辨。此后，叶春生先生对二者进行了平行比较研究，回避了二者之间的影响关系。①

21世纪以来，蒋明智对二者作了进一步比较研究，论证了山东"秃尾巴老李"故事直接受到了悦城龙母传说的影响。② 该文的主要理由可以概括为三点：一是山东"秃尾巴老李"故事见诸文献记载的时间较晚，二是内容与悦城龙母传说最为相似，三是主要记录人袁枚、吴趼人都是南方人，他们在记录时就可能把岭南龙母传说融入到北方的"秃尾巴老李"故事中。此三点理由之中，最有说服力的是第二条。但倘若不能说清楚悦城龙母传说究竟在何时、如何影响了山东的"秃尾巴老李"故事，即使二者内容高度相似，也很难说前者直接影响了后者。当然，由于民间传说历史文献资料匮乏，也很难做到清晰、确凿的历史研究。但既然做影响比较研究，显然不该回避这个问题。笔者不揣浅陋，拟在此文基础上再作进一步申论，旨在抛砖引玉。

一、龙母传说的北向传播

容肇祖先生认为，"龙母事迹，从始有记载，以至始有封号，约在公历八〇〇后至九〇五的一百年间，这一百年间，可定为龙母传说的成熟时期"③。且不论"始有记载"④问题，就目前可见文献资料来看，我们至少可以确定两点：其一，岭南龙母传说的基本情节在这一百年间已经确立。有两条材料可以说明这点，一是唐代刘恂的《岭表录异》："温媪者，即康州悦城县霜

---

① 叶春生：《岭南的掘尾龙和东北的秃尾巴老李》，收录于叶春生、蒋明智主编《悦城龙母文化》，黑龙江人民出版社，2003年，第122—130页。
② 蒋明智：《龙母传说比较研究》，《中国非物质文化遗产》第9辑，中山大学出版社，2005年，第201—211页。
③ 容肇祖：《德庆龙母传说的演变》，《民俗》周刊1928年第9期。
④ 对于文献记载的起点，蒋明智提出，卢肇的《阆城君庙记》记述龙母传说比刘恂的《岭表录异》稍早，又言，宋人引用的南朝刘宋年间沈怀远的《南越志》中的《端溪温媪》可信，白居易引用的晋人顾微的《广州记》也可信，因而，龙母传说最早记载当在西晋(蒋明智：《悦城龙母传说探源》，《世界宗教研究》2010年第5期)。存此一说，本文不作讨论。

妇也,绩布为业。尝于野岸拾菜,见沙草中有五卵,遂收归置绩筐中。不数日,忽见五小蛇壳,一斑四青,遂送于江次,固无意望报也。媪常濯浣于江边。忽一日,鱼出水跳跃,戏于媪前。自尔为常,渐有知者。乡里咸谓之龙母,敬而事之,或询以灾福,亦言多征应。自是媪亦渐丰足。朝廷知之,遣使征入京师。至全义岭,有疾,却返悦城而卒。乡里共葬之江东岸。忽一夕,天地冥晦,风雨随作。及明,已移其冢,并四面草木,悉移于西岸矣。"①《岭表录异》虽然不是史书,但其作者曾为官广州,所录很可能直接采自民间,这也就是说,这个记录可能是晚唐岭南龙母传说的口头形态。二是白居易引用了顾微《广州记》的话:"程溪浦口有蒲母养龙,列断其尾,因呼掘龙,时人见之,则土境大丰而利涉之。"②由于《广州记》散轶,我们很难断定白居易所引是否真正出自顾微的《广州记》,但我们至少可以肯定,断尾与掘龙一说在唐代已有。合此两条可见,后世岭南龙母传说中的放生/豢龙、灵异、征入京师、移墓、断尾等主要情节单元,在晚唐已经完备。其二,在天佑元年(904年)前后,德庆悦城龙母已经获得正统封号。吴揆于南宋初年为广东德庆悦城龙母祖庙所撰的碑铭《赐额记》中说,"唐天祐初载,始封母温'永安郡夫人',越明年,改封'永宁夫人'。"③龙母信仰被纳入正统,说明其已经有相当大的社会影响,但是,我们还没有发现文献资料可以证明岭南龙母传说其时已经向长江中下游和黄河流域传播。

至迟在两宋时期,岭南龙母传说与龙母信仰已经传播到了长江中下游地区,主要表现为江浙地区出现了诸多龙母庙④,如嘉兴府海盐县陈山龙母冢、吴县阳山龙母庙、镇江吴塘龙母祠等。在这些龙母庙的周边地区,都流传着情节单元非常相近的龙母传说。其主要情节单元有:奇异受孕、龙生母死、移墓、探母等。与岭南龙母传说相比,江浙龙母传说情节变异显著,其

---

① ［唐］刘恂:《岭表录异》卷上,中华书局1985年,第7页。
② ［唐］白居易:《白氏六帖事类集》卷2,民国景宋本,第69—70页。
③ 本文引用的《赐额记》来自叶春生、蒋明智主编的《悦城龙母文化》,黑龙江人民出版社,2003年,第24页。
④ 两宋时期,朝廷敕封的龙母庙、龙女庙甚多,遍布全国,对于那些仅仅遗留名称,文献没有记载龙母事迹,无法考证其与岭南龙母传说之关系者,本文不作讨论。

一，没有放生/豢龙、断尾、灵异之说，代之以奇异受孕、龙生母死情节，尤为值得注意的是，龙母没有预知灾祸的灵异功能，这为龙母崇拜转向龙子崇拜埋下了伏笔。如范成大的《吴郡志》中对阳山白龙母庙来源的记述：①缪氏有女，及笄出行，路遇老人交谈，"女归有妊，父母恶之。逐出，丐食邻里。明年三月十八日，至今所谓龙冢之上，产一肉块。居民怪之，惊弃水中。俟焉，块破，化而为龙。夭矫母前，若有所告，其母惊绝于地。"②其二，出现了"探母"情节。如阳山白龙，相传"分职潇湘，每岁是日，必归山间。风雨凄冷，人以为龙子诞日云"③。南宋龚颐正为海盐陈山龙母庙所写的《显济庙记》中也提到："岁三月十有八日，吴之阳山及此多云雾晦暝雷雨之变。俗传为白龙君以是日生于阳山，而归藏其母于是焉。"④又如常熟县海隅山白龙，母死后"既而大雷雨，冢迁于山腹，岁之五月，龙率来省，或见形山间，始至必甚风雨，既留则一境为之寒"⑤。从文献资料来看，明清之前，岭南龙母传说中没有"探母"情节，后来民间口头传说中有了，这很可能是江浙地区龙母传说对岭南龙母传说反向影响的结果。其三，江浙龙母有"行雨"之能。如阳山龙母庙，"雨旸失候，祈祷必应"⑥。又如海盐陈山龙母冢，"遇水旱祷祈，以酒酹石，辄有暴雨洗坛"⑦。据吴揆的《赐额记》所言，岭南龙母"每年水旱疾疫，祈禳，悉随叩随应"，但就朝廷多次敕封来看，并未表彰其"行雨"方面的灵验。

　　两宋时期江浙地区的龙母传说与岭南龙母传说差异甚大，为何说是受到了岭南龙母传说的影响呢？就有限的文献资料来看，宋代之前，江浙地区罕见龙母传说与龙母信仰，宋代突然涌现，显然受到了某种外力的作用。窃以为，此外力主要是唐末以来朝廷对岭南龙母的多次敕封。据宋朝吴揆的

① 范成大自言，由于"无碑碣可考"，此记述来自"父老相传"，也就是来自民间口头传说。
② ［宋］范成大：《吴郡志》，江苏古籍出版社，1999 年，第 182 页。
③ ［宋］范成大：《吴郡志》，江苏古籍出版社，1999 年，第 182 页。
④ ［元］单庆修，徐硕纂：《至元嘉禾志》卷二十四《碑碣》，嘉兴地方志办公室编校，上海古籍出版社，2010 年，第 246 页。
⑤ ［宋］孙应时：《琴川志》卷十《庙》，中华书局，1990 年，第 1243 页。
⑥ ［宋］范成大：《吴郡志》，江苏古籍出版社，1999 年，第 182 页。
⑦ ［元］单庆修，徐硕纂：《至元嘉禾志》卷十三《冢墓》，嘉兴地方志办公室编校，上海古籍出版社，2010 年，第 114 页。

《赐额记》所述:"国朝元丰戊午,敕其额曰'永济',封'永济夫人'。大观戊子,诏以'孝通'为额"。这两次敕封俱在北宋年间,而朝廷对江浙龙母的敕封大都在南宋年间。如朝廷赐封金坛县白龙祠龙母"嘉惠夫人"是在绍兴三年(1133),[①]赐封镇江吴塘龙母为"嘉惠赞福夫人"是在绍兴十八年(1148年),[②]敕封常熟海隅山龙母为"慈懿夫人"是在绍兴二十二年(1152年),[③]敕封阳山龙母为"灵济夫人"是在乾道四年(1168年),[④]敕封海盐陈山龙母为"龙君夫人"是在绍熙元年(1190年),敕封其为"庆善荐福夫人"是在绍熙五年(1194年)。[⑤] 笔者由此推测,江浙地区原本就有龙蛇崇拜之传统,在朝廷敕封岭南龙母的鼓舞下,民间就创造出了诸多龙母神话。就其情节单元来看,有的可能来自远古传说,如"奇异受孕";有的可能受到了岭南龙母传说的直接影响,如"移墓";有的则是出于对本地风物的解释,如小白龙探母,可能是对江浙地区清明前后多阴雨、"倒春寒"[⑥]自然现象的神话性解释。

从现存文献来看,两宋时期岭南龙母传说北向影响较大的区域是江浙地区,但也可能到达了黄河流域。早在北宋时期,朝廷就在北方敕封过一些龙女庙、龙母庙,这些龙女、龙母的"神迹"大多与治河有关,由于文献记载有限,很难断言其与岭南龙母传说有渊源关系。[⑦] 有一则材料例外,山西临汾县不仅有龙母殿,还有宋金时期庙碑碑文流传下来,据其碑文记载:"刘元海僭据时,重筑陶唐金城,有韩媪得巨卵婴儿化蛇之,异,斩蛇尾而泉涌焉,遂资以灌溉"[⑧]。这

---

① [清]徐松:《宋会要辑稿·礼二〇之七〇》,中华书局1957年,第799页。

② [元]俞希鲁:《至顺镇江志》(上),江苏古籍出版社,1999年,第339页。

③ [清]徐松:《宋会要辑稿·礼二〇之七〇》,江苏古籍出版社,1999年,第799页。

④ [清]徐松:《宋会要辑稿·礼二〇之六〇》,江苏古籍出版社,1999年,第794页。

⑤ [元]单庆修,徐硕纂:《至元嘉禾志》卷十二《祠庙》,嘉兴地方志办公室编校,上海古籍出版社,2010年,第108页。

⑥ 黄石认为,秃尾龙挟风带雨情节是民众对清明前后气象的解释。(黄石:《关于龙的传说》,见高洪兴编《黄石民俗学论集》,上海文艺出版社,1999年,第244—255页。)

⑦ 如《搜神秘览》:"澶州黄河堤有龙女三娘子庙,极灵应,大河每有危,官府必祭祷。"([宋]章炳文:《搜神秘览》卷上《龙女庙》,收入《全宋笔记》第三编第三册,大象出版社2003年,第113页。)类似的记述还有《夷坚志·七娘子》等。此虽小说家言,但也可见北方龙女、龙母信仰之印迹。

⑧ [金]毛麾:《康泽王庙碑》,见《临汾县志》卷五《艺文类上》,第779—781页。(刘玉矶、张其昌纂:《临汾县志》,成文出版社,1976年)

个故事与岭南"掘尾龙"传说情节单元有一定相似度，可能受到了岭南龙母传说的直接影响，但岭南龙母传说究竟如何影响到了山西临汾，就不得而知了。由于只有这孤证，难以断言两宋时期岭南龙母传说影响到了黄河流域。

　　南宋之后，江浙地区文献资料中还时有记载龙母传说，如《无锡县志》中托《风土记》讲述的"龙山"得名传说，①袁牧《子不语》十七卷中的《龙母》，民国七年《高淳县志》中的"龙祭扫"故事，等等。但明清时期江浙地区龙母信仰逐渐衰微，就连盛极一时的阳山龙母庙在明代曾"倾圮弗修者六十年"②，在清代是"庙之久坏"③。值得注意的是，明清时期，小白龙探母传说逐渐从龙母传说中分化出来，在淮河流域产生了广泛而深入的影响，可能沿着运河影响到了山东地区。

二、从龙母传说到秃尾巴老李故事

　　也许是相关文献散轶，两宋元明时期，河南、河北、山西、陕西等地都有龙女或龙母传说的记载，山西临汾一带尤其多，但未见山东地区有相关记述。山东地区最早记载龙母传说的是雍正三年刊刻的《文登县志》：

　　　　县南柘阳山有龙母庙。相传山下郭姓妻汲水河崖，感而有孕三年不产。忽一夜雷雨大作，电光绕室，孕虽免（娩），无儿胞之形。后每夜有物就乳，状如巨蛇，攀梁上，有麟角。怪之，以告郭。郭候其来，飞刃击之，腾跃而去，似中其尾。后其妻死，葬山下。一日云雾四塞，乡人遥望，一龙旋绕山顶。及晴，见冢移山上，土高数尺，人以为神龙迁葬云。

---

① ［晋］周处：《风土记》，见《无锡县志》卷二，《宋元珍稀地方志丛刊》乙编，四川大学出版社2009年，第104页。
② ［明］吴宽：《重修阳山白龙神庙记》，见江苏省苏州浒墅关经济开发区《阳山文萃》，古吴轩出版社，2007年，第187页。
③ ［清］张树声：《重修阳山灵济龙神庙记》，见江苏省苏州浒墅关经济开发区《阳山文萃》，古吴轩出版社，第190页。

后秃尾龙见,年即丰。每见云雾毕集,土人习而知之,因构祠祀之。①

此外,有清一代山东地区关于龙母传说与秃尾巴老李故事的文献记载还有三则:一是光绪本《文登县志·山川》中记录的文登邑人赛珠在康熙五十五年所作的一首《龙母宫吟·呈邑明府王公》②,其诗所述故事情节与雍正三年《文登县志》所记大致相同;其二是道光年间山东巡抚徐泽醇写的《详请神龙封号》,其中所言神龙传说与雍正三年《文登县志》所记也大致吻合;其三是袁枚《子不语》卷八《秃尾龙》所讲述的秃尾龙故事,不仅故事情节与雍正三年《文登县志》所记相近,而且明确说故事发生地是山东文登县。

这四则文献材料所述故事发生地都在山东文登县,笔者由此推测,山东文登县可能是山东地区龙母传说与秃尾巴老李故事的发源地。这四则文献所记故事都比 20 世纪 80 年代搜集到的秃尾巴老李故事简略,可见其可能是当代民间流传的秃尾巴老李故事的早期形态。将早期文献材料与当代流传的秃尾巴老李故事相比,有三点值得注意:其一,早期文献材料中的主要情节单元是奇异受孕、断尾、移墓、探母,与岭南龙母传说以及宋代江浙地区龙母传说高度相似,受其影响的可能性较大;其二,这四则材料都没有以秃尾巴老李为主人公,也没有"闯关东"等传说,可见其尚处于对外来影响的接受期,还没有根据地方性情境对其进行再创造;其三,文献材料提及民间有"老李""李龙王""李龙爷"等称谓,并未强调其是黑龙,黑龙一说可能另有来源。

我们先讨论第一个问题,即文登县的龙母传说与岭南龙母传说、江浙龙母传说的关系。蒋明智认为,文登县龙母传说"已具备感孕诞龙、龙被断尾和移墓葬母三个典型的悦城龙母传说母题"③,以此认定山东龙母传说直接来源于悦城龙母传说。其实,感孕诞龙、龙被断尾和移墓葬母并非悦城龙母

---

① 《文登县志·杂闻》,转引自李万鹏的《尾龙考》,中国民间文艺家协会山东分会主编:《秃尾巴老李学术讨论会论文集》(内部资料),1989 年,第 5 页。
② 参见李然《山东秃尾巴老李传说与信仰研究》,山东大学 2010 年博士学位论文,第 19 页。
③ 蒋明智:《龙母传说比较研究》,《中国非物质文化遗产》第 9 辑,中山大学出版社,2005 年,第 207 页。

传说所特有母题，而且蒋文也指出，文登县的龙母传说"由悦城的拾蛋得龙，变为汲水感孕生龙；由母误段其尾，变为父恶断其尾；由龙子上坟带来定时风雨，变为龙子上坟，云雾毕集，并兆丰年"[①]，二者之间有较为明显的不同。上文已经提出，在宋代江浙地区龙母传说中，有了感孕生龙情节，有了龙子上坟带来定时风雨之说，并且反向影响了悦城龙母传说。因而，就情节单元比较来看，笔者并不否定文登县龙母传说受到了悦城龙母传说的影响，但是，我们想指出的是，文登县的龙母传说可能并非直接源于悦城龙母传说，而是受到了悦城龙母传说与江浙龙母传说的综合影响。笔者还想强调的是，之所以认定文登县龙母传说受到了南方龙母传说的影响，比情节单元相近更为重要的证据是，雍正三年《文登县志》明确记载"县南柘阳山有龙母庙"，山东其他地区有的有龙母冢，但罕见龙母庙。文登县的龙母庙可能并非"土人习而知之，因构祠祀之"，更可能是来自南方的、有龙母信仰的渔民、商人或移民所建。这里有必要补充解释一个问题，即为何南方的龙母传说在清初有可能沿海影响到胶东地区？明代隆庆元年（1567年）之前，由于严厉的"海禁"政策，南方渔民、商人难能到达胶东地区，晚明"海禁"松弛，但胶东地区已成前线，南北沟通交流机会仍然较少。康熙二十三年（1684年），清政府解除了海禁，[②]辽东湾、渤海湾、莱州湾一带盛产鲅鱼和黄花鱼，每逢汛期，常有苏、闽、浙、粤渔民来此捕捞作业，来自苏、浙、粤的渔民很可能带来了龙母传说，并且建立龙母庙。据《营口日报》报道，地处辽东湾海边的营口市芦屯镇小望海村康乾年间也建有龙母庙，直到1966年"破四旧"时才被拆除。[③] 我们认为，黄河流域及其以北，主要信仰龙王，沿河、沿海地区有龙女信仰，但自古就罕见龙母庙，文登县与营口同属于"鲅鱼圈"，在同一时期出现龙母庙，受到同一种外来因素的影响可能性显然是比较大的。

　　我们要讨论的第二个问题是，从雍正三年《文登县志》与赛珠的《龙母宫

① 蒋明智：《龙母传说比较研究》，《中国非物质文化遗产》第9辑，中山大学出版社，2005年，第207页。
② 刘奇俊：《清初开放海禁考略》，《福建师范大学学报》（哲学社会科学版）1994年第3期。
③ 《营口日报》，2016年5月30日，营口开发区版。

吟》来看，胶东地区早期龙母传说情节单元与岭南龙母传说相近，并不突出黑龙，而山东地区后世流传的秃尾巴老李故事主人公是黑龙，而非龙母，与岭南龙母传说之间差异显著。为何会有此转变呢？1988 年，中国民间文艺家协会山东分会主编了《秃尾巴老李的传说》故事集，搜集了当代流传在山东境内的 103 篇 196 则秃尾巴老李故事。分析一下这本故事集中的故事，发现情节差异较大，主人公名称也不统一，有的地方称"老李"，有的地方称"黑龙王"，有的地方称"焦龙王"，有的地方称"朱龙王"，但这些故事有两个共同点：其一，故事的主人公都是秃尾巴龙，而不是龙母；其二，都有感孕诞生、孝母、探母等情节。

对此，笔者推测，一来龙母信仰在山东地区缺乏民众基础，而龙王（龙子）信仰却源远流长，山东民众在接受龙母传说过程中必然要根据地方情境进行再创造，将其转化为地方性知识，也就是说，山东地区龙母传说转变为秃尾巴老李故事过程中受到了山东地区固有的龙王信仰的潜在影响；二是这个转变与江浙地区龙母传说中析出小白龙探母故事如出一辙，笔者由此推测，胶东地区龙母传说在山东地区传播时受到了来自淮河流域小白龙探母故事的影响。上文指出，明清时期，江浙龙母信仰弱化，小白龙探母故事从龙母传说中独立出来，广泛流传于江淮流域。两宋时期，岭南龙母传说影响到江浙地区时，宋人刘宰在碑铭中写道："此郡龙母之祀虽严，龙君之祀未立"[①]，而到了明清时期，就连两宋时影响最大的阳山龙母庙，也被改为龙神庙或白龙庙，"祀白龙神"[②]，只在"后殿以祀龙母"[③]。值得注意的是，明清以来，山东、山西、河北等地龙王庙也常见前殿祀龙王，后殿祀龙母，这种空间格局很可能受到了江浙地区龙神庙的影响。从田野调研来看，小白龙探母

---

① ［宋］刘宰：《灵济碑》，见江苏省苏州浒墅关经济开发区《阳山文萃》，古吴轩出版社，1993年，第 184 页。

② ［明］陈鎏：《重修灵济庙记》，见江苏省苏州浒墅关经济开发区《阳山文萃》，古吴轩出版社，1993 年，第 187 页。

③ ［清］张树声：《重修阳山灵济龙神庙记》，见江苏省苏州浒墅关经济开发区《阳山文萃》，第190 页。在当代，山东、山西、河北等地龙王庙中，仍然常见在后殿祭祀龙母，而不是独立建构龙母庙，可能是明清时期江南"后殿以祀龙母"之流衍。

故事一直到今天尚流传于地接鲁南的苏北、皖北地区。而山东地区秃尾巴老李故事主要流传区域除胶东半岛之外，就是济宁、梁山、聊城、临沂等地。[①]济宁、梁山、聊城都处于大运河沿线，大运河连接南北，小白龙探母故事沿着运河向北传播可能性很大；临沂地区有沂河连通苏北地区，小白龙探母故事也很容易传播到此地，然后由此地影响到胶东地区。区域临近、交通便利，只是文化传播与接受的外因，更为重要的是内因。从内因来看，苏北、皖北民众以小白龙探母传说解释了淮河流域农历五月末六月初的连绵阴雨天，认为连绵阴雨是小白龙哭母流下的眼泪；山东民众突出强调秃尾巴龙的孝母、探母，用以解释春夏之交多冰雹的自然现象，或者以此来企盼秃尾巴龙能在夏收之后带来雨水，方便种植夏秋作物，二者之间有着共同的社会心理与逻辑思维。从田野材料来看，山东民间流传的秃尾巴老李故事很少说"秃尾龙见，年即丰"，而是普遍强调秃尾巴龙回来给他娘上坟就会下雨或带来冰雹灾害：

> 　　没尾巴老李吓杀他娘的那天是农历五月十三。……后来听说老李每年的五月十三都要回来给他娘上坟，只要天旱，他就为乡亲们下场雨。（诸城传说）[②]
>
> 　　秃尾巴老李离开他娘还偏向老家的人，巴等咱这该下雨了，他就取粪汪里的水下到地里，下到地里就长庄稼。（莒南县传说）[③]
>
> 　　它恨爹，却想家，想娘。一想起就哭。它那哗哗地眼泪落到地上就是冰雹，冰雹一甩就是几十里。（流传于坊子、昌邑、寒亭等地）[④]
>
> 　　老李年年回趟家，大雨冰雹一路撒。（流传在梁山、汶上一带）[⑤]

---

① 可参见李然博士论文中所绘的秃尾巴老李出生地、秃尾巴老李庙宇以及龙母坟的分布图（李然：《山东秃尾巴老李传说与信仰研究》，山东大学 2010 年博士学位论文，第 5 页。）
② 中国民间文艺家协会山东分会编：《秃尾巴老李的传说》（内部资料），第 76 页。
③ 中国民间文艺家协会山东分会编：《秃尾巴老李的传说》（内部资料），第 294 页。
④ 中国民间文艺家协会山东分会编：《秃尾巴老李的传说》（内部资料），第 83 页。
⑤ 中国民间文艺家协会山东分会编：《秃尾巴老李的传说》（内部资料），第 177 页。

这些想家、回家、上坟传说与小白龙探母传说逻辑理路之相近，是不言自明的。

三、"黑龙"的来源

在枣庄、梁山、沂蒙山、费县等地传说中，都说秃尾巴老李是条黑龙，尤其在即墨、莱芜等地，庙里还供着黑龙王。上文说秃尾巴老李故事之所以能从龙母传说中脱胎而出，可能受到了来自淮河流域的小白龙探母故事的影响，问题是，小白龙到了山东地区怎么就成了黑龙了呢？这可能是受到了东北地区秃尾龙故事的影响。

首先，山东地区秃尾巴老李故事中的"黑龙"称谓显然是后起的、外来的。在早期文献中，不管是雍正三年的《文登县志》、徐泽醇的《详请神龙封号》，还是袁枚《子不语》中的《秃尾龙》，都没有"黑龙"之说。赛珠《龙母宫吟》中的"磨牙攫爪腾空去，朝泛清江暮黑水""曾无碑碣镌年代，土人荒唐呼老李"等诗句，也只提及"黑水""老李"，并没有"黑龙"称谓。由此可见，黑龙称谓是后来的。据李然统计，在《秃尾巴老李的传说》及《龙的传说》270 则故事中，近半数中出现黑龙江的地名，其中 101 篇明确提到秃尾巴老李镇守黑龙江。[1] 由此可见，"黑龙"称谓可能来自东北地区。

其次，在东北民间传说中，之所以是黑龙，而不是白龙，应该源于对黑龙江命名的解释。我们看一下黑龙江地区"秃尾巴老李"故事的结构，开篇是这样的："很早很早以前，黑龙江的名字并不叫黑龙江……后来怎被叫作黑龙江的？这话说起来可就长了。"[2]结尾一段："从此，人们便给这条江取名叫作黑龙江……"[3]很显然，这是一个解释事物起源的民间传说的常见结构。按民间叙事一般逻辑而言，故事的中间部分应该是黑龙战白龙，黑龙胜利，主宰了黑龙江，黑龙江由此得名。王雪与柴玲根据成书于清嘉庆十五年

---

① 李然：《山东秃尾巴老李传说与信仰研究》，山东大学 2010 年博士学位论文，第 27 页。
② 中国作家协会黑龙江分会编：《黑龙江民间故事选》，北方文艺出版社，1959 年，第 3 页。
③ 中国作家协会黑龙江分会编：《黑龙江民间故事选》，北方文艺出版社，1959 年，第 9 页。

（1810 年）的《黑龙江外记》指出，"至少辽代就已有'黑龙江'的称谓"①。因而，黑龙江之名不可能是闯关东的山东人命名的，也不可能等到他们来创造神话解释其名称由来。这也就是说，黑龙及其战白龙故事不是闯关东的山东人塑造的自我形象，而是东北民间故事中本来就有的，闯关东的山东人挪用了这个形象。事实上，仔细分析一下文本就可以发现，黑龙江地区"秃尾巴老李"故事的诞生与断尾情节与山东地区的"秃尾巴老李"故事高度相似，删去这两个情节并不影响故事结构的完整性。就其诞生、断尾情节来说，当代东北民间还有一则异文：李家一个孩子出生，浑身漆黑，带有尾巴。父亲用刀砍断孩子的尾巴，孩子立刻变成一条没有尾巴（秃尾巴）的黑龙飞走了。这则异文很简短，明显不同于山东地区的秃尾巴老李的诞生情节，可能是东北黑龙传说的早期形态。不仅感孕诞生情节可能是闯关东的山东人后加到东北固有的黑龙传说之上的，战白龙之后"南山刨块菜地"情节也非常突兀，与接下来的结尾"从此，人们便给这条江取名叫作黑龙江"之间明显缺乏内在连续性，这个情节更像是闯关东的山东人的开荒记忆。如果将黑龙江地区的秃尾巴老李故事中的诞生、断尾、开荒情节删去，也许就是早于山东地区秃尾巴老李故事的东北黑龙传说的原生形态。尤为值得注意的是，在山东地区流传的黑龙战白龙故事中，都有这么一句，"白龙江也从那时改名为'黑龙江'了"，山东人没必要解释黑龙江名称的由来，这句话显然与讲述语境不合，是外来故事的"遗留"。

　　再次，在东北原生形态的黑龙传说中，战胜白龙的黑龙是条秃尾龙，这为闯关东的山东人挪用、改编埋下了伏笔。一般认为，东北地区的秃尾龙之说来自山东。其实，东北地区有可能早就流传着秃尾龙的故事。也就是说，东北地区的秃尾龙一说并非来自山东，而是有着更早的来源。为何说东北的秃尾龙传说可能早于山东地区呢？

　　在清代康熙年间的官窑瓷器中就有大量秃尾龙形象，属于御厂独有

---

① 　王雪、柴玲：《移民合法性与地方文化重构——以秃尾巴老李传说为讨论中心》，《原生态民族文化学刊》2017 年第 4 期。

的龙纹造型。清代之前官窑瓷器中是没有秃尾龙形象的,也就是说,这可能是入主中原的满族人带来的新的文化元素。有人可能会说,清代早期官窑瓷器中秃尾龙形象可能是南方龙母传说北向影响的结果,但由上文所述可见,清初时期龙母传说的影响可能仅限于渤海流域,而且秃尾龙情节尚未析出,更不可能影响到宫廷。出生于山东文登的萱草园主人卫晓非的说法更有道理,他认为,秃尾龙是黑龙江流域文化代表之一,"出于对故乡的依恋,入关以后的清朝统治者在官窑绘画中使用当地家喻户晓的秃尾龙作为装饰,与当时制作并赏赐的松花石御制砚一样,饱含满族人的望乡情怀"①。山东地区的秃尾巴老李是条秃尾龙,东北地区战神白龙的黑龙也是条秃尾龙,闯关东的山东人由此就很方便地附会说东北的断尾龙来自山东。

如果以上所论成立,我们就要修正过去的一个认识,即闯关东的山东人把秃尾巴老李故事带到了东北地区,然后创造了秃尾巴老李战胜白龙的故事,②后来这个故事又传回了山东地区。其实不然,闯关东的山东人对东北地区固有的黑龙传说仅仅做了很有限的一点改编,但由于改编巧妙,挪用恰当,甚至遮盖了东北地区黑龙传说的本土性。

四、结论

综上所述,本文得出如下几条结论:其一,两宋时期,岭南龙母传说影响到了江浙地区,尤其是南宋时期,江浙龙母信仰兴盛,但此时由于南北对峙,龙母信仰与龙母传说对山东地区影响较小,到了明清时期,江浙地区龙母信仰衰微,小白龙探母故事从龙母传说中脱胎而出,影响到淮河流域,进而沿

---

① [日]萱草园主人:《浅谈清官窑中的秃尾龙》,《收藏界》2007年第4期。

② 李然就认为,"'战白龙'是山东人为了生存与自然及原住民斗争的必然趋势,其结果是老李取得该水域的占有权,并更改名称确立自己的合法地位。这种情节的发展正是山东人移民东北历史的一种传说化记忆方式。"(李然:《山东秃尾巴老李传说与信仰研究》,山东大学2010年博士学位论文,第29—30页。)

着运河影响到了山东地区，可能对山东秃尾巴老李故事主人公由龙母转变为龙子产生了一定影响；其二，清初由于海禁解除，江、浙、粤渔民把龙母信仰带到了渤海一带，岭南龙母传说与江浙龙母传说合并影响了胶州地区的龙母传说；其三，山东地区秃尾巴老李故事中的"黑龙"之名来自东北地区，黑龙战白龙故事也可能来自东北民间传说。由此可见，山东地区的秃尾巴老李故事是在多重外因影响下产生，又在流传中不断变异的。

第四节　传统节日传承与乡村发展①

民俗学界的节日文化研究不仅成果丰硕，②而且研究的广度与深度也颇为值得称道，但极少关注节日文化传承对于当代乡村发展的意义问题。在乡土中国，节日文化与乡村有着历史的、内在的关联，重视田野的民俗学者往往把节日文化研究放置在村落语境中，明显意识到了乡村是承载节日文化的重要"场域"，然而，节日文化传承对于当代乡村发展的意义却被忽略了。本文拟以皖南绩溪县伏岭村春节为个案，研究传统节日文化传承对乡村社会资本的影响，抛砖引玉，期待更多同行关注节日文化传承与当代乡村发展问题。

一、节日文化的研究视角概述

借用韦勒克和沃伦"内部研究"和"外部研究"③的说法，我们将节日文化的研究视角分为"内部视角"和"外部视角"。内部视角是指对节日文化本身

① 此节原文题为《传统节日文化传承与乡村发展——以皖南绩溪县伏岭村春节为例》，发表于《中原文化研究》2021年第1期。
② 2008年以来，每年CSSCI来源期刊发表的节日文化研究论文都超过30篇。
③ 勒内·韦勒克，奥斯汀·沃伦：《文学理论：修订版》，刘象愚等译，江苏教育出版社，2005年。

的研究,包括节日文化的形态、内涵、历史、特点、传播等;外部视角则是把节日文化放置在各种社会关系网络中,研究其当代传承的功能与价值等问题。外部视角是极其多样的,其中有三种外部研究视角最为重要,即国家/民族视角、个体视角与乡村社区视角。

21世纪以来,国家/民族视角是颇受重视的。一方面,费孝通提出的"文化自觉"观念得到了学界广泛响应,人们开始反思不同历史时期国家意识形态与政策、制度摒弃传统节日背后的文化逻辑与民族心态,认为随着经济发展、国力强盛,重视传统节日是国家/民族文化自信的表现。另一方面,基于文化认同理论与文化再生产理论,[①]传统节日文化对于建构国家/民族认同方面的现代价值得到阐发,如高丙中多次提出:"讨论节日问题,我们需要上升到共同体的层次,也就是在国家时间制度的层次思考问题","国家对节假日的制度安排应该考虑如何充分利用节假日作为社会文化再生产的机制,以便通过民族文化的生活传习来增强民族认同。"[②]此外,传统节日仪式中所表征的国家/民族认同意识,也是节日文化研究中国家/民族视角的重要切入点。

从个体视角研究节日文化,直接相关的理论有身体叙事理论、记忆理论等,其实,个体经验与记忆的"深描"本身就包含着"文化的解释",叙述文本自身就是一种理论。在文学领域,有极其丰富的节日文化的个体经验与记忆的"深描"文本,如鲁迅的《社戏》、罗念生的《龙灯》、丰子恺的《端阳忆旧》、汪曾祺的《端午的鸭蛋》等,这些文本同时也是民俗学者再阐释的材料。此外,民俗学者在田野调查中还可以让不同年龄、身份的人讲述他们的节日经验与记忆,他们的讲述不仅仅是民俗学者的研究材料,而且不同的叙述本身

---

① 高丙中结合雷蒙·威廉斯的"文化生产"理论与法兰克福学派的"再生产"理论,提出了"文化再生产"概念,"指社会通过自觉的活动达到这样的后果:一是使特定的观念、价值被传递下去,文化及其所代表的规范得以继续存在;二是因为特定的价值得以传递,社会仍然按照既定的规范延续,最终社会得以按部就班地维持"。参见高丙中《对节日民俗复兴的文化自觉与社会再生产》,《江西社会科学》2006年第2期。

② 高丙中:《节日传承与假日制度中的国家角色》,《绍兴文理学院学报》2009年第5期,第27—31页。

就构成了关于节日文化的多维阐释。

　　乡村社区视角则是介于两者之间，同时又勾连两者的中观研究。中国的乡村社区研究起步很早，在 20 世纪二三十年代就形成了"现代中国社会学派"①，20 世纪 80 年代以来，乡村社区研究一直是社会学、人类学的研究热点。但无论前期还是后期，"国家与社会"成为分析乡村社区的基本框架，这一框架本质上仍然是以"国家"为视角的乡村社会研究，乡村社区只是这一视角下的"样本"。② 以乡村社区作为研究视角则与此不同，它强调乡村社区是主体，是出发点，即从乡村发展本身来阐释、评价乡村社会与文化，来理解文化再生产与文化认同，在乡村社区的社会与文化关系网络中解读个体的文化经验与文化记忆。本文由此提出，以乡村社区作为视角的节日文化研究主要关注传统节日文化传承对乡村社区文化建设与乡村社会发展的影响，以及在村民日常生活中的意义。这方面已经有学者做了一些探索性研究，③这些研究虽然讨论了传统节日文化与乡村发展之间的关系，但并没有形成一种分析的模式或基本框架，本文尝试以社会资本理论为主轴，建构一个分析框架。

二、社会资本理论作为分析框架的引入

　　20 世纪 80 年代之后，在布迪厄、科尔曼与普特南等人的推动下，社会资本概念在社会学、政治学等领域产生了深刻影响，成为一个多学科共用的概念，但学界对社会资本的理解各有侧重，如亚历山德罗·波茨说："社会资

---

① 马林诺夫斯基评语，参见费孝通：《江村经济：中国农民的生活》，商务印书馆，2001 年，第 16 页。

② 比如"华南学派"对乡村社区"地方性知识"与"区域文化"的研究不同于一般的乡村社区史研究，着重从国家制度和国家观念出发来阐释社区/村落文化形成或被创造以及传播的社会机制。

③ 林磊、朱静辉《城市化语境下村庄日常生活与集体记忆的再生产：以武汉市郊区李庄元宵节习俗为个案的分析》，《民俗研究》2017 年第 5 期，第 140—148 页；李志农、乔文红《传统村落公共文化空间与民族地区乡村治理：以云南迪庆藏族自治州德钦县奔子栏村"拉斯节"为例》，《学术探索》2011 年第 8 期，第 61—65 页。

本指的是,处在网络或更广泛的社会结构中的个人动员稀有资源的能力。"①
普特南认为:"社会资本……指的是社会组织的特征,例如信任、规范和网络,它们能够通过推动协调的行动来提高社会的效率。"②不管对于个人,③还是社会组织或共同体而言,社会资本都是一个积极的概念,社会资本丰厚,就意味着有更多利于发展的资源。普特南指出:"在一个拥有大量社会资本存量的共同体中,生活是比较顺心的。"科尔曼也认为:"社会组织构成社会资本,社会资本为人们实现特定目标提供便利。如果没有社会资本,目标难以实现或必得付出极高的代价。"④对于乡村社区而言,良好的社会资本存量有利于其发展。

由于社会资本主要表现为人与人之间的关系,是无形的,不可量化的,甚至不易辨识,我们如何来衡量乡村社区的社会资本存量呢? 进而言之,我们可以从哪几个维度评估节日文化对乡村社区社会资本的影响呢? 普特南认为,"社会资本一般包括联系、惯例和信任",具体而言,包括客观的社会网络、组织与一系列相对主观的道德规范和价值观念。⑤ 因而,可以从两个方面来衡量社会资本,一是社会成员对各种社会组织的参与程度,二是社会成员的相互信任程度与道德规范水准。在这两个基本维度上,本文设计了六个维度来衡量乡村社区的社会资本。

一是乡村社会网络以及村民对乡村公共活动的参与程度。在 20 世纪 80 年代之后,由于家族文化衰落,集体经济解体,以及外出打工热潮的涌

---

① 转引自李惠斌,杨雪冬:《社会资本与社会发展》,社会科学文献出版社,2000 年,第 31—32、167、160 页。

② Robert Putnam.*Making Democracy Work*.Princeton:Princeton University Press,1993.

③ 在一个制度不健全,规则意识不强的社会中,个人注重"找关系""走后门",这往往会损害社会组织或共同体的社会资本,这种所谓的个人资源并非社会资本。正如科尔曼所言,社会资本"由构成社会结构的各个要素所组成,它们为结构内部的个人行动提供便利",社会资本具有公共物品性质,它不是一种私有财产,具有不可转让性。参见詹姆斯·S.科尔曼:《社会理论的基础》(上),邓方译,社会科学文献出版社,1999 年,第 354、369 页。

④ 詹姆斯·S.科尔曼:《社会理论的基础:上》,邓方译,社会科学文献出版社,1999 年。

⑤ 参见罗伯特·D.帕特南:《流动中的民主政体:当代社会中社会资本的演变》,李筠等译,社会科学文献出版社,2014 年,第 4、9、234 页。

现，传统的社会网络遭到了破坏。对此，社会学家忧心忡忡。然而，民俗学研究者却发现，村民对传统节日活动的组织与参与仍然是充满热情的，[①]这为修复、重构乡村社会网络带来了希望。二是村民对乡村共同体的认同程度。对于外出打工的村民来说，"老乡"关系可能是其最重要的社会资本之一；对于乡村发展而言，乡贤的"乡愁"也是极其重要的社会资本。"老乡"关系的建构以及"乡愁"的生成，固然依赖于地缘关系，但其亲密性则主要来自日常交往或节日、婚丧嫁娶、庙会等非日常的交往，交往建构、巩固了村落认同。[②] 三是村民之间的相互信任程度。在乡村社会内部，人与人之间知根知底，相互信任，是乡村生活吸引人的重要方面，也是村民幸福感的重要来源。毫无疑问，相互信任离不开密切的社会交往，社会网络可以说是相互信任的基础。四是村民之间的互助与合作程度。村民是有互助合作传统的，比如农具、耕牛共用，农忙时互助等。如今这些互助合作形式在大多数乡村都逐渐消失了，但在传统节日活动中的互助合作关系还有所保留，甚至衍生出了一些新的形态。五是村民的道德水准。在乡土社会中，基于"礼""俗"的力量，村民的道德水准总体来看一直比较高。然而，在现代社会中，越来越多的村民成了"无公德的个人"，这已经成为制约乡村发展的重要因素。六是村落文化符号的影响力。在乡村旅游已经成为乡村发展的重要路径的社会背景下，传统节日文化活动在村落文化符号的塑造与增值过程中有着非常重要的作用。

上述六个维度虽然都是社会资本的重要表现形式，但并非无差别的并列关系。与大多数社会资本研究者的观点一致，本文也认为社会网络是中心，"老乡"关系、"乡愁"、信任、互助合作、道德等，都是在紧密的社会交往中产生的。与前五种社区内的"黏合性社会资本"形式不同，村落文化符号属

① 从民俗学者的田野资料以及相关研究来看，晚近十来年，庙会与传统节日活动正在复兴。

② 参见张士闪、张佳：《"常"与"非常"：一个鲁中村落的信仰秩序》，《民俗研究》2009 年第 4 期；张士闪：《非物质文化遗产保护与当代乡村社区发展：以鲁中地区"惠民泥塑""昌邑烧大牛"为实例》，《思想战线》2017 年第 1 期。

于对外的"桥联性社会资本"①,村民从其传播与对外影响力中获益。

三、个案:伏岭村的春节

伏岭村是安徽省绩溪县的一个行政村,②2003 年由原伏岭上、伏岭下、卓溪、半坑、新桥等五个行政村合并而成,本文主要调研了其中的伏岭上与伏岭下村。2003 年之前,伏岭上与伏岭下村既是行政村,同时也是边界较为清晰的自然村,村民基本上都姓邵。之所以选择这个村,主要因为该村的春节习俗保留了较为丰富的传统村落公共活动。具体而言,主要有如下几个方面:

一是舞。所谓舞,当地人也叫舞狮。表演者一般是正好年满 30 周岁的人,当地人称之为"值年的人"。表演时,一人舞狮头,一人舞狮尾,还有一人挑着扁担,扁担前面挂一面锣,后面挂一个大鼓,挑担人负责敲锣,后面跟一人负责打鼓,另有一人打钹,一人打小镲,还有两人负责收取"狮金"。大年初一这天,在一位老年人带领下,按照一定路线,挨家挨户表演。在伏岭村,进门意味着祛邪除害,主人家多多少少会拿出一些钱给收取狮金的人,少则几块,多则上百,收取狮金的人会记下主人家的名字和金额。最后,"三十值年"的人把每家每户的狮金数额写在大红纸上,张贴在村里公告栏中。这天,年满 30 周岁的人都要跟着去舞,若有特殊情况,则要请亲人代替。由于村子比较大,一般要表演一整天,甚至两天,演员和乐队的人都要不断更换,整个队伍多达几十人。据村里老人所言,舞的其实并非狮子,而是一种传说中的神兽,比狮子老虎都要凶猛。北宋末年邵姓先祖迁居此地时人丁不旺,风水先生认为对面山上有石狮火虎作祟,就生造了一个"狐"字,并画了一个

---

① 参见罗伯特•D.帕特南:《流动中的民主政体:当代社会中资本的演变》,李筠等译,社会科学文献出版社,2014 年,第 4、9、234 页。
② 伏岭村位于绩溪县东部,距县城 23 公里。该村文化底蕴深厚,是徽文化的核心区,2008 年被文化部命名为"中国民间文化艺术之乡",2016 年被住房与城乡建设部等部门列入"第四批中国传统村落名录"。

"㺃"的图像，让邵氏贴在家中进行供奉。明朝中叶之后，邵氏人丁兴旺，伏岭村已成绩溪县第一大村，邵氏后人遂于每年正月十五敲锣打鼓祭祀神。是日，用布做成一只，身涂上五颜六色，显示其勇猛，"村民们准备松明火把，齐集村头，同时敲锣打鼓，放三门铳、爆竹，并由两个年轻人套入身，表演跳跃、猛扑等动作，群众齐声呐喊，向石狮火虎示威、斗猛，并绕村游行一圈驱赶一切邪气"①。由此可见，伏岭村的舞可能是古老的傩舞遗留。

二是游灯。游灯、演戏过去都在正月十四日，现在为了方便在外工作的人回去上班，改在正月初四举行。过去邵氏分为上中下"三门"②，三门队伍各自出发，会合后一起游灯，现在是伏岭上、伏岭下两村同时开始游灯。2018年正月初四下午，我们跟随村民来到伏岭下村邵氏祠堂。祠堂的橱窗里摆放着许多清朝流传至今的戏服和盔头③。祠堂里许多老旧的纸灯都被摆放出来。傍晚5点，"值年的人"来齐之后，便开始点起松明火篮，④由一个人挑着，走在队伍的最前面，敲锣打鼓的跟在其后。放完礼炮，队伍便在锣鼓声中开始行进了。游灯的队伍由专人带队，以保证村中每一条街道都要被走过。每走一段距离，"值年的人"就会在路边放起烟花、礼炮，每一户人家门口都站着观灯的人，还有许多小孩手里拿着自家做的纸灯，在家长的带领下，跑进队伍中间，和队伍一起前进。就这样，天色越来越暗，队伍越来越长，越来越亮，就像一条游走在街巷里的长龙。村民邵茂深的记述更为动情："游灯队伍按照规定路线，绕着村中的主要街道游行一圈。这时锣鼓声惊天动地，爆竹声震耳欲聋。看游灯者拥挤在街道两旁，形成一条人流夹道……看着这种热闹的场面，真可说是一种幸福的享受。"⑤

三是演戏。晚上六七点钟，伏岭上、伏岭下两村游灯的队伍在戏台前汇合。戏台背后的操场上摆满了烟花，点燃后半边天空都是明亮的。台下的

---

① 邵茂深：《伏岭舞㺃》，黄山书社，2016年。

② 三门即三个支族。

③ 演戏时武将演员带的头盔。

④ "火篮用铁打成，安上木柄，燃烧松明，由人扛着照明"。参见邵茂深《伏岭舞㺃》，黄山书社，2016年，第29页。

⑤ 邵茂深：《伏岭舞㺃》，黄山书社，2016年。

人个个抬头看烟花,人头攒动。烟花足足燃放了十多分钟。据了解,当年的烟花花费大约 6000 元。燃放烟花之后,主持人就把"值年的人"依次请上台。"值年的人"上台后先向台下乡亲鞠躬,再回头上香,做自我介绍,然后"值年的人"在台上站成一排,再向台下鞠躬。当年"值年的人"有 28 人,其中伏岭上村 13 人,伏岭下村 15 人,有男有女。仪式之后,演出正式开始。先是表演一通舞,然后是伏岭中心小学徽剧班和锣鼓班表演"美女引凤"和"战鼓雷鸣"两出戏,最后两位老艺人表演"张飞祭马"与"龙虎斗"。演出算不上精彩,但村民热情很高,由于下着小雨,村民们都打着伞观看演出。据邵茂深在《伏岭舞》一书中所记,伏岭村自 1830 年就开始组班演戏,演员都是本村 15 岁以下男童,一般从七八岁开始学戏,几年下来,演出水平有的甚至不亚于专业演员。能演的剧目也很多,邵茂深统计有 200 多出。伏岭村的演戏过去一般从正月十四开始连演三晚,由于节目丰富,演出精彩,十里八村的人都来看戏,很多人根本挤不进场子。"这几天,伏岭村成了集市,街上行人往来不绝,小贩摊子很多"①

　　伏岭村传统的村落公共活动之所以能够很好地传承下来,主要得益于这个村有一个重要的习俗——"三十值年"。所谓"三十值年"就是当年年满30 周岁者的人自发组织起来,②成为志愿者团队,负责组织当年村里过年时的公共活动,包括舞、游灯、演戏、接茶等。其中演戏、接茶任务最为繁重。演戏要从 29 岁那年正月十八(现在是正月初五)开始接手,这天,要从值年者手中接下戏服和道具等。③ 到了农历十月十五,来年值年者聚到一起会餐,商议曲目,安排教习人员。演出期间,值年者还要负责维持秩序、后台服务和安排演出人员饮食等。所谓接茶,就是请本门中所有男子吃一顿鸡蛋

---

① 　邵茂深:《伏岭舞狓》,黄山书社,2016 年。
② 　据伏岭中心小学校长邵宗惠所言,新中国成立前,"三十值年"仅限于伏岭上、伏岭下两村邵姓男子,新中国成立后扩展为全村男子,不限于邵姓,20 世纪 90 年代之后,女子也可以参与"三十值年"了。
③ 　由于有值年者请专人负责保管戏服,伏岭村保存了大量晚清民国年间的戏服。据 1958 年的一次统计,服装道具等有 1500 多件,装了 24 只箱子。参见邵茂深《伏岭舞狓》,黄山书社,2016 年,第 240 页。

茶面。如果当年值年的人比较多，往往从正月初三一直吃到十三。当然，接茶难免有攀比现象，起初，有的人家会在鸡蛋茶面之外增加一些自制的糖果，后来，有的值年者开始大摆宴席。据说，1950年，村民邵之通"三十值年"时宴席标准是"六拼盘、两干果、两水果、六热炒、两点心、六大菜吃饭，八十四桌一起开，帮忙的就有一百多人"[1]。现在，这种大摆宴席的现象已经很少见了，但是，值年的人至少还是要请参加演出人员和部分村里人吃面的，做面、洗碗等杂活都由值年者家属来做。我们访问了几位值年者家属，都说很忙、很累，但看到这么多人聚到一起，觉得很高兴。

四、春节文化的传承对社会资本的影响

毫无疑问，对于伏岭村来说，"三十值年"是一个极其重要的社会网络。它维系、活化了诸多村里原初的社会网络，包括家族、邻里、亲戚、同学、朋友等。它通过挨家逐户地舞，仪式化地建构了村落共同体形象；通过组织集体游灯、放烟花、看戏，在一种狂欢化的气氛中消解了村民之间的陌生感，恢复了血缘、地缘的亲密联系；通过接茶，重建了诸多亲密关系。很显然，舞、游灯、放烟花、演戏、接茶等，都是一个个社会网络。此外，村中还有负责桥梁维修的"桥会"、文艺爱好者自发组织的"鸡鸣寻声社"等。丰富的社会网络促进了村民参与乡村公共事务的热情，伏岭村的水井、河道、村中的石板小路、戏台都是村民自发商议、集资修建的。我们在调研时听闻，2004年到2007年的30岁值年者，主动提出承担村内全年的路灯费用。

社会学家维克多·佩雷斯-迪亚兹就认为，节日庆典本身就是一种社会网络形式，他称之为社会交往的软形式[2]。村民借此增加了交往，增进了相互之间的了解与信任，培育了对村落公共事务的参与意识。比如，挨家逐户

---

① 参见罗伯特·D.帕特南：《流动中的民主政体：当代社会中社会资本的演变》，李筠等译，社会科学文献出版社，2014年，第4、9、234页。

② 邵茂深：《伏岭舞狮》，黄山书社，2016年。

舞时,每家都会交付一定的"狮金"①来赞助演出活动,这种无契约的出资体现了村民对活动组织者的充分信任,同时,这也表现了村民对村里集体活动的支持和间接参与。再如,2018年春节,值年者有28人,相互之间并不完全熟悉,其中出生月日最早为总负责人,其他人把所有分摊的钱物,约4万余元,都交给他支配,此间的信任感显然是陌生人社会中所无法想象的。福山认为,信任这种社会资本是人们长期社会互动的产物,一个社会的相互信任程度取决于这个社会的文化传统。② 伏岭村的春节习俗巩固了社区内相互信任这种原生的村落社会资本,这种社会资本不仅可以让村民觉得生活顺心,而且有利于村落获取更多外部资源。

"三十值年"并非一个固定的社会组织,而是一种组织原则。基于这种组织原则,全村每一个人都有机会成为村落最重要的公共活动的组织者,这一方面培育了村民对村落公共事务的参与意识,使得伏岭村不仅没有出现"无公德的个人"现象,相反,伏岭村的公共物品能够得到村民自发的、有组织的维护。另一方面,这也增强了村民对村落共同体的认同度。我们访问了十多个村民,问是否有人不愿参与"三十值年"活动。回答是一致的:每个人都会参与的,否则,村里人就议论他,认为他不算这个村里人了。据说,以前只要不参加"三十值年"者,就不能进邵氏祠堂。其实,"三十值年"也是每个村民在村里难得的露脸机会,可以到村里每户人家去舞,在演戏前可以在所有村民面前郑重其事地自我介绍,他们都很珍视这种展示自我的机会。所以,不管他现在生活在哪里,都会回来参加"三十值年"的。甚至有的不在这里出生、成长,只要他的父母或爷爷奶奶是这里人,还有外地来这里经商、工作的人,也会参与"三十值年"。只有参加了"三十值年",才能成为村里人。例如,今年村里就来了一个女孩,从小在武汉生活,很少到伏岭来,但她请求明年参加"三十值年",因为他爸爸说,尽管是女孩,也要参加,这样她才

---

① 我们在伏岭下村里的布告栏中看到,2018年春节,伏岭下半个村一共收到了4350元"狮金"。

② Fukuyama,F.,*Trust: The Social Virtues and The Creation of Prosperity*. New York:Free Press,1996.

算伏岭村人。这种强烈的村落认同感对于村落发展是有重要意义的。众所周知，皖南山多地少，明清时期，就有大量村民外出经商、打工，但是，并没有出现"空心村""荒村"现象，所有外出村民都会在腊月二十四回来过小年，当地人称为"烧年"，在外发迹的人一般都会想着回报村里。伏岭中心小学校长邵宗惠说："以前我们伏岭人在上海开徽菜馆，成功的很多，上海几大最著名的徽菜馆，如大中华、大富贵、鸿运楼，都是我们伏岭人开的。这些人成功了，就回报家乡，最直接的就是捐赠戏服啊，做戏台啊，还有做好事，如修桥铺路啊之类的，做祠堂啊。"[①]我们在村里公告栏中就看到了一个布告，内容是工作于北京的村民邵宗有博士委托六位村民成立了一个"远方助老金"理事会，本村每位贫困老人都可以自愿申请生活补助。据其中一位理事说，每位老人可以申请1000元，特别困难的可以申请2000元。

　　游灯、演戏、接茶都是全村人参与的大型公共活动，其组织协调的难度是可想而知的。伏岭村人仅仅通过"三十值年"这样一个临时的、松散的组织就可以运转起来，可见村民内部是有长期协作习惯的。在现代社会，这种协作精神无疑是一种极其珍贵的社会资本，尤其是对于个体力量较弱的村民来说，协作这种社会资本存量丰富，是其获得成功的重要资源，这也可以解释为什么有那么多伏岭人在上海等地开餐馆大获成功，而不是各干各的营生。我们在调研中发现，伏岭村人这种协作精神已经借助"三十值年"这种组织形式产生了一种新的互助协作关系。20世纪80年代之后，村民家的孩子一般都是一个或两个，一旦外出打工，父母就成了"空巢老人"，"三十值年"的人就约定，他们是同年出生的兄弟姐妹，有责任、有义务照顾对方的父母，他们由此结成了"养老互助联盟"，不仅解决了父母养老问题，还构建了一种极其亲密的拟亲属关系圈。这一点为今年伏岭上村值年的负责人所证实，他说："值年的人基本上都是小学、中学同学，初中毕业后，相互联系就不多了，但到了30岁后，相互之间的关系就变得密切起来，比如谁家结婚

---

① 访谈人：南京农业大学社会学系2015级学生祝文敏、梁玥、常江涛；被访谈人：伏岭中心小学校长邵宗惠；访谈时间：2018年2月18日下午（农历正月初三）；地点：伏岭镇伏岭中心小学。

了,有红白喜事,都有相互来往,平常也会互相帮忙照顾老人。"①

在一个有着深度集体认同的村落里,人们热衷于村落公共事务,人与人之间相互信任,能够互助协作,其公共道德水准一般都相对较高。当然,我们很难对伏岭村人公共道德水准进行量化评估,但是,我们访谈中了解到一个细节,很能定性地说明问题。当地派出所的一位民警说,他来伏岭村十多年了,很少遇到打架斗殴和其他民事纠纷,只处理过一起自行车失窃案件,更没有刑事案件。如果承认乡村社区发展并非仅仅指经济发展,还有文化、文明的维度,那么,伏岭村有如此丰富的社会资本存量,显然是一个高度发展的、宜居的村落。

社区内部社会网络丰富,人际联系密切,人与人之间关系和谐,这只是意味着社区内部"黏合性社会资本"存量较高,乡村发展还需要与外部建立复杂关系的"桥联性社会资本"。基于"全域旅游"观念,绩溪县已经把伏岭村的春节习俗列入"最火绩溪年·最浓徽州味"活动之中。在乡村旅游背景下,伏岭村如何基于现有社会资本,创造出更多"桥联性社会资本",还有待于进一步观察。事实上,伏岭村的春节习俗,尤其是演戏、舞,早已成为伏岭村的一张名片。在 1962 年台湾版的《重印绩溪县志》中,就有对伏岭村演戏、舞的生动描述,据说是出自胡适手笔。2000 年之后,伏岭中心小学徽剧童子班还多次应邀去北京等地演出。文化遗产既是一种不可复制的文化资本,又是一种潜在的"桥联性社会资本",社会成员如何利用这种社会资本,推动乡村现代变革,是一个值得进一步研究的新课题。

五、结语

乡村振兴已经被确定为国家战略,乡村振兴固然离不开乡村经济发展,但"战略"的着眼点显然不应该仅仅是经济。笔者以为,只有乡村生活成为

---

① 访谈人:南京农业大学社会学系 2015 级学生祝文敏、梁玥、常江涛;被访谈人:伏岭上村值年负责人邵某;访谈时间:2018 年 2 月 19 日下午(农历正月初四);地点:伏岭村戏台附近。

现代文明不可或缺的一种生活方式，乡村文化成为现代文化的重要组成部分，乡村才具有战略意义。伏岭村基于传统节日习俗的现代传承，拥有了较为罕见的社会资本存量，让我们看到了一个宜居的、令人留恋不舍的乡村。这个村并不富裕，但有自己的文化传承，有一种文明的力量。由此可见，乡村发展不仅需要经济资本、人力资本，还需要社会资本。更多情况下，社会资本甚至比经济资本、人力资本更具有根本性意义。

需要指出的是，社会资本存量很难做定量研究。就定性研究而言，其存在形式与类型又比较复杂，一直众说纷纭，莫衷一是。一方面，本文所列的六个维度并不能穷尽社会资本的主要形式，对于六个维度之间的内在关联，本文也未深入讨论。另一方面，伏岭村社会资本存量与其春节习俗传承之间并没有严谨的因果联系，只能说具有一定程度的关联性，因而，本文从春节习俗传承角度论证乡村社会资本存量以及乡村发展问题，这个研究思路是否合理，也有待于进一步考量。

参考文献

一、中文文献

B

《悲剧的诞生:尼采美学文选》,〔德〕尼采著,周国平译,北京:生活·读书·新知三联书店1986年版。

《被改造的民间戏曲——以20世纪山西秧歌小戏为中心的社会史考察》,韩晓莉著,北京:北京大学出版社2012年版。

《被展示的文化:当代"可参观性"的生产》,〔英〕贝拉·迪克斯著,冯悦译,北京:北京大学出版社2012年版。

C

《草根的力量——台州戏班的田野调查与研究》,傅瑾著,南宁:广西人民出版社2001年版。

《传统的发明》,〔英〕E.霍布斯鲍、T.兰格著,顾杭、庞冠群译,南京:译林出版社2004年版。

《传统节日与文化空间:"东岳论坛"国际学术研讨会》,中国民俗学会、北京民俗博物馆编,北京:学苑出版社2007年版。

《传统节日传承机制与当代实践研究》,季中扬、梁建恕著,南京:南京大学出版社2022年版。

《长物志》,〔明〕文震亨著,南京:江苏凤凰文艺出版社2015年版。

《长物》,〔英〕柯律格著,高昕丹、陈恒译,北京:生活·读书·新知三联书店2015年版。

《重构美学》,〔德〕沃尔夫冈·韦尔施著,陆扬、张岩冰译,上海:上海译文出版社

2002 年版。

《池北偶谈》,[清]王士禛著,文益人校点,济南:齐鲁书社 2007 年版。

《创造精致》,李硕祖著,北京:中国发展出版社 2001 年版。

《从图腾符号到社会符号:少数民族色彩语言揭秘》,朱净宇、李家泉著,昆明:云南人民出版社 1993 年版。

《从人的公共性到公共性的人——论人的公共性及其发展》,谭清华著,北京:中国社会科学出版社 2015 年版。

《从遗产到资源——西部人文资源研究报告》,方李莉主编,北京:学苑出版社 2010 年版。

《纯粹理性批判》,[德]康德著,邓晓芒译,杨祖陶校,北京:人民出版社 2004 年版。

D

《大众文化中的现代艺术》,[美]托马斯·克洛著,吴毅强、陶铮译,南京:江苏凤凰美术出版社 2016 年版。

《大众艺术哲学论纲》,[美]诺埃尔·卡洛尔著,严忠志译,北京:商务印书馆 2010 年版。

《大美不言:中国画论体系及其批评》,李长之著,北京:北京联合出版公司 2019 年版。

《当代民间艺术》,[美]汤姆·帕特森著,李琦、陈国泳译,桂林:广西师范大学出版社 2003 年版。

《当代美学》,[美]李普曼编,邓鹏译,北京:光明日报出版社 1986 年版。

《到民间去——中国知识分子与民间文学,1918—1937》(新译本),[美]洪长泰著,董晓萍译,北京:中国人民大学出版社 2015 年版。

《道德镜鉴——中国叙述性图画与儒家意识形态》,[美]孟久丽著,何前译,北京:生活·读书·新知三联书店 2014 年版。

《地方知识——阐释人类学论文集》,[美]克利福德·格尔茨著,杨德睿译,北京:商务印书馆 2014 年版。

《东京梦华录》卷二,[宋]孟元老著,上海:上海三联书店 2014 年版。

《都市中国的乡土声音:民俗、曲艺与心性》,岳永逸著,北京:中国人民大学出版社 2015 年版。

F

《非物质文化遗产保护国际学术研讨会(2004)论文集》,王文章主编,北京:文化艺术出版社 2005 年版。

《非物质文化遗产概论》,王文章著,北京:文化艺术出版社 2006 年版。

《非物质文化遗产保护干部必读》,苑利、顾军著,北京:社会科学文献出版社 2013年版。

《符图记:黄河流域民间艺术考察手记》,郭庆丰著,北京:中国人民大学出版社 2009年版。

《福鼎县志》,福鼎县地方志编纂委员会编,福州:海风出版社 2003 年版。

《福鼎旧志汇编》,周瑞光汇编,厦门:厦门大学出版社 2012 年版。

G

《广志绎》,[明]王士性撰,北京:中华书局 2006 年版。

《观念史研究:中国现代重要政治术语的形成》,金观涛编著,北京:法律出版社 2009年版。

《公共哲学·第三卷·日本的公与私》,[日]佐佐木毅、[韩]金泰昌主编,刘雨珍、韩立红、种健译,北京:人民出版社 2009 年版。

《工艺文化》,[日]柳宗悦著,徐艺乙译,桂林:广西师范大学出版社 2006 年版。

《古代艺术与仪式》,[英]简·艾伦·哈里森著,刘宗迪译,北京:生活·读书·新知三联书店 2008 年版。

《古代中国的节庆与歌谣》,[法]葛兰言著,赵丙祥、张宏明译,广西:师范大学出版社 2005 年版。

《国际文化遗产保护文件选编》,联合国教科文组织世界遗产中心、国际古迹遗址理事会、国际文物保护与修复研究中心、中国国家文物局主编,北京:文物出版社 2007年版。

H

《黑龙江民间故事选》,中国作家协会黑龙江分会编,哈尔滨:北方文艺出版社 1959年版。

《后现代主义与文化理论》,[美]杰姆逊著,唐小兵译,北京:北京大学出版社 1997年版。

《后现代理论——批判性的质疑》,[美]道格拉斯·凯尔纳、[美]斯蒂文·贝斯特著,张志斌译,北京:中央编译出版社 2001 年版。

《环境美学》,[美]阿诺德·伯林特著,张敏、周雨译,长沙:湖南科学技术出版社 2006 年版。

《汉画图像与艺术史学研究》,黄雅峰著,北京:中国社会科学出版社 2012 年版。

《户县农民画》,何卫平著,西安:西安交通大学出版社 2015 年版。

《湖蚕述注释》,[清]汪日桢撰,蒋猷龙注释,北京:农业出版社 1987 年版。

《华夏边缘(增订版)》,王明珂著,杭州:浙江人民出版社 2013 年版。

《黄石民俗学论集》,黄石著,高洪兴编,上海:上海文艺出版社 1999 年版。

《回忆空间:文化记忆的形式和变迁》,[德]阿莱达·阿斯曼,北京:北京大学出版社 2016 年版。

《回想延安·1942》,王海平等主编,南京:江苏文艺出版社 2002 年版。

J

《技术世界中的民间文化》,[德]赫尔曼·鲍辛格著,户晓辉译,桂林:广西师范大学出版社 2014 年版。

《江村经济:中国农民的生活》,费孝通著,北京:商务印书馆 2001 年版。

《记忆之场:法国国民意识的文化社会史》,[法]皮埃尔·诺拉主编,黄艳红等译,南京:南京大学出版社 2015 年版。

《江南民间刺绣》,尹文、许明星编著,南京:东南大学出版社 2011 年版。

《节庆狂欢:民间美术中的节俗文化》,沈泓著,北京:中国工人出版社 2009 年版。

《晋书》,[唐]房玄龄等撰,北京:中华书局 1974 年版。

K

《考工记译注》,闻人军译注,上海:上海古籍出版社 2008 年版。

《考古图·续考古图·考古图释文》,[宋]吕大临、赵九成撰,北京:中华书局 1987 年版。

《狂欢与日常——明清以来的庙会与民间社会》,赵世瑜著,北京:生活·读书·新知三联书店 2002 年版。

《昆曲与民俗文化》,王廷信著,沈阳:春风文艺出版社 2005 年版。

L

《拉伯雷研究》,[俄]巴赫金著,李兆林、夏忠宪等译,石家庄:河北教育出版社 1998 年版。

《理解大众文化》,[英]约翰·费斯克著,王晓珏、宋伟杰译,北京:中央编译出版社 2001 年版。

《李亦园自选集》,李亦园著,上海:上海教育出版社 2002 年版。

《礼仪中的美术——巫鸿中国古代美术史文编》,巫鸿著,郑岩、王睿编,郑岩等译,北京:生活·读书·新知三联书店 2005 年版。

《礼记译解》,王文锦译解,北京:中华书局 2001 年版。

《利玛窦中国札记》,[意]利玛窦、[比]金尼阁著,何高济、王遵仲、李申译,北京:中华书局 1983 年版。

《梨园佳话》(文艺丛刊甲集)，王梦生著，北京：商务印书馆 1915 年版。

《历史的逻辑：社会理论与社会转型》，[美]小威廉·休厄尔著，朱联璧、费滢译，上海：上海人民出版社 2021 年版。

《联合国教科文组织〈保护非物质文化遗产公约〉基础文件汇编》，文化部对外文化联络局，北京：外文出版社 2012 年版。

《莲年有余——民间美术中的隐秘欲念》，沈泓著，北京：中国财富出版社 2013 年版。

《岭表录异》，[唐]刘恂著，北京：中华书局 1985 年版。

《灵魂的巢：冯骥才散文》，冯骥才著，杭州：浙江文艺出版社 2014 年版。

《流动中的民主政体：当代社会中社会资本的演变》，[美]罗伯特·D.帕特南主编；李筠、王路遥、张会芸译，北京：社会科学文献出版社 2014 年版。

《六研斋笔记　紫桃轩杂缀》，[明]李日华撰，南京：凤凰出版社 2010 年版。

《论传统》，[美]爱德华·希尔斯著，傅铿、吕乐译，上海：上海人民出版社 2014 年版。

《论人类学与文化自觉》，费孝通著，北京：华夏出版社 2004 年版。

M

《漫长的革命》，[英]雷蒙德·威廉斯著，倪伟译，上海：上海人民出版社 2013 年版。

《美学》，[德]黑格尔著，朱光潜译，北京：商务印书馆 1979 年版。

《美学四讲》，李泽厚著，天津：天津社会科学出版社 2001 年版。

《美学译文》(3)，中国社会科学院哲学研究所美学研究室编，北京：中国社会科学出版社 1984 年版。

《美学意识形态》(修订版)，[英]特里·伊格尔顿著，王杰、付德根、麦永雄译，北京：中央编译出版社 2013 年版。

《美的焦虑：北宋士大夫的审美思想与追求》，[美]艾朗诺著，杜斐然等译，上海：上海古籍出版社 2013 年版。

《美的历程》，李泽厚著，北京：生活·读书·新知三联书店 2009 年版。

《美的现实性——作为游戏、象征、节日的艺术》，[德]伽达默尔著，张志扬等译，北京：生活·读书·新知三联书店 1991 年版。

《民艺论》，[日]柳宗悦著，徐艺乙主编，南昌：江西美术出版社 2002 年版。

《民俗解析》，[美]阿兰·邓迪斯著，户晓辉编译，桂林：广西师范大学出版社 2005 年版。

《民间艺术的文化生态论》，唐家路著，北京：清华大学出版社 2006 年版。

《民艺研究》,潘鲁生著,济南:山东美术出版社 2007 年版。

《民间传统剪纸纹样》,王光普、许维编著,兰州:甘肃人民出版社 2009 年版。

《民间文化与立体思维》,段宝林著,北京:大众文艺出版社 2010 年版。

《民艺四十年》,[日]柳宗悦著,石建中、张鲁译,桂林:广西师范大学出版社 2011 年版。

《民间艺术产业开发研究》,刘昂著,北京:首都经济贸易大学出版社 2012 年版。

《民间文化与"十七年"戏曲改编》,周涛著,桂林:广西师范大学出版社 2012 年版。

《民艺学概论》,潘鲁生、唐家路著,济南:山东教育出版社 2012 年版。

《民间小戏表演传统的田野考察——以祁太秧歌为个案》,黄旭涛著,北京:知识产权出版社 2013 年版。

《民俗艺术传承的调查与研究》,陶思炎主编,南京:江苏凤凰文艺出版社 2015 年版。

《民间艺术的审美经验研究》,季中扬著,北京:中国社会科学出版社 2016 年版。

《民间年画的技艺表现与民俗志书写——以朱仙镇为调查点》,万建中等著,北京:中国社会科学出版社 2015 年版。

《民族与民族主义》,[英]厄内斯特·盖尔纳著,韩红译,北京:中央编译出版社 2002 年版。

《民族与民族主义》,[英]埃里克·霍布斯鲍姆著,李金梅译,上海人民出版社 2000 年版。

《民俗艺术学》,陶思炎著,南京:南京出版社 2013 年版。

《民俗艺术考古论集》,张道藩主编,常任侠编著,重庆:正中书局 1943 年版。

《明式家具研究》,王世襄编著,北京:生活·读书·新知三联书店 2013 年版。

N

《南京传统手工艺术》,徐艺乙等著,南京:江苏教育出版社 2009 年版。

《霓虹灯下的草根:非物质遗产与都市民俗》,高小康著,南京:江苏人民出版社 2008 年版。

《农民社会与文化》,[美]罗伯特·芮德菲尔德著,王莹译,北京:中国社会科学出版社 2013 年版。

P

《判断力批判》,[德]康德著,邓晓芒译,北京:人民出版社 2002 年版。

《批评的解剖》,[加拿大]诺思罗普·弗莱著,陈慧、袁宪军、吴伟仁译,天津:百花文艺出版社 2006 年版。

Q

《情感与形式》，[美]苏珊·朗格著，刘大基、傅志强、周发祥译，北京：中国社会科学出版社 1986 年版。

《琴川志》，[宋]孙应时，北京：中华书局 1990 年版。

《祈福纳祥——民间美术中的神像信仰》，沈泓著，北京：中国财富出版社 2013 年版。

《前卫的原创性及其他现代主义神话》，[美]罗莎琳·克劳斯著，周文姬、路珏译，南京：江苏凤凰美术出版社 2015 年版。

《全球与地方：比较视野下的美学与艺术》，高建平著，北京：北京大学出版社 2009 年版。

《全球化的美学与艺术》，阿莱斯·艾尔雅维茨主编，刘悦笛、许中云译，成都：四川人民出版社 2010 年版。

《庆典》，[美]维克多·特纳编，方永德等译，上海：上海文艺出版社 1993 年版。

《权力的眼睛：福柯访谈录（修订译本）》，[法]米歇尔·福柯著，严锋译，上海：上海人民出版社 2021 年版。

R

《日本手工艺》，[日]柳宗悦著，张鲁译，徐艺乙校，桂林：广西师范大学出版社 2011 年版。

《日常天才：自学艺术和本真性文化》，[美]盖瑞·阿兰·法恩著，卢文超、王夏歌译，南京：译林出版社 2018 年版。

《人类的视野》，李亦园著，上海：上海文艺出版社 1996 年版。

《人造天书——民俗文化中的神秘符号》，舒惠芳著，北京：中国财富出版社 2013 年版。

《人类学透镜》（第二版），[美]詹姆斯·皮科克著，汪丽华译，北京：北京大学出版社 2009 年版，

《人的条件》，[美]汉娜·阿伦特著，王世雄等译，上海：上海人民出版社 1999 年版。

《人情与面子：中国人的权力游戏》，黄光国、胡先缙等著，北京：中国人民大学出版社 2010 年版。

《认同的空间：全球媒介、电子世界景观和文化边界》，[英]戴维·莫利、[英]凯文·罗宾斯著，司艳译，南京：南京大学出版社 2001 年版。

S

《尚书》，王世舜、王翠叶译注，北京：中华书局 2012 年版。

《生命之树与中国民间民俗艺术》,靳之林著,桂林:广西师范大学出版社 2002 年版。

《陕西社火脸谱》,王瑶安、刘宗昉著,上海:远东出版社 2010 年版。

《审美之维》,[美]赫伯特·马尔库塞著,李小兵译,桂林:广西师范大学出版社 2001 年版。

《审美现代性批判》,周宪著,北京:商务印书馆 2005 年版。

《审美经验与文学解释学》,[德]汉斯·罗伯特·耀斯著,顾建光、顾静宇、张乐天译,上海:上海译文出版社 1997 年版。

《审美人类学:视野与方法》,[荷兰]范丹姆著,李修建、向丽译,北京:中国文联出版社 2015 年版。

《审美文化学导论》,姚文放著,北京:社会科学文献出版社 2011 年版。

《审美资本主义:品味的工业化》,[法]阿苏里著,黄琰译,上海:华东师范大学出版社 2013 年版。

《神与兽的纹样学:中国古代诸神》,[日]林巳奈夫著,常耀华等译,北京:生活·读书·新知三联书店 2016 年版。

《身边的艺术》,徐艺乙著,济南:山东画报出版社 2001 年版。

《实用主义美学》,[美]理查德·舒斯特曼著,彭锋译,北京:商务印书馆 2002 年版。

《十殿阎罗—民间水陆画中的无情轮回》,沈泓著,北京:中国财富出版社 2013 年版。

《诗·语言·思》,[德]M.海德格尔著,彭富春译,北京:文化艺术出版社 1991 年版。

《视觉思维》,[美]鲁道夫·阿恩海姆著,滕守尧译,北京:光明日报出版社 1987 年版。

《视觉艺术的含义》,[美]E.潘诺夫斯基著,傅志强译,沈阳:辽宁人民出版社 1987 年版。

《视觉文化研究读本》,陈永国主编,北京:北京大学出版社 2009 年版。

《时空中的美术》,巫鸿著,梅玖等译,北京:生活·读书·新知三联书店 2016 年版。

《世界艺术史》(上、下),[法]艾黎·福尔著,张泽乾、张延风译,武汉:长江文艺出版社 2004 年版。

《设计艺术经典论著选读》,奚传绩编,南京:东南大学出版社 2002 年版。

《社会学与人类学》,[法]马塞尔·莫斯著,余碧平译,上海:上海译文出版社 2003 年版。

《社会变迁中的知识运动》,方李莉、于慧芳主编,北京:北京大学出版社 2011 年版。

《社会资本与社会发展》,李惠斌、杨雪冬著,北京:社会科学文献出版社 2000 年版。

《社会理论的基础》(上),〔美〕詹姆斯·S.科尔曼著,邓方译,北京:社会科学文献出版社 1999 年版。

《身体意识与身体美学》,〔美〕理查德·舒斯特曼著,程相占译,北京:商务印书馆 2011 年版。

《身体感的转向》,余舜德编,台北:台湾大学出版中心 2015 年版。

《身份与暴力》,〔印〕森阿蒂亚·森著,李风华等译,北京:中国人民大学出版社 2012 年版。

《说文解字》,〔汉〕许慎撰,北京:中华书局 2013 年版。

《宋会要辑稿》,〔清〕徐松,北京:中华书局 1957 年版。

《宋元珍稀地方志丛刊 乙篇》,王会豪、周斌校点整理,成都:四川大学出版社 2009 年版。

《苏鲁支语录》,〔德〕尼采著,徐梵澄译,北京:商务印书馆 1992 年版。

T

《陶庵梦忆西湖梦寻》,〔明〕张岱著,郑州:中州古籍出版社 2012 年版。

《甜蜜的悲哀》,〔美〕马歇尔·萨林斯著,王铭铭、胡宗泽译,北京:生活·读书·新知三联书店 2000 年版。

《天工开物》,〔明〕宋应星著,潘吉星译注,上海:上海古籍出版社 2008 年版。

《天下郡国利病书》,〔清〕顾炎武撰;黄坤校点,上海:上海古籍出版社 2012 年版。

《通过身体来思考》,〔美〕理查德·舒斯特曼著,张宝贵译,北京:北京大学出版社 2020 年版。

《图像学》,〔美〕W.J.T.米歇尔著,陈永国译,北京:北京大学出版社 2012 年版。

《图像与眼睛——图画再现心理学的再研究》,〔英〕E.H.贡布里希著,范景中等译,南宁:广西美术出版社 2013 年版。

W

《万物:中国艺术中的模件化和规模化生产》,〔德〕雷德侯著,张总等译,北京:生活·读书·新知三联书店 2012 年版。

《万历野获编》(下),〔明〕沈德符著,黎欣点校,北京:文化艺术出版社 1998 年版。

《味水轩日记》,〔明〕、李日华、〔宋〕米芾著,杭州:浙江人民美术出版社 2018 年版。

《文化、权力与国家》,〔美〕杜赞奇著,王福明译,南京:江苏人民出版社 2006 年版。

《文化理论与通俗文化导论》(第二版),〔英〕约翰·斯道雷著,杨竹山、郭发勇、周辉译,南京:南京大学出版社 2006 年版。

《文化的解释》,〔美〕克利福德·格尔茨著,韩莉译,南京:译林出版社 2014 年版。

《文化与文化自觉》,费孝通著,北京:群言出版社 2016 年版。

《文化人类学——人类的挑战》,[美]威廉·A.哈维兰、[美]哈拉尔德·E.L.普林斯、[美]邦尼·麦克布莱德、[美]达纳·沃尔拉斯著,陈相超、冯然译,北京:机械工业出版社 2014 年版。

《文化论》,[英]马凌诺斯基著,费孝通译,北京:华夏出版社出版 2002 年版。

《文化研究读本》,罗钢、刘象愚主编,北京:中国社会科学出版社 2000 年版。

《文化记忆:早期高级文化中的文字、回忆和政治身份》,[德]扬·阿斯曼著,金寿福、黄晓晨译,北京大学出版社 2015 年版。

《文明的冲突与世界秩序的重建》(修订版),[美]塞缪尔·亨廷顿著,周琪等译,北京:新华出版社 2010 年版。

《文学理论:修订版》,[美]勒内·韦勒克、[美]奥斯汀·沃伦著,刘象愚等译,南京:江苏教育出版社 2005 年版。

《我的民间艺术世界:80 位女性的人生述说》,魏国英等著,北京:北京大学出版社 2007 年版。

《吴郡志》,[宋]范成大撰,南京:江苏古籍出版社 1999 年版。

《物尽其用—老百姓的当代艺术》,巫鸿编著,上海:上海人民出版社 2011 年版。

X

《习近平关于社会主义政治建设论述摘编》,中共中央文献研究室,北京:中央文献出版社 2017 年版。

《西方美学史》,朱光潜著,北京:人民文学出版社 1979 年版。

《西方美学家论美和美感》,北京大学哲学系美学教研室编,北京:商务印书馆 1980 年版。

《西方六大美学观念史》,[波兰]瓦迪斯瓦夫·塔塔尔凯维奇著,刘文潭译,上海:上海译文出版社 2013 年版。

《西行风土记——陕西民间艺术田野笔记》,方李莉著,北京:学苑出版社 2010 年版。

《戏剧、场景及隐喻:人类社会的象征性行为》,[美]维克多·特纳著,刘珩、石毅译,北京:民族出版社 2007 年版。

《乡村戏曲表演与中国现代民众》,[美]欧达伟著,董晓萍译,北京:北京师范大学出版社 2000 年版。

《乡土生活的逻辑:人类学视野中的民俗研究》,周星著,北京:北京大学出版社 2011 年版。

《现代性与自我认同》,[英]安东尼·吉登斯,赵旭东、方文译,北京:生活·读书·新知三联书店 1998 年版。

《现代艺术大师学民间》,黄啸等著,长沙:湖南美术出版社 2000 年版。

《现代艺术——18 世纪至今的美学和哲学》,[法]让-马里·舍费尔著,生安锋、宋丽丽译,北京:商务印书馆 2012 年版。

《想象的共同体:民族主义的起源与散布》,[美]本尼迪克特·安德森著,吴叡人译,上海:上海人民出版社 2005 年版。

《象征——对一种民间文化模式的考察》,刘锡诚著,北京:学苑出版社 2002 年版。

《象征的图像——贡布里希图像学文集》,[英]E.H.贡布里希著,杨思梁、范景中编选,南宁:广西美术出版社 2015 年版。

《乡民艺术的文化解读——鲁中四村考察》,张士闪著,济南:山东人民出版社 2006 年版。

《闲情偶寄》,[清]李渔,天津:天津人民出版社 2017 年版。

《髹饰录解说》,王世襄编著,北京:生活·读书·新知三联书店 2013 年版。

《消费文化与后现代主义》,[英]迈克·费瑟斯通著,刘精明译,译林出版社 2000 年版。

《寻常物的嬗变——一种关于艺术的哲学》,[美]阿瑟·丹托著,陈岸瑛译,南京:江苏人民出版社 2012 年版。

Y

《扬州画舫录》,[清]李斗著,北京:中华书局 2007 年版。

《秧歌杂谈》,哈华撰,上海:华东人民出版社 1951 年版。

《一切坚固的东西都烟消云散了——现代性体验》,[美]马歇尔·伯曼著,徐大建、张辑译,北京:商务印书馆 2003 年版。

《艺术界》,[美]霍华德·S.贝克尔著,卢文超译,译林出版社 2014 年版。

《艺术》,[英]克莱夫·贝尔著,周金环、马钟元译,北京:中国文联出版公司 1984 年版。

《艺术形态学》,[苏联]莫·卡冈著,凌继尧、金亚娜译,北京:生活·读书·新知三联书店 1986 年版。

《艺术社会学》,[匈牙利]阿诺德·豪泽尔著,居延安译,上海:学林出版社 1987 年版。

《艺术与幻觉——绘画再现的心理研究》,[英]冈布里奇著,周彦译,长沙:湖南人民出版社 1987 年版。

《艺术即经验》，[美]杜威著，高建平译，北京：商务印书馆2005年版。

《艺术介入空间》，[法]卡特琳·格鲁著，姚孟吟译，桂林：广西师范大学出版社2005年出版。

《艺术的终结之后》，[美]阿瑟·C.丹托著，王春辰译，南京：江苏人民出版社2007年版。

《艺术社会学》，[英]维多利亚·D.亚历山大著，章浩、沈杨译，南京：江苏凤凰美术出版社2009年版。

《艺术人类学》，[英]罗伯特·莱顿著，李东晔、王红译，桂林：广西师范大学出版社2009年版。

《艺术的法则——文学场的生成与结构》，[法]皮埃尔·布尔迪厄著，刘辉译，北京：中央编译出版社2011年版。

《艺术及其对象》，[英]理查德·沃尔海姆著，刘悦笛译，北京：北京大学出版社2012年版。

《艺术与介入》，[美]阿诺德·贝林特著，李媛媛译，北京：商务印书馆2013年版。

《艺术的意味》，[德]莫里茨·盖格尔著，艾彦译，北京：北京联合出版公司2014年版

《艺术界》，[美]霍华德·S.贝克尔著，卢文超译，南京：译林出版社2014年版。

《艺术为社会学带来什么》，[法]娜塔莉·海因里希著，何蒨译，上海：华东师范大学出版社2016年版。

《艺术与视知觉》，[美]鲁道夫·阿恩海姆著，滕守尧、朱疆源译，北京：中国社会科学出版社1984年版。

《隐性知识论》，黄荣怀、郑兰琴著，长沙：湖南师范大学出版社2007年版。

《饮流斋说瓷》（外一种），[清]许之衡撰，杭州：浙江人民美术出版社2016年版。

《原始艺术与民间文化》，刘锡诚著，北京：中国民间文艺出版社1988年版。

《原始艺术》，[美]弗朗兹·博厄斯著，金辉译，贵阳：贵州人民出版社2004年版。

《元宵演剧习俗研究》，彭恒礼著，广州：广东高等教育出版社2011年版。

《袁宏道集笺校》（中），[明]袁宏道著，钱伯城笺校，上海：上海古籍出版社2008年版。

《原生艺术：界外者艺术起源》，[瑞士]佩瑞著，张志伟译，上海大学出版社2015年版。

《悦城龙母文化》，叶春生、蒋明智主编，哈尔滨：黑龙江人民出版社2003年。

Z

《造物的艺术论》，张道一著，福州：福建美术出版社1989年版。

《再造异同：人类学视域下的整合模式》，[德]李峻石、[德]郝时亚主编，吴秀杰译，北京：社会科学文献出版社 2020 年版。

《张道一文集》，张道一著，合肥：安徽教育出版社 1999 年版。

《中国民间画诀》，王树村著，上海：上海人民美术出版社 1982 年版。

《中国画论类编》（上下册），俞昆编，台北：华正书局有限公司 1984 年版。

《中国艺术精神》，徐复观著，沈阳：春风文艺出版社 1987 年版。

《中国民间美术研究》，中国艺术研究院美术研究所编，贵阳：贵州美术出版社 1987 年版。

《中国民艺学》，中国社会文化编辑委员会编，北京：北京工艺美术出版社 1989 年版。

《中国民间舞与农耕信仰》，张华著，长春：吉林教育出版社 1992 年版。

《中国民间美术观念》，吕品田著，南京：江苏美术出版社 1992 年版。

《中国民间美术全集》（14 卷），王朝闻主编，济南：山东教育出版社、山东友谊出版社 1993—1994 年版。

《中国民间艺术论》，王毅著，太原：山西教育出版社 2000 年版。

《中国民间美术词典》，张道一编，南京：江苏凤凰美术出版社 2001 年版。

《中国北方农村的口传文化——说唱的书、文本、表演》，[日]井口淳子著，林琦译，厦门：厦门大学出版社 2003 年版。

《中国民间美术史》，王树村著，广州：岭南美术出版社 2004 年版。

《中国民间艺术：在繁华中追寻朴素之美》，王志艳著，北京：北京燕山出版社 2006 年版。

《中国非物质文化遗产保护论坛论文集》，王文章主编，北京：文化艺术出版社 2006 年版。

《中国年画艺术史》，蒲松年著，长沙：湖南美术出版社 2008 年版。

《中国当代"新民间"艺术》，颜新元著，南昌：江西美术出版社 2008 年版。

《中国民间纸马艺术史话》，王树村著，天津：百花文艺出版社 2008 年版。

《中国民间故事类型索引》，[美]丁乃通编，郑建威等译，武汉：华中师范大学出版社 2008 年版。

《中国民间故事类型》，[德]艾伯华著，王燕生、周祖生译，北京：商务印书馆 1999 年版。

《中国古代艺术与建筑中的"纪念碑性"》，[美]巫鸿著，李清泉、郑岩译，上海：上海人民出版社 2009 年版。

《中国吉祥图案的象征研究》，钟福民著，北京：中国社会科学出版社 2009 年版。

《中国民族民间艺术资源总目》,文化部民族民间文艺发展中心编,北京:学苑出版社 2009 年版。

《中西美学与文化精神》,张法著,北京:中国人民大学出版社 2010 年版。

《中国民间美术》,靳之林著,北京:五洲传播出版社 2010 年版。

《中国古代木刻画史略》,郑振铎著,上海:上海世纪出版股份有限公司上海书店出版社 2011 年版。

《中国艺术人类学基础读本》,周星主编,北京:学苑出版社 2011 年版。

《中国精神——民间图像中的信仰幻影》,沈泓著,北京:中国财富出版社 2013 年版。

《中国民间演艺》,杜学德编著,石家庄:河北人民出版社 2013 年版。

《中国戏曲发展史》(四卷),廖奔、刘彦君著,北京:中国戏剧出版社 2013 年版。

《中国民间美术造型》(修订本),左汉中著,长沙:湖南美术出版社 2014 年版。

《中国农民画考察》,郑土有、奚吉平著,上海:上海人民出版社 2014 年版。

《中华文明的核心价值观——国学流变与传统价值观》,陈来著,北京:生活·读书·新知三联书店 2015 年版。

《中国历史研究法》,钱穆著,北京:生活·读书·新知三联书店 2001 年版。

《中国古典戏曲论著集成(三)》,中国戏曲研究院编,北京:中国戏剧出版社 1959 年版。

《中国得名与中国观的历史嬗变》,何志虎著,西安:三秦出版社 2002 年版。

《中华民族多元一体格局》,费孝通等主编,北京:中央民族学院出版社 1989 年版。

《中国非物质文化遗产保护发展报告(2022 年)》,宋俊华主编,北京:社会科学文献出版社 2023 年版。

《中国艺术论集》,岑家梧著,上海:上海书店 1991 年版。

《中国艺术民俗学》,张士闪、耿波著,济南:山东人民出版社 2008 年版。

《中国谚语集成 上海卷》,中国民间文学集成全国编辑委员会、中国民间文学集成上海卷编辑委员会编,北京:中国 ISBN 中心 1999 年版。

《中国戏曲志·陕西卷》,中国戏曲志编辑委员会,北京:中国 ISBN 中心 1995 年版。

《中国古代舞蹈史教程》,袁禾著,赵沨总主编,上海:上海音乐出版社 2004 年版。

《赵树理全集》第四卷,董大中主编,太原:北岳文艺出版社 2000 年版。

《至元嘉禾志》,[元]单庆修、[元]徐硕纂,嘉兴市地方志办公室编校,上海:上海古籍出版社 2010 年版。

《周扬文集》第一卷,周扬著,北京:人民文学出版社 1984 年版。

《哲学研究》,[奥]维特根斯坦著,李步楼译,北京:商务印书馆 1996 年版。

《作为表演的口头艺术》,[美]理查德·鲍曼著,杨利慧、安德明译,桂林:广西师范大学出版社 2008 年版。

《竹人录竹人续录》,[清]金元珏、褚德彝著,杭州:浙江人民美术出版社 2011 年版。

《紫砂古籍今译》,韩其楼编著,北京:北京出版社 2011 年版。

《遵生八笺》,[明]高濂著,王大淳点校,杭州:浙江古籍出版社 2017 年版。

《籀史》,[宋]翟耆年著,北京:中华书局 1985 年版。

二、外文文献

Jan Harold Brunv, *The Study of American Folklore: An Introduction*, W. W. Norton & Company.1968.

Dorson, Richard M., ed. *Folklore in the Modern World*, Mouton, Walter De Gruyter.1978.

Jones, Michael Owen, *Exploring Folk Art: Twenty Years of Thought on Craft, Work, and Aesthetics*, UMI Research Press.1987.

Larry Shiner, *The Invention of Art: A Cultural History*, University of Chicago Press.2001.

Roger Cardinal, "Outsider Art and the autistic creator", *Philosophical Transactions of The Royal Society B*.2009.

Kristin G. Congdon, Kara Kelley Hallmark, *American Folk Art A Regional Reference*, Santa Barbara, Calif: ABC-CLIO.2012.

Lyle Rexer, *How to Look at Outsider Art*, Harry N. Abrams.2015.

Rachel Cohen, *Outsider Art and Art Therapy: Shared Histories, Current Issues, and Future Identities*, Jessica Kingsley Publishers.2017.

Colin Rhodes, *Outsider Art: Art Brut and its Affinities*, Thames & Hudson Ltd.2022.